UMA INTRODUÇÃO CONTEMPORÂNEA À FILOSOFIA

UMA INTRODUÇÃO CONTEMPORÂNEA À FILOSOFIA

Claudio Costa

Martins Fontes
São Paulo   2002

Copyright © 2002, Livraria Martins Fontes Editora Ltda.,
São Paulo, para a presente edição.

1ª edição
maio de 2002

Preparação do original
Ivete Batista dos Santos
Revisão gráfica
Sandra Garcia Cortes
Maria Luiza Fravet
Produção gráfica
Geraldo Alves
Paginação/Fotolitos
Studio 3 Desenvolvimento Editorial

Dados Internacionais de Catalogação na Publicação (CIP)
(Câmara Brasileira do Livro, SP, Brasil)

Costa, Claudio
   Uma introdução contemporânea à filosofia / Claudio Costa. – São Paulo : Martins Fontes, 2002.

   Bibliografia.
   ISBN 85-336-1573-6

   1. Filosofia I. Título.

02-1415   CDD-100

Índices para catálogo sistemático:
1. Filosofia   100

Todos os direitos desta edição, sob todas as formas,
em todas as línguas e em todos os países reservados à
Livraria Martins Fontes Editora Ltda.
Rua Conselheiro Ramalho, 330/340 01325-000 São Paulo SP Brasil
Tel. (11) 3241.3677 Fax (11) 3105.6867
e-mail: info@martinsfontes.com.br http://www.martinsfontes.com.br

Índice

Prefácio 1

Introdução: Natureza e divisões da filosofia.............. 3
1. Filosofia e ciência 2. Divisões da filosofia

1. **Espaço e tempo sob a égide do senso comum**......... 17
   1. Concepções absoluta e relacional do espaço 2. O falso enigma do tempo 3. Concepções absoluta e relacional do tempo 4. A tese da irrealidade do tempo 5. Tempo subjetivo

2. **Universais puros e substratos nus; como se livrar deles**... 29
   1. Realismo 2. Nominalismo e a teoria dos tropos

3. **Conhecimento conceitual: por uma saudável ortodoxia empirista**... 43
   1. Conhecimento *a priori* e *a posteriori* 2. Proposições analíticas e sintéticas 3. A tese da equivalência entre o *a priori* e o analítico 4. As fronteiras entre o analítico e o sintético 5. Objeções metafísicas: proposições sintéticas *a priori* 6. Respostas empiristas 7. Necessidade e conhecimento *a priori* 8. Objeções kripkianas

4. Ceticismo: quando a pá bate na pedra dura 67
1. Ceticismo antigo 2. Formas modernas e contemporâneas de ceticismo

5. Análise do conhecimento: fazendo justiça à definição tripartite 83
1. Formas de conhecimento 2. Apresentando a definição tripartite 3. Objeções às condições necessárias 4. Objeções à definição tripartite como condição suficiente: contra-exemplos do tipo Gettier 5. Algumas tentativas de complementar a definição tradicional 6. Uma solução conservadora: a relação interna entre as condições de verdade e justificação 7. Explicitação e complementação da versão formal da definição tripartite sob uma perspectiva dialógica 8. Aplicando a definição tripartite explicitada

6. O problema da realidade objetiva: como ser um fenomenalista sem trair o senso comum 125
1. Classificação dos grupos de teorias 2. O realismo direto ingênuo e o argumento da ilusão 3. Realismo direto científico 4. Realismo direto natural 5. Representacionalismo ou realismo indireto 6. Um equívoco cientificista 7. O fenomenalismo realista 8. A razão fundamental pela qual defendo o fenomenalismo realista 9. Objeções geralmente feitas ao fenomenalismo realista 10. O fenomenalismo e a privacidade do mental (Wittgenstein) 11. Conclusão: o realismo direto natural como "versão abreviadora" do fenomenalismo realista

7. Epistemologia da memória: reavaliando a teoria imagista 167
1. A teoria imagista da memória 2. Ceticismo sobre a memória

8. O problema da indução e os cursos do mundo 183

1. O problema da indução 2. Justificativas indutivistas da indução 3. Justificativas dedutivistas da indução (a solução apriorista) 4. Uma justificação pragmática da indução 5. Tentativas de dissolução do problema por apelo ao senso comum 6. Uma solução *analítica* para o problema da indução: cursos do mundo

9. Consciência e intencionalidade 203
1. Consciência 2. Intencionalidade

10. Relação mente-corpo: o progresso do fisicalismo 213
1. O dualismo cartesiano 2. Fisicalismos que abandonam o mental 3. Teorias da identidade 4. O funcionalismo

11. Critérios de identidade pessoal 231
1. Identidade pessoal como identidade da memória ou consciência 2. Primeira objeção: esquecendo o passado 3. Segunda objeção: a identidade de consciência pressupõe a identidade corporal 4. Terceira objeção: modificando o cérebro 5. Quarta objeção: divisão e multiplicação 6. Quinta objeção: há outros elementos psicológicos relevantes 7. Sexta objeção: uma continuidade causal de ordem física é necessária

12. Ação moral: a ética dos meios e a ética dos fins... 247
1. Utilitarismo 2. Teorias deontológicas: Kant 3. Incorporando os *insights* kantianos ao utilitarismo

13. Livre arbítrio: como ser um bom compatibilista 267
1. Determinismo 2. Libertarismo 3. Compatibilismo: definições 4. Compatibilismo u.p. VIII: objeções e respostas.

Glossário 285
Sugestões bibliográficas visando facilitar o aprendizado 289

Aos meus pais

A filosofia é uma amante relutante – só se pode atingir o seu coração com a lâmina fria no pulso da paixão.

(Bertrand Russell)

Prefácio

A visão filosófica contemporânea resulta de uma por vezes fascinante combinação de cultura científica e humanista. Infelizmente, a filosofia nela contida parece existir em um planeta distante, do qual os seres humanos comuns mal sabem a existência. Essa impressão contrasta, porém, com a experiência que tenho tido ensinando a matéria aos meus alunos, que se têm mostrado capazes de assimilá-la quase sem treinamento prévio. É dessa experiência didática que resultou este curso de introdução à filosofia sob a perspectiva contemporânea, que busca em primeiro lugar introduzir o estudante ao "estado da arte" em seus domínios mais centrais.

Afora isso, não se trata de uma exposição equilibrada, neutra, isenta de injunções pessoais; tive como propósito secundário defender meus próprios pontos de vista sobre as questões discutidas, o que por vezes me levou a aprofundá-las para além de um nível introdutório. Espero que isso torne alguma coisa de interesse também para o especialista.

Desejo agradecer à CAPES, ao CNPq e ao DAAD, por indispensáveis bolsas de pesquisa nas universidades de Berkeley, Konstanz e na *Hochschule für Philosophie*, em Munique. Agradeço também a John R. Searle, por sua motivadora influência, bem como a Peter Stemmer e Friedo Ricken, por discussões. Especiais agradecimentos vão para os meus alunos da UFRN.

Natal, 2001

Introdução:
Natureza e divisões da filosofia

A filosofia de que trata este livro nasceu na Grécia. A própria palavra "filosofia" é de origem grega, significando literalmente amor (*philos*) à sabedoria (*sophia*). Sobre a origem do nome conta a lenda que, perguntado sobre o que era, o filósofo grego Pitágoras teria respondido humildemente não ser um sábio, mas apenas uma pessoa em busca da sabedoria, ou seja, um filósofo. Como veremos, essa resposta é ilustrativa da diferença entre o filósofo e o cientista: o filósofo é alguém que está *à procura* do conhecimento; o cientista é quem sabe tê-lo encontrado, na medida em que faz sentido falar de encontrar o conhecimento.

1. Filosofia e ciência

Uma maneira de procurar entender a natureza da filosofia é considerar a origem da filosofia ocidental na Grécia antiga por volta do século VI a.C. É um fato bem conhecido que a filosofia nasceu como uma alternativa para as explicações mitológicas e religiosas anteriores a ela. Em vez de continuarem aceitando a explicação do fundamento e origem da realidade exclusivamente por apelo aos deuses, os primeiros filósofos gregos sugeriram especulativamente princípios explicativos naturais como a água (Tales), o fogo (Heráclito), o ar (Anaxímenes), o átomo (Demócrito), ou princípios abstratos, como o indefinido (Anaximandro) e o ser (Parmênides). Qual a razão dessa mudança? Historiadores da filosofia sugeriram várias explicações. Uma delas seria a de que, tendo sido os gregos durante essa época, principalmente devido ao comércio, expostos a culturas muito diversas, as quais veneravam outros deuses, eles teriam perdido a convicção acerca de suas próprias explicações mitológicas. Essa explicação é certamente inadequada, posto que não faltam exemplos de culturas que foram expostas a outras sem que isso afetasse minimamente as suas crenças e explicações religiosas. Uma melhor explicação é a de que os pensadores gregos, tendo importado dessas outras culturas conhecimentos científicos (geométricos, aritméticos, físicos e astronômicos), foram os primeiros a considerar tais conhecimentos em si mesmos, como *generalizações em completa abstração de suas aplicações práticas*; isso lhes sugeriu a possibilidade de responder a questões antes tratadas pela mitologia em termos de generalizações abstratas, a saber, em termos filosóficos[1]. Essa última explicação contém verdade, mas não chega a ser suficiente, posto que o recurso à generalização, mesmo com abstração de aplicações práticas, não é privilégio da explicação científica: qualquer explicação de senso comum (por exemplo: "O sol nascerá amanhã porque ele nasce a cada dia") se baseia em generalizações; e explicações de senso comum – assim como a abstração de suas aplicações práticas – são avaliáveis desde o início dos tempos.

Um esclarecimento satisfatório para o surgimento da filosofia ocidental precisa ser, creio, um pouco mais sofisticado. Sem dúvida, os gregos foram os primeiros a considerar as generalizações científicas na abstração de suas aplicações práticas. Eles foram os primeiros a axiomatizar a geometria, provando seus teoremas (Euclides); e chegaram mesmo a estabelecer leis e explicações físicas e astronômicas (Arquimedes, Aristarco). Com isso os pensadores gregos certamente alcançaram uma

---

[1]. W. K. C. Guthrie: *A History of Greek Philosophy*, Cambridge, 1962, vol. 1, pp. 36 ss.

compreensão intuitiva da natureza das generalizações (teoremas, leis) e explicações da ciência, tanto formal quanto empírica, formando o que eu gostaria de chamar de uma *idéia da ciência*. Considerando isso, minha sugestão é a de que a filosofia grega nasceu da aplicação dessa mesma idéia da ciência a questões de ordem especulativa, que antes eram abordadas exclusivamente pela religião, como a questão da natureza última de todas as coisas ou da adequada atitude humana diante da existência; e princípios como a água, o indefinido e o ser são, sob essa perspectiva, tentativas especulativas de marcar o lugar de generalizações científicas. Não é sem razão que o primeiro filósofo da tradição ocidental, Tales de Mileto, foi também um cientista e um astrônomo competente, que uma vez previu um eclipse solar.

Se minha sugestão é correta, se a filosofia nasceu de uma aplicação da idéia da ciência, como então distinguir o procedimento do filósofo do procedimento do cientista? Penso que a resposta a essa questão nos conduz a considerações importantes acerca da natureza da própria filosofia. Mesmo que o procedimento racional do filósofo seja semelhante ao do cientista (a filosofia geralmente busca estabelecer generalizações verdadeiras a partir de dados de alguma espécie, tentando oferecer explicações com base nessas generalizações, tanto quanto as ciências...), há uma diferença fundamental no fato de que na filosofia, diversamente da ciência, tal procedimento é meramente *conjectural* ou *especulativo*. Isso foi assim desde o início. O que os primeiros filósofos gregos fizeram foi especular, conjecturar, e o fato de essas conjecturas se terem tornado mais e mais argumentadas e complexas, de receberem um tratamento que tende a tornar-se cada vez mais rigoroso e sofisticado, não as transforma em outra coisa[2]. Mas o que significa dizer que uma investigação é especulativa ou conjectural? A

---

2. Ludwig Wittgenstein sugeriu, em suas *Investigações filosóficas* (Parte I, sec. 109), que a filosofia deveria ser um empreendimento não-conjectural, puramente descritivo dos trabalhos da linguagem... Mas nem ele nem seus seguidores fizeram nada que realmente se aproximasse disso (ver, por exemplo, comentário de A. J. Ayer, em seu *Ludwig Wittgenstein*, New York, 1985, p. 137).

resposta é: um procedimento investigativo é *conjectural* (ou especulativo) *sempre que a possibilidade de consenso quanto aos seus resultados não se encontra à vista*. Essa é, como veremos, a diferença fundamental entre filosofia e ciência: enquanto em ciência é fácil obter um consenso, um acordo interpessoal quanto aos resultados, esse consenso permanece inalcançável para a filosofia. Explicar o efeito da alavanca pela lei da alavanca, como fez o cientista Arquimedes, é algo publicamente verificável, com o que todos podem concordar após efetuar umas poucas mensurações empíricas; mas explicar a geração e destruição das coisas através da ação das forças do amor (*philía*) e do ódio (*neîkos*) sobre os quatro elementos (água, ar, terra e fogo), como fez o filósofo Empédocles, é embarcar em uma investigação especulativa inevitavelmente vaga e obscura, que abrange domínios de questionamento nos quais a possibilidade de alcançar um livre acordo consensual era inexistente.

O caráter conjectural da filosofia explica por que ela costuma ser um empreendimento essencialmente argumentativo e aporético: onde não se pode alcançar consenso sobre os resultados, o que resta é formular hipóteses e discutir as suas possíveis conseqüências. O caráter conjectural da filosofia também explica a falta de um progresso linear em seus domínios. O fato de a filosofia não alcançar consenso quanto aos seus resultados tem o efeito de que comparações interteóricas decisivas tornam-se nela praticamente impossíveis: geralmente se concorda que a mecânica relativista é superior à mecânica newtoniana, dado que o seu poder explicativo é maior – pois esses são resultados da ciência. Mas muitos não concordam que o nominalismo proposto por Berkeley fornece explicações mais plausíveis do que o realismo platônico-aristotélico – pois essas são doutrinas filosóficas.

Mas por que em filosofia não podemos alcançar consenso quanto aos resultados? A resposta é que só é possível haver consenso quanto aos resultados quando já existe um consenso prévio acerca do que está sendo *pressuposto* na investigação, e que tal acordo falta à filosofia. Em filosofia *não* há

(i) acordo quanto à *adequação das questões* (muitas das questões filosóficas, suspeita-se, não passam de pseudoproblemas resultantes de confusões verbais),

nem há

(ii) acordo quanto à *adequação dos procedimentos de avaliação da verdade ou falsidade das respostas sugeridas às questões levantadas* (um argumento pode parecer conclusivo a um filósofo e irrelevante a outro).

Como era de esperar, as condições (i) e (ii) só são realmente satisfeitas pela ciência, pois só a ciência possui questões e procedimentos de avaliação consensualmente aceitos. Sem a satisfação mínima dessas duas condições não podemos alimentar nenhuma esperança de alcançar um consenso verdadeiro, ficando limitados às discussões aporéticas típicas da filosofia.

As considerações feitas até aqui sugerem que tentemos esclarecer a natureza da filosofia por similaridade e contraste com a ciência. Não obstante, é necessário notar que isso só se faz possível pela adoção de uma concepção suficientemente *liberal* de ciência, diferente das concepções reducionistas que nos foram impostas pelos filósofos tradicionais da ciência, principalmente pelos positivistas, que extrapolaram ilicitamente para todo e qualquer domínio da ciência atual ou possível conclusões tiradas da investigação de ciências particulares desenvolvidas, como a física (Karl Popper, por exemplo, achava que a teoria da evolução não deveria ser considerada científica por não ser decisivamente refutável, como seria o caso da teoria da relatividade). Sentimos que nossa idéia da investigação filosófica é de algo demasiado abrangente e variado para prestar-se a ser adequadamente contrastada com concepções reducionistas da ciência, que hipostasiam objetos e métodos de ciências particulares.

A concepção positivista da ciência não é, porém, a única. Uma concepção suficientemente liberal da natureza da ciência é, em meu juízo, a defendida por J. M. Ziman, que concebeu a ciência em todas as suas formas como um *conhecimento públi-*

co "*consensualizável*"³. Sob essa maneira de ver, a característica mais marcante, comum a toda e qualquer ciência, tanto empírica quanto formal, é que ela é constituída de generalizações consensualmente admitidas como verdadeiras pelos membros de uma comunidade científica de idéias. Ora, essa concepção de ciência, além de encontrar-se em perfeita consonância com aquilo que casualmente e naturalmente tendemos a chamar de ciência, parece ideal para contrastar ciência com filosofia, por recorrer à idéia de consenso e por não hipostasiar nenhum objeto ou método específico. Além disso, essa concepção não deve ser confundida com as famigeradas negações socializantes da objetividade da ciência, posto que critérios de objetividade (como a verificabilidade) precisam ser a ela adicionados pela própria comunidade científica.

Contra essa vaga idéia de ciência como conhecimento público consensualizável pode ser feita a seguinte objeção. Há comunidades políticas, religiosas etc., nas quais o consenso é imposto de cima para baixo, excluindo a possibilidade de avaliação crítica das questões. Exemplos notórios disso foram as intromissões de ideologias políticas no que poderia ou deveria contar como ciência na Alemanha nazista e na antiga União Soviética. Ora, parece que, segundo a caracterização acima, os resultados dessas intromissões ideológicas devem ser admitidos como pertencentes à ciência, uma vez que foram consensualmente aceitos como verdadeiros por uma comunidade científica. Por conseguinte, a concepção consensualista de ciência acima sugerida não é suficientemente detalhada para permitir-nos separar de modo explícito ciência de ideologia.

A solução que proponho para esta dificuldade consiste em aplicar aqui uma distinção entre verdadeiro e falso consenso, baseada em uma melhor caracterização do que pode ser entendido como uma comunidade de idéias apta a produzir ciência. Quero chamar tal instituição de *comunidade crítica de idéias*, entendendo-a como aquela que satisfaz a condições que se as-

---

3. Essa é a tese sobre a natureza da ciência defendida por J. M. Ziman em *Public Knowledge: an Essay Concerning the Social Dimension of Science*, London, 1968, cap. 2 (trad. bras. *Conhecimento público*, Ed. Itatiaia/USP, São Paulo, 1979).

semelham às requeridas por Jürgen Habermas para o que ele chama de *situação ideal de fala* (*ideale Sprachsituation*)[4]. Isso significa que uma comunidade crítica de idéias deve satisfazer a condições asseguradoras da liberdade e racionalidade das avaliações dos resultados das investigações, como:

(i) a condição de fazer possível entre os membros da comunidade de idéias uma discussão crítica orientada para a verdade e livre de qualquer coerção, no sentido de excluir pressões que não sejam as da própria racionalidade dos argumentos,
(ii) a condição de que os membros da comunidade de idéias tenham livre acesso a informações e idêntica possibilidade de atuação,
(iii) a condição de competência e equivalência no treinamento dos membros da comunidade de idéias.

É verdade que condições como essas nunca são completamente satisfeitas. Todavia, só uma satisfação *mínima* de semelhantes condições é capaz de possibilitar o estabelecimento de um *consenso verdadeiro*, o único adequado à racionalidade científica. De fato, os cientistas realizam ciência tendo uma comunidade crítica de idéias em mente (mesmo quando ela de fato não existe), e, quando ouvimos a notícia de uma nova descoberta científica, sempre acreditamos nela sob o pressuposto de que a comunidade científica esteja satisfazendo a condições como as mencionadas em medida suficiente. Com isso podemos aperfeiçoar a idéia liberal de ciência como um conhecimento criticamente consensualizável, caracterizando o essencial do empreendimento científico como se segue:

Ciência: Uma investigação visando obter um conjunto de generalizações não-triviais, que venham a ser aceitas como consensualmente verdadeiras pelos membros de uma suposta comunidade crítica de idéias (a chamada comunidade científica).

---

4. Ver J. Habermas: *Wahrheitstheorien*, em H. Fahrenbach (ed.), *Wirklichkeit und Reflexion*, Frankfurt, 1973.

Isso pode não ser ainda uma definição suficientemente detalhada, mas já serve para o estabelecimento do contraste adequado com a filosofia. Eis como podemos caracterizar a conjectura filosófica, por semelhança e contraste com a investigação científica:

> *Filosofia*: Uma investigação visando obter um conjunto de generalizações verdadeiras, a qual é realizada por membros de uma suposta comunidade crítica de idéias (a comunidade dos filósofos), mas só na medida em que essa comunidade não encontra meios de alcançar um acordo consensual sobre a verdade dessas generalizações.

Um ponto a ser notado acerca dessa caracterização é que também o exercício da filosofia pressupõe uma comunidade crítica de idéias apta à discussão (mesmo que em alguns casos, como os de Vico, Peirce ou Nietzsche, de maneira contrafactual). De fato, uma acusação repetidamente feita à filosofia medieval é a de que ao assumir a dogmática cristã como inquestionável ela falhou em realizar plenamente esse ideal.

O contraste entre as caracterizações de ciência e filosofia propostas nos leva à conclusão de que a filosofia é o que pode ser feito nos impenetráveis domínios em que a ciência – entendida como o conhecimento criticamente consensualizável – ainda não se demonstrou – talvez jamais se demonstre – possível. "Ciência", como notou Russell, "é o que sabemos; filosofia é o que não sabemos"... "Ciência é o que podemos provar que é verdadeiro; filosofia é o que não podemos provar que é falso"[5]. Com isso fica esclarecida a constatação, feita no início deste capítulo, de que a filosofia é a busca da verdade e não o seu encontro: quando a filosofia encontra a verdade, ela a perde para a ciência.

---

5. *Apud* posfácio de Allan Wood ao livro de Bertrand Russell, *Meu desenvolvimento filosófico* (trad. bras. de *My Philosophical Development*, Ed. Zahar), Rio de Janeiro, 1976.

Mas não é tanto o contraste, e sim a semelhança entre as caracterizações propostas, que é mais notável. Através dela, as supostas diferenças de objeto ou mesmo de método entre filosofia e ciência se desvanecem. Tudo o que pertence à filosofia pode passar a pertencer à ciência se puder ser estabelecido um acordo sobre pressupostos que seja suficiente para possibilitar um consenso livre acerca dos resultados. Com efeito, essa transição tem sido constatada repetidamente ao longo da história. No início quase tudo era filosofia: os gregos sequer tinham uma outra palavra para a ciência. Muitas questões que outrora pertenceram à filosofia mais tarde passaram a pertencer à ciência. Vejamos alguns exemplos. Hoje os astrônomos sabem que a Terra é um planeta que gira em torno do Sol pelas leis da inércia e da gravitação. De uma forma puramente especulativa, o filósofo grego Anaximandro (século VI a.C.) antecipou vagamente essa idéia ao sugerir que a Terra seria um cilindro que flutua no espaço vazio, sem pender nem para um lado nem para o outro, por estar a meia distância dos outros astros[6]. A investigação científica das partículas subatômicas pela física contemporânea substituiu as hipóteses especulativas que os filósofos atomistas Leucipo e Demócrito mais de dois mil anos atrás já haviam lançado acerca da existência de uma multiplicidade de entidades invisíveis e fisicamente indivisíveis, que se agregariam constituindo a matéria visível, explicando assim as suas propriedades. A tabela periódica da química atual tomou definitivamente o lugar da há muito superada doutrina dos quatro elementos (água, terra, ar e fogo) da filosofia antiga. A biologia atual substituiu as vagas teorias vitalistas dos filósofos, que floresceram de Aristóteles a Bergson. A teoria platônica da tripartição da alma encontra um equivalente mais desenvolvido na teoria estrutural da mente em psicanálise, que a divide em *ego*, *id* e *superego* (embora a psicanálise de fato ainda não seja,

---

6. Essa observação é feita por K. R. Popper em "Back to the Pre-Socratics", em *Conjectures and Refutations*, New York, 1962, p. 138.

segundo o critério de cientificidade que defendo, uma ciência, posto que não permite o alcance de resultados consensuais entre os seus praticantes). E nos dias de hoje acreditamos que, quando viermos a obter um conhecimento realmente científico de como a mente humana funciona, muitos enigmas de nossa atual filosofia da mente cederão lugar a soluções criticamente consensuais e portanto científicas.

Talvez a possibilidade de substituição da especulação filosófica pela investigação criticamente consensualizável, que é própria da ciência, seja em princípio possível para o completo domínio da especulação filosófica, podendo então a filosofia ser vista como constituindo inteiramente o que poderíamos chamar de uma *protociência*: uma antecipação especulativa da ciência. Nesse caso deveremos admitir a possibilidade de que, caso as questões filosóficas não sejam ilimitadamente multiplicáveis, um dia toda a filosofia venha a ser substituída pelo saber científico-consensual[7].

---

7. A mais importante objeção contra a concepção de filosofia como protociência é a dos que consideram a filosofia uma atividade de "análise conceitual", ou ainda, uma "reflexão de segundo grau". Mas as duas concepções não precisam ser consideradas incompatíveis, pois 1) pela concepção consensualista de ciência, no caso de os filósofos chegarem a um consenso quanto aos resultados de suas análises conceituais, tais *análises* passarão a pertencer à ciência; 2) uma análise conceitual pode ser também encontrada no interior da própria ciência: foi propondo uma análise do conceito de *simultaneidade* que Einstein chegou a sua teoria da relatividade; 3) é inerente à atividade argumentativa protocientífica de caráter especulativo que é a filosofia um constante repensar de seus pressupostos (uma vez que não há nenhuma certeza acerca deles) – daí o esforço sempre retomado de análise conceitual típico da filosofia, o que é antes um sinal da imaturidade própria dessa área do pensamento; 4) parte da filosofia pode efetivamente vir a cristalizar-se como metaciência (ciência da ciência), sendo então justamente chamada de reflexão de segundo grau, sendo a sua investigação mais propriamente conceitual. (Para uma discussão algo mais extensa dessas idéias, ver meu livro *The Philosophical Inquiry: Towards a Global Account*, Lanham, 2002.)

2. Divisões da filosofia

Desde Aristóteles a filosofia costuma ser dividida em *teórica* e *prática*. Podemos entender a filosofia prática como a que se ocupa da *atividade humana* e de seus *produtos*; a filosofia teórica, por contraste, é a que não possui essencialmente tais propósitos.

Há duas subdivisões principais da filosofia teórica: *epistemologia* e *metafísica*. A epistemologia ou teoria do conhecimento ocupa-se da investigação da *natureza, origem e limites do conhecimento*. Questões como "O que é conhecimento?", "Que espécies de conhecimento existem?", "O que é a verdade?", "Como se justifica o conhecimento?" pertencem, sob essa perspectiva, à epistemologia. A metafísica ocupa-se de uma investigação do "ser enquanto ser", melhor dizendo, *dos objetos que constituem o mais amplo domínio do conhecimento, além dos modos como esses objetos se relacionam entre si*[8]. Tais objetos podem ser os universais, as propriedades, as substâncias, os estados de coisas, o espaço e o tempo, a causalidade etc. Devido à extrema amplitude do domínio envolvido por esses objetos, a metafísica difere das ciências particulares, que investigam objetos pertencentes a domínios menos gerais do conhecimento, os quais já costumam pressupor os objetos da metafísica. Assim a categoria de substância, que é um objeto da metafísica, é pressuposta pela física, pela química, pela biologia e ainda por outras ciências empíricas (daí por que questões metafísicas são algo enganosamente chamadas de *framework questions*). Finalmente, desde Descartes a filosofia moderna considerou epistemologia e metafísica como disciplinas em certo sentido *complementares*: como observou Locke[9], só sabendo os limites do que podemos conhecer é que saberemos

---

[8]. Ver G. E. Moore: "What is Philosophy?", em *Some Main Problems of Philosophy*, London, 1969 (trad. bras. "O que é filosofia?", col. *Os pensadores*, Ed. Abril, São Paulo, 1974, vol. XLII).

[9]. Ver a "Epistle to the Reader", em J. Locke: *An Essay Concerning Human Understanding*, London, 1974 (1690).

quais os objetos que legitimamente pertencem aos mais amplos domínios do conhecimento e de que maneira poderemos inquiri-los; e, embora Locke não tenha considerado a recíproca, ela parece igualmente correta: é só pela identificação e exame dos objetos pertencentes aos domínios mais gerais do conhecimento que podemos avaliar os limites e formas gerais de nossas faculdades cognitivas.

Intrinsecamente relacionada à metafísica é boa parte da hoje muito discutida *filosofia da mente*. Ela ocupa-se de questões como a da natureza da consciência, da relação entre o mental e o físico, da causalidade mental, do que permite nossa identificação das pessoas como permanecendo as mesmas (o chamado problema da identidade pessoal). Essas questões também figuram como pertencentes à metafísica, na medida em que a sua discussão está relacionada a objetos gerais do conhecimento.

No que concerne à filosofia prática, que compreende a atividade e os propósitos humanos, bem como os seus produtos, poderíamos incluir muita coisa, muito mais do que pode ser incluído neste livro. A filosofia social e política, a filosofia da ação, o domínio central da ética (que investiga a ação moral), a filosofia da cultura (que investiga culturas humanas e seus produtos), a filosofia da história (que investiga de um modo amplo as mudanças efetivadas pela sociedade humana), a filosofia da arte (que investiga certos artefatos resultantes da ação humana), tudo isso pertence à filosofia prática.

Na verdade as questões filosóficas se entrelaçam de tal maneira que pode ser difícil dizer a qual divisão pertence um problema. O problema do conhecimento conceitual tratado no capítulo 3, por exemplo, é tido como pertencente à filosofia da linguagem; mas não seria incorreto dizer que é um problema epistemológico com ramificações metafísicas. O problema da identidade pessoal discutido no capítulo 11 relaciona-se à metafísica, na medida em que a identidade é um dos objetos mais gerais do conhecimento; mas a sua solução também depende de nossos conhecimentos de filosofia da mente... E o problema do livre-arbítrio discutido no último capítulo é tradicionalmente considerado como pertencente à metafísica, talvez por sua dependência de questões objetuais mais amplas, embora seja também um problema de filosofia da mente e ainda de filosofia da ação, e, por conseguinte, algo também pertencente à filosofia prática. Devido a esse entrelaçamento das questões filosóficas, optei por não dividir este livro em seções gerais, mas em capítulos, em cada um dos quais é discutido um problema ou problemática central da filosofia.

1. Espaço e tempo sob a égide do senso comum

De tudo o que realmente existe ou é dado à experiência, dizemos que existe ou é dado à experiência no espaço e no tempo. Mas, diversamente de outras coisas que são dadas à experiência, espaço e tempo não são *sensivelmente* perceptíveis. Essa é uma razão pela qual nos parece natural pensar no espaço e no tempo como possuindo uma natureza diversa da das outras coisas. Além disso espaço e tempo parecem ter naturezas intrinsecamente relacionadas, visto que para localizarmos um objeto no espaço precisamos saber *quando* ele lá se encontra, e para considerarmos o tempo precisamos saber *onde* isso é feito.

A filosofia do espaço e do tempo encontra-se intimamente relacionada a importantes desenvolvimentos da geometria e da física moderna, os quais nos sugerem concepções que se distanciam do senso comum. Apesar disso, a tônica deste capítulo está na idéia de que ainda há o que aprender com uma análise dos conceitos espácio-temporais fornecidos pelo senso comum e pela linguagem ordinária; afinal, o que a ciência vem nos propor são extensões e alterações nos conceitos dessa linguagem, permanecendo em alguma medida dependentes deles.

1. Concepções absoluta e relacional do espaço

Há duas concepções básicas sobre a natureza do espaço. A primeira é a defendida por pensadores como Descartes,

Isaac Newton e, de uma perspectiva muito própria, também por Kant; segundo essa concepção, o espaço é *absoluto*, no sentido de que não precisa de mais nada para existir. Segundo essa teoria, o espaço é uma espécie de "caixote infinito", ocupado pelos objetos físicos. Mais precisamente: ele é um *meio imutável e sem fronteiras*, no qual estão contidas todas as coisas; como escreveu Newton nos *Principia*, "o espaço absoluto, em sua própria natureza, sem relação com qualquer coisa externa, permanece sempre idêntico e inalterável"[1].

De fato, parece natural que o espaço não venha a sofrer mudanças ou depender dos objetos nele contidos. E não parece haver sentido em falar do espaço como sendo finito, ao menos na medida em que parece impossível pensarmos em uma fronteira espacial sem admitirmos a existência do que está "do outro lado dela", ou seja, do espaço além dos seus próprios limites.

Uma conseqüência da concepção absoluta do espaço é que ele continuaria existindo, mesmo que pudesse ser totalmente esvaziado; seguindo esse ponto de vista, Kant sugeriu que podemos perfeitamente pensar que não haja objeto algum no espaço[2]. Tal idéia parece, porém, bem menos aceitável. Se supuséssemos que tudo o que está contido no espaço fosse desaparecendo até nada mais restar, parece que no final o próprio espaço deveria ir junto. O que Kant sugere pode ser suposto com relação a uma dada *região* do espaço: posso imaginar que todos os objetos da sala onde me encontro desapareçam; mas como resta a sala, isso assegura a minha idéia do espaço nela contido. Contudo, não parece possível conceber o espaço sem os objetos que o ocupem ou delimitem, nem um espaço ilimitado e vazio.

Considerações como essa nos conduzem à segunda concepção da natureza do espaço, à concepção *relacional*, sugerida por Leibniz. Segundo esse filósofo, o espaço é uma "ordem de coexistência" das coisas entre si (enquanto o tempo é a sua "ordem de sucessão")[3]. Podemos traduzir isso dizendo que o

---

1. I. Newton: "Absolute Space and Time" (excerto), em J. J. C. Smart (ed.): *Problems of Space and Time*, New York, 1964, p. 81.
2. I. Kant: *Crítica da razão pura*, Lisboa, 1989, A 24, B 39.
3. G. Leibniz: "The Relational Theory of Space and Time" (excerto), em J. J. C. Smart (ed.): *Problems of Space and Time*, ibid., p. 89.

espaço consiste em certas *propriedades relacionais* das coisas físicas. Ao falarmos de espaço usamos predicados relacionais como "ao lado de", "acima de", "à frente de"... Assim, para comunicar a localização da cidade de Buenos Aires, uso predicados relacionais, dizendo que ela está situada cerca de 900 km ao sul de Porto Alegre, ao nível do mar, junto ao estuário da Prata. Segundo a concepção relacional, os objetos não *estão* realmente no espaço, posto que são eles mesmos que de algum modo o *constituem*, e se não existisse coisa alguma no mundo também não poderia existir o espaço (nem o mundo). Pode-se fazer várias objeções à concepção relacional do espaço. Uma delas é que, se um objeto *ocupa* espaço, então o espaço por ele ocupado parece dever ser explicável em termos de relações entre subdivisões espaciais constituídas pelo objeto. Ora, essas subdivisões espaciais também podem ocupar espaço, exigindo que os espaços por elas ocupados sejam explicáveis em termos de relações entre suas subdivisões e assim infinitamente. A concepção do espaço em termos relacionais parece conduzir, portanto, a um regresso ao infinito. Contudo, essa não é uma objeção incontornável. Regressos ao infinito podem ser viciosos ou virtuosos, e não há indícios de que esse seja um caso de regressão viciosa.

Outra espécie de objeção é a que apela para dificuldades topológicas e congêneres. Sabemos, por exemplo, que qualquer objeto assimétrico possui uma orientação espacial, dada pelo seu eixo mais extenso, sendo possível objetar que a orientação transcende as relações entre as partes do objeto. Outra objeção do mesmo gênero (originariamente sugerida por Kant) é a seguinte: a minha mão direita e o seu reflexo no espelho têm propriedades relacionais idênticas com relação a si mesmas. Mas elas são espacialmente diferentes, o que é evidenciado pelo fato de não ser possível calçar a luva de minha mão direita em uma mão que seja a sua cópia simétrica invertida – como é o caso de minha mão esquerda. Ora, minha mão direita continuaria sendo a mão direita, mesmo que ela fosse o único objeto existente no mundo. Por conseguinte, parece que a noção de espaço transcende o que pode ser explicado em termos relacionais.

Não é difícil, porém, pensar em uma resposta plausível a objeções como essas. No caso da orientação de um objeto assimétrico podemos argumentar que ela só existe se o objeto for considerado em sua relação com outros objetos. O que estabelece a direção é obviamente a existência de outros objetos a se relacionarem espacialmente com o objeto em questão. Se o mundo consistisse apenas desse objeto, ele não poderia ter direção. Temos a impressão de que um tal objeto precisaria ter direção devido ao nosso hábito de imaginarmos objetos sempre relacionados a algo, mesmo que esse algo sejamos nós mesmos, antecipando indevidamente o fato de que, se o mundo fosse ocupado por outros objetos, o objeto em questão imediatamente ganharia direção, pois então seríamos capazes de construir através dele uma linha espacialmente relacionada a outros objetos. Algo semelhante pode ser sugerido com respeito a minha mão direita: se ela fosse o único objeto existente no mundo, não faria sentido perguntar se ela é uma mão direita ou esquerda, pois o que dizemos ser direito só faz sentido na medida em que for relacionado ao que dizemos ser esquerdo. Só posso dizer que a luva de minha mão direita não poderia ser calçada em uma mão simétrica invertida, como a esquerda, porque em minha mente relaciono a luva às duas mãos, considerando para tal as propriedades espaciais relacionais que estabeleço entre elas. Tais propriedades relacionais é que fazem da minha mão direita algo inevitavelmente diverso de minha mão esquerda.

Em uma análise desinteressada de nosso conceito ordinário de espaço, parece que a concepção relacional leva vantagem em comparação com a concepção absoluta. Mas é discutível se essa conclusão se estende ao conceito de espaço admitido pela física contemporânea. Segundo a teoria da relatividade geral, o espaço físico é *encurvado* pelo campo gravitacional; isso parece favorecer a teoria relacional do espaço, na medida em que consideramos o campo gravitacional como dependente da matéria para existir. No entanto, segundo a interpretação mais corrente da teoria, a matéria não existe em si mesma, sendo explicada em termos de "afundamentos" do espaço absoluto. Essa interpretação, contudo, parece irreconciliável com a mecânica quântica, que depende da postulação da existência de partículas materiais, a menos que uma teoria unificando macro e microfísica fosse capaz de demonstrar o contrário.

2. O falso enigma do tempo

O tempo é em certa medida semelhante ao espaço: assim como um objeto pode ser localizado entre os pontos do espaço tridimensional, um evento pode ser localizado entre outros eventos na linha unidimensional do tempo. Mas as dessemelhanças são maiores[4]. Uma delas é que enquanto os objetos ocupam partes do espaço, disputando o seu lugar nele, com o tempo é diferente: os objetos não podem encher o tempo ou empilhar-se nele, como acontece no espaço. Diversamente de como se dá com o espaço, cada objeto copresente ocupa *inteiramente* a atualidade do tempo no qual se encontra. Além disso, diferentemente do caso de relações espaciais, um processo temporal é incongruente com a sua imagem especular: uma melodia tocada ao reverso, por exemplo, deixa de ser uma melodia. E, embora possamos mover-nos no espaço para a frente e para trás, o tempo parece ter mão única. Ele tem uma só direção: do *passado para o futuro*. Se pudéssemos viajar para o passado, invertendo essa direção, então parece que efeitos poderiam anteceder as suas causas, o que geraria paradoxos: um adulto poderia, por exemplo, comprar uma arma e então, viajando para o passado, encontrar-se consigo mesmo no tempo em que era criança e matar-se; mas, então, como ele poderia ter comprado a arma, se foi morto quando ainda era criança? Também ligado à direção do tempo está o fato de que não temos liberdade para mover-nos no tempo, tal como nos movemos no espaço. Não podemos andar para trás,

---

4. Sigo aqui a muito instrutiva exposição de R. Scruton em *Modern Philosophy: An Introduction and Survey*, New York, 1996, cap. 25, sec. 6.

nem nos apressar, nem ir mais devagar, se o desejarmos. Somos conduzidos pelo tempo independentemente de nossa vontade, em geral contra ela. Aliás, essa deve ter sido uma das razões pelas quais os filósofos se preocuparam muito mais com o problema do tempo do que com o do espaço; pois o ser humano encontra-se submetido ao jugo impiedoso do tempo, do qual só pode evadir-se pela ilusão. Como escreveu Baudelaire: "Se não quiseres sentir o horrível peso do tempo sobre os seus ombros que o esmaga, embriague-se sempre. Com o quê? Com vinho, com poesia ou com virtude. Com o que queira." E também, como logo veremos, com uma filosofia do tempo que negue que ele exista.

Uma outra peculiaridade da investigação sobre a natureza do tempo é a disparidade entre a atitude do senso comum e a atitude metafísica diante dele. Como escreveu Agostinho: "O que é tempo? Se ninguém me pergunta, eu sei. Se desejo explicar a alguém que me pergunta, eu não sei"[5]. O tempo parece-nos, pois, uma obviedade e também um mistério indecifrável. Para filósofos como Wittgenstein, semelhante oposição sugere uma resposta terapêutica para o mistério do tempo: a de que se trata de um falso enigma[6]. Com efeito, é bem possível que a razão profunda pela qual certos filósofos tão facilmente se enganaram na tentativa de explicar a natureza do tempo é que eles consideraram os nossos dizeres e intuições sobre o tempo sob a pressão inconsciente de preconceitos e motivações psicológicas que os tentavam a explicar o fato da temporalidade em termos de coisas que não lhe eram apropriadas. A atitude saudável deve consistir então em considerarmos o tempo simplesmente como um *fato irredutível* do mundo físico, tanto quanto o espaço, e não como um mistério profundo em busca de ser metafisicamente decifrado. Se adotarmos esse ponto de vista, o que nos resta a fazer é apenas descrever esse fato irredutível, tentando conciliar o que novas aquisições da ciência sugerem com a estrutura conceitual herdada pela linguagem

---

5. *Confissões*, XI, 14.
6. Ver L. Wittgenstein: *Blue Book*, Oxford, 1958, pp. 6, 26-7 e 108.

ordinária e pelo senso comum, desconfiando sempre que começamos a nos fazer perguntas para as quais não parece mais possível obter resposta.

3. Concepções absoluta e relacional do tempo

Mesmo não buscando uma explicação reducionista da natureza do tempo, podemos tentar elucidá-la por meio de uma análise conceitual ou descrição fenomenológica. Nesse caso, vemo-nos diante de uma alternativa similar àquela com que nos deparamos na tentativa de esclarecer a natureza do espaço. Também o tempo pode ser concebido como sendo absoluto ou relacional. A concepção absoluta do tempo também foi proposta por Newton, que escreveu nos *Principia* que "o tempo absoluto, verdadeiro e matemático, em si e por sua própria natureza, flui invariavelmente sem relação com nenhuma coisa externa"[7].

O tempo é, na concepção absoluta, como uma espécie de "caixote unidimensional infinito", que subjaz aos eventos que nele ocorrem. Já segundo a concepção relacional, defendida por Leibniz, o tempo é uma "ordem de sucessões" das coisas. O tempo reduz-se, pois, a relações ditas "temporais" entre eventos e estados de coisas. Por exemplo: situamos a morte de Kennedy no tempo, na medida em que sabemos que isso se deu após ele ter sido feito presidente, pouco após o cerco de Cuba, durante a Guerra Fria, antes que o homem fosse à Lua, bem antes da queda do império soviético...

Como a concepção relacional do tempo baseia-se nas relações de mudança das coisas, em acontecimentos, uma conclusão dessa concepção é a de que *não pode haver tempo sem mudança*, posto que nesse caso nada poderia contar como evidência da passagem do tempo. Claro, é plenamente possível que nada ocorra em uma certa região do mundo; mas isso só na medida em que algo ocorra em outras, permitindo-nos estabelecer o tempo que se passou. Nós mesmos, os observadores,

---

7. I. Newton: "Absolute Space and Time", *ibid.*, p. 81.

estamos em constante mudança. A suposição de que pode haver tempo sem mudança conduz também a resultados paradoxais. Se a admitirmos, então poderemos supor que o mundo inteiro, incluindo nós mesmos, "se congele" no tempo pelo período de um ano sem sofrer nenhuma mudança, depois disso voltando tudo a seguir o seu curso normal, como se nada tivesse acontecido. Ora, tendo o congelamento se dado com o universo inteiro, jamais saberemos que ele aconteceu. A dificuldade quanto a essa hipótese é que ela fere um razoável princípio da verificabilidade, segundo o qual enunciados que a experiência é *absolutamente* incapaz de demonstrar serem verdadeiros ou falsos são destituídos de sentido! Se a hipótese do mundo sem mudança é completamente inverificável, parece que podemos concluir calmamente que ela *não faz sentido*. Ela é tão absurda quanto a afirmação, também completamente inverificável, de que o universo inteiro, juntamente com tudo o que nele existe, duplicou de tamanho enquanto você estava lendo este parágrafo.

Há uma engenhosa experiência em pensamento sugerida por Sidney Shoemaker para mostrar que não é verdade que a existência de um tempo sem mudanças é completamente inverificável[8]. Suponha-se que o mundo consista de três regiões: A, B e C. Os habitantes da região A do mundo observaram que a região B entra em congelamento temporal por um período de um ano a cada cinco anos; após isso ela continua o seu curso normal, sem que as pessoas da região B percebam. Os habitantes de A também descobriram que a região C congela-se pelo mesmo período a cada quatro anos. Os habitantes das regiões B e C, por sua vez, perceberam que a região A entra em congelamento pelo mesmo período a cada três anos. Em um ano sem congelamentos os habitantes das três regiões se reúnem para discutir o assunto, concluindo que esses congelamentos não só ocorrem nas regiões dos outros, mas também em suas próprias, visto que os relatos de congelamento apresentados pelos

---

8. S. Shoemaker: "Time Without Change", em R. Lé Poindevin e M. McBeath (eds.): *The Philosophy of Time*, Oxford, 1993.

habitantes das outras regiões correspondem aos saltos periódicos que os eventos nelas observados apresentam. Ora, considerando isso eles não tardam a descobrir que após um certo número de anos as três regiões devem entrar em congelamento simultaneamente! Nesse caso passar-se-á um ano inteiro sem que o mundo inteiro sofra qualquer mudança, sendo tal fato indiretamente verificado. Não parece então que pode haver tempo sem mudança? Ou será que esse ano deve ser riscado do calendário?[9]

4. A tese da irrealidade do tempo

A idéia de que somos prisioneiros do jugo impiedoso do tempo teve forte repercussão nas mentes metafísicas com uma certa propensão para a invenção de placebos intelectuais para o sofrimento humano. Daí que alguns filósofos se empenharam em negar a realidade do tempo. A mais engenhosa tentativa nesse sentido é a do filósofo idealista inglês J. McT. E. McTaggart[10]. Ele começa considerando duas formas distintas de se conceber o tempo: a que apela para o que podemos chamar de série dinâmica A, e a que apela para a série estática B. A série A é representada pelas noções de *passado*, *presente* (o *agora*) e *futuro*. A série B é representada pelas noções de *anterior* e *posterior*.

Segundo McTaggart, a série B não explica realmente o tempo, pois o conceito de tempo envolve essencialmente o de *mudança*. Tal conceito, contudo, não pode ser capturado pela

---

9. Imagine que os congelamentos são em proporção inversa: na região A haveria um ano sem congelamento a cada três anos, na região B um ano sem congelamento a cada cinco anos e na região C um ano sem congelamento a cada quatro anos. Nesse caso a maioria dos anos deveria decorrer sem mudança, com todas as regiões congeladas. Parece, contudo, que resistiríamos em contar o tempo dessa maneira; preferiríamos então descontar os anos de congelamento total, estabelecendo uma periodicidade variável para o congelamento de cada região. Isso sugere novamente a artificialidade da noção de tempo sem mudança.
10. J. McT. E. McTaggart: "Excerpt from *The Nature of Existence*", em P. V. Inwagen e D. W. Zimmerman (eds.): *Metaphysics: the Big Questions*, Oxford, 1998.

consideração da série B, posto que ela é estática; seus eventos são *datados* uns em relação aos outros, e isso de uma vez para sempre. Assim, saber que a morte de Kennedy foi anterior à eleição de Nixon não esclarece a mudança, visto que a relação de anterioridade temporal que se estabelece entre o primeiro e o segundo evento é imutável. Para McTaggart, a única série que poderia ser capaz de explicar o tempo é a série A, que é dinâmica. É dela que falamos quando nos referimos à *passagem* do tempo. É graças a ela que podemos dar sentido a certas metáforas, como a de que a humanidade marcha em direção ao futuro, ou a de que o tempo é como um rio que passa, os eventos futuros vindo até nós, passando por nós ao se tornarem presentes e então deixando-nos para se perder na obscuridade anônima do passado... Tudo isso inclui, obviamente, o conceito de mudança. A dificuldade surge quando consideramos que qualquer evento da série A (digamos, a morte de Kennedy) é alguma vez futuro, é alguma vez presente e alguma vez torna-se passado. Isso significa, segundo McTaggart, que aos eventos da série A são aplicados três predicados incompatíveis: futuro, presente e passado. Como não é possível sem contradição aplicar predicados incompatíveis à mesma coisa – por exemplo, não posso dizer que estou sentado e também de pé –, ele conclui que o tempo não pode ser real.

A resposta imediata a esse argumento é que um evento é passado, presente e futuro, mas *não ao mesmo tempo*. Posso perfeitamente estar sentado e estar de pé em momentos diferentes: estava sentado antes; agora estou de pé. De modo similar, um mesmo evento pode sem contradição ser futuro em um momento e depois presente e passado em dois outros momentos subseqüentes. McTaggart previu essa resposta, sugerindo então que mesmo que um evento seja somente presente, passado ou futuro em relação a um dado momento, esse dado momento será também presente, passado e futuro em relação a outros momentos e assim por diante, de modo que ou caímos em contradição ou em um regresso ao infinito.

Há uma variedade de respostas para esse argumento. De minha parte penso que tudo isso é claramente possível sem contradição alguma, pois a espécie de regressão apontada nada tem de ilegítima. Para evidenciar isso, considere o seguinte raciocínio equivalente sobre as relações incompatíveis de ser igual, menor ou maior, na série dos números inteiros. 0 é igual a ele mesmo, menor do que +1 e maior do que –1. Mas isso não é contraditório, posto que os conceitos de ser igual, menor e maior são aqui aplicados a números diferentes. Contudo, também aqui se pode dar um passo adiante, sugerindo que embora +1 seja maior do que 0, +1 é *também* igual a si mesmo e menor do que +2, que por sua vez é maior, igual e menor do que outros números e assim por diante. Devemos por isso concluir que a série dos números inteiros é incoerente? Claro que não, visto que as relações de ser maior, menor e igual, embora incompatíveis, são entre números sempre diversos ou dispostos em ordem inversa. A mesma coisa pode ser dita a respeito da multiplicação de relações temporais aludida por McTaggart. O fato de ser possível multiplicar as relações temporais ilimitadamente não as torna contraditórias, pois quando incompatíveis elas se dão entre coisas sempre diversas ou inversamente dispostas.

A importância do argumento de McTaggart não está tanto nele próprio, mas na multidão de respostas que ele foi capaz de suscitar. Uma interessante idéia surgida da discussão em torno desse argumento é a de que a série B é que é fundamental. A série A diz respeito ao curso do tempo sob a perspectiva de um observador presente, enquanto a série B diz respeito ao tempo na abstração de uma perspectiva particular. Podemos, pela substituição de termos indexicais como "agora", traduzir enunciados relativos à série A em enunciados relativos à série B. Por exemplo, em vez de dizer "Ontem fui ao dentista", posso dizer "No dia 23/3/2001 C.C. diz ter ido ao dentista no dia anterior". Parece mesmo possível que a noção de mudança em um objeto possa ser explicada com base na série B, quando consideramos que predicados aplicáveis ao objeto no momento $t1$ podem deixar de ser aplicáveis em $t2$ e vice-versa, e interpretamos a mudança nesses termos.

5. Tempo subjetivo

Alguns filósofos, como Bergson e Merleau-Ponty, tentaram separar o tempo como experiência subjetiva do tempo físico objetivo. Falou-se então da duração real (*la durée*), ou do tempo vivido, muito diferentes do tempo físico que os relógios marcam. Com efeito: horas parecem minutos quando duas pessoas enamoradas se encontram; e minutos podem parecer horas quando alguém está sofrendo na cadeira do dentista. Mas o uso do verbo "parecer" não deixa lugar para dúvidas. Trata-se de alterações, de distorções subjetivas e aparentes do tempo físico, o único que é real. Essas distorções não são tão comuns quanto se possa pretender, pois é uma necessidade de sobrevivência que sejamos psicologicamente capazes de dar conta do tempo físico, ainda que de maneira aproximada. Considere, por exemplo, o caso da coordenação das ações que planejamos efetuar no correr do dia; ou então considere a infeliz situação de pessoas que perderam a capacidade de fixar na memória quaisquer informações novas, tornando-se por causa disso incapazes de medir a passagem do tempo (essas pessoas se espantam sempre que se olham no espelho e se vêem anos mais velhas; não adianta explicar-lhes o que aconteceu porque elas esquecerão logo em seguida). Assim, o fato de que é possível fazer um estudo, mesmo que sistemático, da natureza psicológica de nossa percepção do tempo, não deve levar-nos a crer na existência de um tempo subjetivo que seja independente do tempo real, tão duramente marcado por relógios de peças rígidas.

2. Universais puros e substratos nus; como se livrar deles

Podemos dizer de muitas folhas que elas são verdes, de muitos seres vivos bastante diversos que eles são seres humanos, de muitas ações que elas são justas, mesmo que nos pareçam completamente diferentes umas das outras. Como é possível que coisas por vezes muito diferentes compartilhem da mesma propriedade? O que nos permite aplicar um mesmo predicado a coisas muito diversas, generalizar, descobrir a unidade na multiplicidade, esse pressuposto que é fundamental ao entendimento humano?

Há basicamente duas espécies de resposta a essa questão: o *realismo* e o *nominalismo*[1]. Em sua versão clássica, o realismo dos universais afirma que podemos distinguir a mesma propriedade ou atributo em muitas coisas diversas, posto que essa propriedade é um *universal puro ou abstrato* (uma *entidade abstrata*, a *idéia*, a *forma*), o qual é de algum modo compartilhado por todas essas coisas, talvez por serem elas próprias, como pensava Platão, cópias imperfeitas desse universal. Uma vez

---

1. A presente distinção realismo/nominalismo é facilmente confundida com a distinção realismo/idealismo sobre o mundo externo. A primeira é uma distinção *ontológica* (ou seja, relativa ao que é, ao que existe) sobre a natureza das entidades mais fundamentais que constituem a realidade; já a segunda é uma distinção epistemológico-metafísica sobre a natureza do que nos é dado conhecer pela experiência, o realismo afirmando que conhecemos um mundo externo independente da mente e distinto dela, enquanto o idealismo afirma que o mundo externo possui de algum modo uma natureza mental.

que esse compartilhamento seja por nós percebido, tornamo-nos capazes de aplicar o predicado às diversas coisas através da referência ou conotação que ele faz ao atributo universal. Assim, podemos dizer de muitos seres vivos que eles são humanos porque compartilham da propriedade universal de *humanidade*; podemos dizer de muitas folhas que elas são verdes porque compartilham da propriedade universal da "verditude". Essas propriedades universais são consideradas pelos realistas entidades não-empíricas; elas não estão nem no espaço nem no tempo, mas é pela semelhança que as coisas empíricas guardam com elas que podemos encontrar a unidade na diversidade, dizer o mesmo de muitos, generalizar.

A posição do nominalista é a de que *não* é necessário recorrer a um universal para justificar o compartilhamento de uma mesma propriedade por coisas diferentes. Na verdade, "compartilhamento de uma mesma propriedade" é apenas uma maneira de falar. Quando dizemos que muitas folhas são verdes, que alguns seres vivos são humanos, que certas ações humanas são justas, o que queremos dizer é que muitas folhas são *semelhantes* umas às outras pelo fato de serem verdes, que alguns seres vivos são *semelhantes* uns aos outros em suas propriedades empíricas de humanidade, que certas ações são *semelhantes* umas às outras por serem empiricamente qualificáveis como justas. Não precisamos, pois, recorrer a um universal como o verde, a humanidade, a justiça, para explicar por que podemos predicar algo único de muitas coisas. Como os filósofos nominalistas desde Guilherme de Occam objetaram, o realista multiplica entidades sem necessidade, produzindo um *Doppelgänger* de nosso mundo atual; um supérfluo reino de entidades abstratas cuja natureza ninguém jamais conseguiu precisar e cuja existência ninguém pode provar.

1. Realismo

Antes de examinarmos o nominalismo convém, contudo, considerar os argumentos do filósofo realista mais de perto.

Sua posição pode ser precisada da seguinte maneira. Quando aplicamos predicados adjetivais como "verde", "justo", "bom", "idêntico a", ou mesmo quando aplicamos predicados substantivais ou sortais como "homem", "árvore", "casa"[2], estamos nos *referindo* aos objetos empíricos dos quais estamos predicando ser verde, ser homem etc., mas também estamos *indicando* ou *conotando* as propriedades ou, para usar o termo preferido, as *idéias* abstratas do verde em si, do ser humano como tal, da justiça, do bem e da identidade. É porque os objetos referidos compartilham essas idéias, talvez no sentido de serem cópias imperfeitas delas, que podemos aplicar tais predicados a eles. Assim, podemos predicar bondade das pessoas a, b, c... porque sendo boas elas contêm cópias do universal, que é a idéia ou forma da bondade. Além do mais, esse universal não é concebido pelo realista como algo pertencente ao nosso mundo empírico, espácio-temporal, seja ele físico ou psicológico, posto que esse mundo se encontra em perpétuo vir-a-ser, sendo formado de entidades ontologicamente instáveis e por isso mesmo epistemologicamente pouco confiáveis. O universal, tal como ele é entendido pelos realistas, não pode ser uma coisa entre as coisas no mundo empírico, mas simplesmente a *forma* imutável que as coisas desse mundo são capazes de compartilhar.

Há duas espécies básicas de realismo: o platônico e o aristotélico. A diferença entre eles é que no realismo platônico os universais, as idéias ou formas, existem *antes* das coisas, a saber, em completa independência das coisas, enquanto no realismo aristotélico as idéias existem *nas* coisas; ou seja, para

---

2. Predicados (expressões predicativas, termos gerais) podem ser de dois tipos. Os predicados *adjetivais*, que possuem uma regra de aplicação caracterizando a entidade a que se aplicam, e os predicados *substantivais* ou *sortais*, cuja regra de aplicação envolve uma regra de particularização, permitindo-nos distinguir a entidade a que se aplicam de outras entidades similares. Se, por exemplo, alguém nos pergunta quantos verdes há na praça, não teremos como responder, pois "...é verde" é um predicado adjetival; mas, se alguém nos pergunta quantas árvores há na praça, poderemos contá-las e responder distinguindo uma árvore de outra, pois "...é (uma) árvore" é um predicado sortal.

existirem, os universais precisam estar sendo atualizados em coisas que os exemplifiquem. Uma implicação disso é que para o realista platônico, mesmo que o mundo empírico nunca tivesse existido, as idéias ou formas continuariam a existir; mas para o realista aristotélico, se o mundo empírico nunca tivesse existido, elas também não poderiam existir. O realismo platônico é mais coerente que o aristotélico, pois explica a unidade que encontramos na diversidade das coisas com base em universais ontologicamente anteriores a elas; o realismo aristotélico, ao contrário, torna os universais ontologicamente dependentes das coisas, perdendo coerência ao tentar colocar a carroça empírica na frente dos bois ontológicos[3].

O universo de entidades abstratas postulado pelos realistas pode ser mais ou menos populoso. Cônscios de que parece haver algo estranho com as entidades cuja existência propõem, filósofos realistas tentaram diminuir ao máximo a densidade demográfica de seu universo. O próprio Platão questionava se devemos admitir que idéias como a de cabelo ou excremento seriam dignas de pertencer ao mundo das idéias, ao qual ele admitia pertencerem as idéias mais elevadas, do bem, do belo, da justiça, da verdade. Realistas contemporâneos tentaram reduzir o número de universais ao mínimo ao definir uns predicados por intermédio de outros, buscando chegar assim a predicados indefiníveis, os quais conotariam diretamente os universais. Por exemplo: o predicado "triângulo" pode ser definido como "figura formada por retas ligando três pontos não-alinhados". A definição mostra que o universal "triângulo" de fato não existe independentemente, mas pode ser reduzido a uma combinação de outros universais, como o ponto e a reta. Talvez pudéssemos então reduzir os universais a umas poucas entidades. No entanto, semelhantes tentativas de tornar o realismo mais plausível pela diminuição do número de suas entidades postuladas parecem insuficientes por princípio. Pois ou

---

3. Para uma breve exposição crítica do realismo platônico-aristotélico, ver meu livro *Estudos filosóficos* (Tempo Brasileiro/EDUFRN), Rio de Janeiro, 1999, cap. 7.

admitimos a existência de universais abstratos ou não; e, se admitimos, tanto faz admitir um único como um número infinito deles. Alexander Meinong, o maior multiplicador de universais de que se tem notícia, que admitia que mesmo entidades contraditórias como o quadrado redondo existem (subsistem) no universo platônico, ainda que elas não possam efetivamente existir em nosso mundo empírico, era nesse aspecto mais conseqüente.

Por estranho que pareça, o realismo teve enorme influência na história da filosofia e ainda hoje possui defensores talentosos, especialmente entre pessoas com aptidão para ciências formais ou com uma certa disposição mística[4]. Os argumentos positivos mais reveladores a favor do realismo são talvez os de caráter lingüístico. Um deles é o da assim chamada *nominalização* ou *referência abstrata*. Isso é conseguido quando predicados são colocados na posição de sujeito ou objeto da sentença e geralmente antecedidos de um artigo definido, o que parece fazer com que eles realmente *se refiram* ao universal. Eis alguns exemplos de sentenças contendo predicados nominalizados (que os realistas preferem intitular "termos singulares abstratos"), que adapto do livro de M. J. Loux[5]:

(i) *A coragem* é uma virtude moral.
(ii) *A sabedoria* é o objeto da vida filosófica.
(iii) Suzi prefere *o vermelho ao azul*.

As nominalizações "a coragem", "a sabedoria", "o vermelho", "o azul" parecem aqui nomear as respectivas idéias universais.

Além disso, há sentenças que apesar de não incorporarem tais nominalizações de predicados, parecem afirmar alguma coi-

---

4. Exemplos ilustres de platonistas de carteirinha são Gottlob Frege e Sir Karl R. Popper. A grande maioria dos filósofos do século XX parece ter cedido a alguma forma mais ou menos econômica de realismo.
5. Os exemplos desse e do próximo parágrafo foram adaptados da excelente introdução de M. J. Loux: *Metaphysics,* London, 1998, pp. 25, 31, 32. Minha análise dos exemplos leva, porém, a conclusões opostas às de Loux.

sa sobre propriedades ou atributos universais. Eis alguns outros exemplos, também adaptados do texto de Loux:

(iv) Aquele tomate e aquele extintor de incêndio têm a mesma *cor*.
(v) *Essa* cor foi exemplificada muitas vezes.
(vi) Algumas *espécies* são férteis ao se cruzarem.
(vii) Há *relações* não descobertas ligando as partículas físicas entre si.
(viii) João tem os mesmos *traços de caráter* que Maria.

Parece, pois, que sentenças como essas são afirmações acerca de universais como a cor vermelha, uma certa cor, espécies, relações não conhecidas e traços de caráter, e parece mesmo que tais sentenças só podem ser verdadeiras porque esses universais existem. São exemplos como esses suficientes para assegurar o realismo? Para Loux a resposta é *sim*. No que se segue quero mostrar que nenhum desses exemplos é convincente.

A reação tradicional do crítico do realismo a exemplos como os mencionados é considerar que a forma gramatical de nossas sentenças encobre o que é realmente considerado através delas, a sua verdadeira estrutura lógica, e que, quando analisamos o que realmente queremos dizer com as sentenças acima, torna-se claro que o que está envolvido são apenas predicações relativas a entidades empíricas[6]. Sob essa perspectiva, eis o que as primeiras três sentenças mais aproximadamente querem dizer:

(i) Tudo o que é corajoso possui ao menos uma virtude moral (ou: "Para todo x, se x é corajoso, x possui ao menos uma virtude moral").
(ii) Se alguém estuda filosofia, deve procurar ser sábio (ou: "Para todo x, se x estuda filosofia, x deve procurar ser sábio").

---

6. Ver o artigo de G. Ryle, "Expressões sistematicamente enganadoras" ("Systematic Misleading Expressions"), col. *Os pensadores* (Ed. Abril), São Paulo, 1975, vol. LII.

(iii) Se as outras propriedades das coisas consideradas não tiverem importância na escolha de Suzi, Suzi preferirá coisas vermelhas a coisas azuis (ou: "Para todo x e para todo y, se x e y forem indiferentes em outros aspectos para s, se x é vermelho e y é azul, s prefere x a y").

Logicamente analisadas, as sentenças evidenciam-se como não fazendo referência a universais, tendo os termos que pareciam referir-se como nomes aos universais – a coragem, a sabedoria, o vermelho, o azul – sido deslocados para uma posição de predicado. Não é difícil seguir uma estratégia semelhante com relação à segunda lista de sentenças:

(iv) Aquele tomate e aquele extintor de incêndio têm cores que são idênticas uma à outra.
(v) Cores similares à cor desse objeto aqui (digamos, um tomate) foram encontradas em muitos outros objetos.
(vi) Existem seres vivos que pertencem a grupos de seres vivos que constituem espécies diferentes, mas que mesmo assim são férteis ao se cruzarem.
(vii) Novas relações entre as partículas físicas poderão vir a ser descobertas.
(viii) Todos os traços de caráter de João e todos os traços de caráter de Maria são similares.

Em todas essas paráfrases, as supostas afirmações sobre universais – cores, espécies, relações, traços de caráter – são eliminadas, permanecendo apenas as referências a coisas do mundo empírico: o tomate, o extintor, partículas físicas, João, Maria...

A possibilidade de parafrasearmos todos esses exemplos eliminando referências a universais ou afirmações acerca deles sugere que elas sejam uma ilusão produzida pelo que Wittgenstein chamou de roupagem gramatical de nossas línguas. A linguagem natural abrevia, por razões de economia, as nossas complexas e indiretas referências a particulares, produzindo a ilusão de que por meio dela conotamos, referimos ou fazemos afirmações sobre universais. Uma objeção que aqui é feita é a de que parece estranho que as paráfrases precisem ser tão complexas e diversificadas. Mas é lícito argumentar que elas são assim porque traduzem a complexidade e a diversidade das estruturas lógico-conceituais que constituem o conteúdo analisado de nossos pensamentos.

Uma outra objeção recorre ao princípio da simplicidade: a estratégia de fazer paráfrases torna as coisas demasiado complexas, sendo mais econômico recorrermos às velhas doutrinas dos universais abstratos. Mas uma coisa é aplicarmos o critério da simplicidade aos princípios de uma teoria, preferindo a teoria que for mais econômica – isso é legítimo; outra coisa é aplicarmos esse mesmo critério a *casos* complexos de aplicação de uma teoria, o que deixa de ser legítimo.

2. Nominalismo e a teoria dos tropos

Para o nominalismo só existem particulares. Mas não há consenso sobre que particulares devem ser aceitos. Uma posição que teve considerável influência foi o que pode ser chamado de *nominalismo austero*. Segundo essa forma de nominalismo, as únicas coisas que existem são particulares concretos como essa pedra, essa árvore, aquele homem, aquele planeta, para os que favorecem objetos do senso comum, e esse quark, esse muom e aquele gluon para o reducionista cientificista[7]. Para o nominalista austero as propriedades ou atributos na verdade não existem: é um traço fundamental dos particulares concretos que eles concordam quanto a certas predicações que atribuímos a eles. E, como não existem propriedades, a pedra e a árvore, o muom e o gluon não podem ser analisados em termos de propriedades reais que eles possuam. O nominalismo

---

7. Ver, por exemplo, W. V. O. Quine: *From a Logical Point of View*, Harvard, 1954, pp. 10-13.

austero é uma versão contemporânea e lingüística do nominalismo do filósofo medieval Roscelin, que sustentava que as propriedades universais não são mais que *sopros de voz* (*flatus vocis*). Essa é uma posição que exagera na economia a ponto de tornar-se seriamente contra-intuitiva, pois parece claro que propriedades são algo mais do que complementos dispensáveis dos nomes, parecendo também plausível que os particulares concretos podem ser analisados em termos das propriedades constitutivas que eles possuem.

A forma contemporaneamente mais "progressista" de nominalismo, que me parece em princípio capaz de pavimentar o caminho para uma solução mais satisfatória do problema dos universais, é o que poderia ser chamado de nominalismo dos tropos[8]. A idéia é a de que *por sua própria natureza as propriedades, atributos, qualidades, características, traços etc. são particulares*, sendo as propriedades etc. concebidas de tal maneira tecnicamente chamadas de *tropos*. Os tropos são, pois, as unidades de construção do mundo real. Eles podem ser cores, formas, sons, odores, densidades, estados psicológicos etc. Eles podem ser concebidos como simples ou como entidades analisáveis em termos de outros tropos. O vermelho de um certo tomate, por exemplo, pode ser considerado um tropo; e o vermelho de um certo extintor de incêndio pode ser considerado um outro tropo. Ambos são entidades reais pertencentes ao mundo externo. Quando dizemos que dois objetos, o tomate e o extintor, *compartilham* da mesma propriedade, essa é apenas uma maneira equívoca de dizer que eles possuem tropos que são similares entre si. Quando dizemos que esses dois objetos possuem *a mesma* cor, essa também é uma maneira equívoca de dizer que eles possuem tropos de cores que são idênticos, sendo essa uma identidade qualitativa (de uma coisa com outra) e não numérica (de algo consigo mesmo). Essa relação de *simi-*

---

8. Em sua forma atual a teoria dos tropos surgiu com o artigo de D. C. Williams, "The Elements of Being I", *Review of Metaphysics* 7, 1953, pp. 3-18 e 171-92, tendo sido desenvolvida por K. Campbell em *Abstract Particulars*, Oxford, 1990.

laridade entre os tropos é primitiva e não comporta explicação ou análise: é um fato do mundo, ao qual estamos tão acostumados que custamos a perceber. Nosso aparato cognitivo nos torna capazes de identificar tal similaridade e por isso somos capazes de aplicar o mesmo termo geral a dois ou mais tropos e dizer o mesmo de muitos... A idéia de considerar propriedades como particulares (tropos) é, se considerarmos mais atentamente, perfeitamente intuitiva. Elas são os objetos imediatos de nossa atenção perceptual. Elas são também objetos de atenção seletiva: posso focalizar minha atenção no rugido do mar tempestuoso, na forma de suas vagas, em sua cor cinzenta; e quando atento para a sua cor cinzenta não estou pensando na cor cinza em si, mas nesse cinza particular, nesse tropo que estou vendo[9].

A teorização acerca dos tropos pode ser estendida na explicação da natureza dos particulares concretos como pedras, cadeiras, pessoas, planetas... Um objeto físico como o livro que você tem nas mãos nada mais é do que *um feixe especialmente organizado de tropos copresentes*: tropos de formas, tropos brancos e pretos, tropos de solidez, de flexibilidade etc., que coexistem. E a relação de *copresença* (*compresence*) é a de localização desse feixe de tropos em uma específica região do tempo e do espaço.

Contra a economia ontológica originada da postulação de uma relação de copresença já foi objetado que uma relação de copresença C entre os tropos A e B, sendo ela própria um tropo, exigiria a existência de uma nova relação de copresença C1, para localizar A, B e C, o que exigiria a existência de uma nova relação de copresença C2 e assim infinitamente[10]. Mas essa objeção só se justifica se supusermos, como fez D. C. Williams, que cada tropo existe por si mesmo, sendo C um novo tropo a

---

9. Contra esse exemplo é possível apresentar toda espécie de objeção representacionalista, não havendo espaço para respondê-las aqui (para uma introdução ao problema da percepção, ver capítulo 6 deste livro).
10. C. Daly: "Tropes", em D. H. Mellor e A. Oliver (eds.): *Properties*, Oxford, 1997, p. 157.

existir independentemente. Mas essa parece uma suposição dispensável: pode bem ser que C exista apenas devido a A e B, por isso não requerendo copresenças adicionais. A teoria dos tropos proporciona também uma resposta ao velho problema metafísico da substância. Para certas teorias da substância, como a de Locke, a substância é um *substrato nu (bare substratum)*, um "sei lá o quê" incognoscível, que é repositório das propriedades. A dificuldade é que postular a existência de alguma coisa que em princípio não pode ser conhecida parece ser algo profundamente contraditório. Como podemos dizer que algo existe na ausência de uma experiência que nos permita inferir a sua existência? Locke acreditava que havia uma razão para tal inferência no fato de que precisamos ter sujeitos para a predicação de propriedades, pois não podemos começar predicando propriedades das próprias propriedades. Mas a teoria dos tropos torna essa postulação desnecessária. Um particular concreto, o livro que você tem nas mãos, é uma *combinação (bundle)* de tropos, e é uma tal combinação espácio-temporalmente localizável de propriedades que serve de sujeito de predicações. Um objeto físico – para usar uma metáfora de Wittgenstein – é como uma alcachofra, cujas folhas representam as suas propriedades. Pode parecer que após desfolharmos a alcachofra algo restará: a alcachofra em si. Mas na verdade nada restará, posto que a alcachofra consiste apenas de suas folhas.

Uma objeção à idéia de que combinações de tropos possam ser objetos de predicação é a de que toda predicação passaria a ser tautológica: dizer que essa bola é vermelha passa a ser redundante, pois o sujeito da predicação, a bola, consiste em uma combinação de tropos que já inclui o vermelho como constituinte[11]. A resposta a essa objeção é em princípio muito fácil: devemos distinguir os tropos que constituem essencialmente a identidade de um objeto físico dos tropos que se ade-

---

11. Ver M. J. Loux: *Metaphysics: a Contemporary Introduction*, London, 1998, p. 103.

rem ao objeto físico de forma contingente, inessencial. Só uma combinação de tropos essencial à individuação de um objeto funciona como sujeito de predicação. É por isso que, quando dizemos "Essa bola é redonda", dizemos algo que é tautológico: admitindo que "Essa bola" seja o sujeito da predicação, predicamos dele um tropo que lhe pertence essencialmente; mas o mesmo não acontece quando dizemos que a bola é vermelha ou que é de borracha. Essa mesma distinção entre a combinação de tropos que constitui essencialmente um objeto e aquela que não o constitui essencialmente também permite responder à objeção de que a teoria dos tropos não permite compreender processos de mudança nos particulares concretos. Ora, eles mudam sem deixar de permanecer os mesmos precisamente porque o que muda não é a combinação local de tropos copresentes que os constituem essencialmente, mas os tropos que os constituem contingentemente.

Consideremos agora como a teoria dos tropos poderia explicar fenômenos como o da referência abstrata ou das aparentes afirmações acerca de universais. Filósofos como D. C. Williams sugeriram que termos singulares abstratos não-sortais como "a coragem" não denominam universais abstratos, mas *conjuntos de tropos similares entre si*. Mas há dificuldades com essa solução: como conjuntos possuem um número definido de membros, não podemos aumentar ou diminuir os tropos da coragem e outros objetos de referência abstrata, sem falar no fato de que os próprios conjuntos seriam objetos abstratos.

Minha solução é mais simples. Ela consiste em traduzir a solução clássica que empiristas como Berkeley e Hume deram para o problema dos universais em termos de tropos. Segundo essa maneira de ver, termos universais como "a coragem" devem fazer referência *a um certo tropo X e a todos os tropos que lhe forem similares*. Para concebermos um universal precisamos primeiro ser capazes de representar um particular qualquer, um tropo X, e além disso conceber que o universal é constituído por X e por todos os tropos que lhe forem similares, sendo a própria similaridade entendida em termos de tropos. Com isso não precisamos mais nos preocupar com a quantidade de tropos existentes semelhantes a X ou com o *status* ontológico da própria noção de conjunto.

A solução proposta responde também à objeção, cuja origem remonta a Bertrand Russell, segundo a qual se admitirmos as similaridades entre os tropos T1, T2, T3... de modo que T1 = T2, T2 = T3... precisaremos garantir que cada nova identidade é idêntica às anteriores, recorrendo então a identidades de nível superior, que por sua vez precisam ser provadas idênticas entre si, o que nos conduz a um abominável regresso piramidal ao infinito[12]. Nada disso parece aqui necessário; tudo o que precisamos é perceber que T1 = X, que T2 = X, que T3 = X... sem precisar comparar identidades, posto que X (ou o que representamos por X) é tomado como um paradigma.

Apenas a ponta do tapete da teoria dos tropos foi levantada e, se minhas emendas forem corretas, será preciso defendê-la mais apropriadamente do que tem sido feito até aqui. A construção de uma adequada e completa teoria dos tropos é um empreendimento em aberto que, abstendo-se de recorrer a conceitos no fundo ininteligíveis, como os de universais puros e substratos nus, promete tornar a discussão tradicional sobre os universais tão ultrapassada quanto se tornou a discussão clássica sobre as várias formas de dualismo para a discussão contemporânea do problema da relação mente-corpo.

---

12 . C. Daly: "Tropes", em D. H. Mellor e A. Oliver (eds.): *Properties*, *ibid.*, pp. 149 ss.

3. Conhecimento conceitual: por uma saudável ortodoxia empirista

Embora estejamos geralmente interessados em proposições cuja verdade ou falsidade só pode ser reconhecida com base na experiência sensorial ou empírica, elas não são as únicas. Há proposições cujo valor de verdade pode ser reconhecido independentemente da experiência. Esse é o caso de proposições lógicas, matemáticas e elucidativas da estrutura conceitual de uma linguagem. Neste capítulo estudaremos a natureza do conhecimento que temos delas.

1. Conhecimento a priori e a posteriori

Há proposições cuja verdade ou falsidade só pode ser conhecida por intermédio da experiência sensorial. Exemplos disso são o conhecimento expresso por proposições de observação, como "A vassoura está no canto", ou generalizações da experiência, como "Todos os homens são mortais". O reconhecimento da verdade ou falsidade de tais proposições depende sempre de alguma forma de experiência empírica, razão pela qual se diz que elas são conhecidas *a posteriori*, isto é, após a experiência. Há proposições, entretanto, cuja verdade ou falsidade *pode* ser conhecida sem recurso à experiência empírica; ser capaz de estabelecer esse seu valor de verdade é possuir um conhecimento *a priori*. Eis alguns exemplos de verdades *a priori*:

(i) A = A
(ii) ~ (A & ~A)
(iii) 1 + 1 = 2
(iv) Triângulos têm três lados.
(v) Todos os corpos físicos são extensos.
(vi) Solteiros são não-casados.

Os exemplos evidenciam quão amplo pode ser o domínio do conhecimento *a priori*. (i) e (ii) são proposições lógicas, exprimindo respectivamente o princípio da identidade ("O que é, é") e o princípio da não contradição ("Uma proposição não pode ser verdadeira e falsa ao mesmo tempo e sob o mesmo aspecto"); (iii) e (iv) são respectivamente proposições da aritmética e da geometria; (v) e (vi) são proposições que esclarecem estruturas conceituais reguladoras de nossa linguagem empírica, a primeira relativa ao mundo físico, a segunda relativa ao domínio do social.

Todos esses exemplos são de proposições conhecidas *a priori*, posto que podemos saber que são verdadeiras sem recurso à experiência. Com efeito, não é necessário observar pessoas solteiras para entender o que é não ser casado, nem é necessário examinar triângulos para descobrir que eles têm três lados. Kant observou existirem duas marcas fundamentais, pelas quais reconhecemos o conhecimento *a priori*. A primeira é que a verdade da proposição é tomada por nós como sendo *necessária*. Sabemos, por exemplo, que solteiros são necessariamente não-casados. A segunda marca do conhecimento *a priori* é que a universalidade da proposição é *estrita*, isto é, uma universalidade de que sabemos não ser possível encontrar exceções[1]. Essas são certamente (a despeito de Kant) duas maneiras diferentes de dizer a mesma coisa.

Alguém poderia objetar: uma criança pode descobrir que seus tios e parentes chamados de "solteiros" são todos não-casados, inferindo assim através da experiência que todos os sol-

---

1. E. Kant: *Crítica da razão pura* (*Kritik der Reinen Vernunft*), Ed. Calouste Gulbenkian, Lisboa, 1989 (1787), B5.

teiros são não-casados. Essa objeção resulta de uma compreensão inadequada da definição de conhecimento *a priori*. Tal definição não diz não ser possível saber a verdade de proposições *a priori* através da experiência, mas tão-somente que a sua verdade *pode* ser conhecida sem recurso à experiência. Além do mais, embora a experiência possa ensinar que uma proposição *a priori* é verdadeira, ela não pode nos ensinar que ela é *a priori*, uma vez que as marcas da aprioridade, a necessidade e a universalidade estrita não são algo que possa ser inferido da experiência.

As proposições até agora exemplificadas como conhecíveis *a priori* são do tipo *auto-evidente*: basta compreendê-las para saber que elas são verdadeiras. Mas há muitas proposições *a priori* que não são auto-evidentes, cuja verdade não é imediatamente acessível a nós. Eis alguns exemplos:

(i) 8 . 99 = 792.
(ii) A soma dos ângulos internos de qualquer triângulo é 180°.
(iii) A vigésima sexta casa decimal da constante Π é um número ímpar.
(iv) $((P \vee Q) \& (P \vee R)) \rightarrow (\sim P \rightarrow (Q \& R))$.

Semelhantes proposições foram chamadas por John Locke de *demonstrativas*, posto que geralmente só podemos saber que elas são verdadeiras por um procedimento de demonstração[2]. Consideremos como isso é feito no primeiro exemplo, que é o mais simples: podemos demonstrar que 8 . 99 é igual a 792 simplesmente dando um passo após outro, primeiro multiplicando 8 . 9 para obter o resultado 72, depois multiplicando novamente 8 . 9 e finalmente somando os resultados de maneira que se obtenha o número 792. Em cada passo da demonstração consideramos proposições *a priori* do tipo auto-evidente – chamadas por Locke de *intuitivas* – que o justificam, sendo as

---

2. J. Locke: *An Essay Concerning Human Understanding*, Oxford, 1979 (1689), livro IV, cap. II, sec. 2 ss.

próprias regras de demonstração estabelecidas *a priori*. Um breve exame nos outros casos mostra que essa conclusão pode ser generalizada: o conhecimento *a priori* demonstrativo repousa no conhecimento auto-evidente, intuitivo. Pode-se objetar que podemos falhar ao aplicar as regras em um processo demonstrativo, e que portanto não podemos adquirir a idéia de que proposições demonstrativas são necessariamente verdadeiras, como deve acontecer com o conhecimento *a priori*; mas como podemos repetir a demonstração de maneiras diversas e tantas vezes quanto quisermos, e como impressões psicológicas são aqui irrelevantes, essa objeção revela-se injustificada.

É fundamental percebermos que a diferença entre proposições *a priori* auto-evidentes e demonstrativas não é referente às suas naturezas, mas depende unicamente de nós mesmos, da maneira como apreendemos a sua verdade. O que para mim é conhecimento demonstrativo, como é o caso da soma 8 . 99 = 792, pode tornar-se auto-evidente se eu adquirir um melhor treinamento matemático. Já aquilo que para mim é auto-evidente, como a soma 2 + 3 = 5, pode não parecê-lo para uma criança que começa a aprender aritmética e que precisa reduzir isso a uma soma de unidades. Para seres com capacidades mnêmicas e cognitivas imensamente superiores às nossas parece concebível que tudo o que consideramos conhecimento demonstrativo se lhes afigurasse como sendo auto-evidente.

2. Proposições analíticas e sintéticas

Uma distinção paralela à que acabamos de considerar é a que existe entre proposições analíticas e sintéticas. Ela foi introduzida por Kant, que concebeu a proposição analítica como aquela em que o conceito do predicado vem contido (pensado) no conceito do sujeito, o que a torna necessariamente verdadeira. A proposição "Corpos físicos são extensos" é analítica, posto que o conceito de extensão está contido no conceito de corpo físico, sendo um corpo físico sem extensão algo impensável. Já as proposições sintéticas foram por ele definidas como aquelas nas quais o conceito do predicado não está contido no do sujeito, sendo por isso capazes de aumentar o que já sabemos[3]. A proposição "Todos os corpos são pesados", por exemplo, é sintética, pois não pertence ao conceito de corpo físico ser pesado (na ausência de gravidade eles de fato não têm peso). Diversamente das proposições analíticas, as proposições sintéticas informam-nos sobre o mundo, sendo chamadas por Kant de *ampliadoras* de nosso conhecimento. A séria insuficiência da definição de Kant é que ela é meramente gramatical, aplicando-se somente a proposições do tipo sujeito-predicado.

Uma definição de analiticidade suficientemente ampla e perfeitamente em ordem, embora alguns a critiquem como sendo vaga, é a que afirma serem as proposições analíticas *aquelas cuja verdade pode ser conhecida tão somente em razão dos significados de seus termos*[4]. Proposições sintéticas, por sua vez, são aquelas cuja verdade não pode ser conhecida dessa maneira. Exemplos classicamente admitidos de proposições analíticas são:

(i) "Chove ou não chove."
(ii) "Triângulos têm três lados."
(iii) "Uma rosa é uma flor."
(iv) "Se Carlos é pai de Cacilda, Cacilda é filha de Carlos."

Não é difícil mostrar que a verdade dessas proposições depende dos significados de seus termos. No caso (i) temos uma proposição dita *logicamente analítica*, assim chamada porque a sua verdade é devida apenas aos significados dos seus termos lógicos, no caso "não" e "ou". Tais significados são estabelecidos pelas correspondentes tabelas de verdade desses conectivos. Aplicando-se essa tabela à proposição (i) o resultado será um valor sempre verdadeiro, independentemente do que

---
3. E. Kant: *Crítica da razão pura*, A7/B10-12.
4. R. Swinburne defende convincentemente a adequação dessa definição em seu artigo: "Analyticity, Necessity and Apriority", em P. K. Moser (ed.): *A Priori Knowledge*, Oxford, 1987.

coloquemos no lugar da palavra "chove". Isso mostra que (i) é uma tautologia, uma proposição que é sempre verdadeira, sejam quais forem as circunstâncias do mundo. Os exemplos (ii), (iii) e (iv) são de proposições analíticas ditas não-lógicas. A verdade dessas proposições depende de relações semânticas entre termos não-lógicos, mais precisamente de relações de *sinonimidade* ou de *hiponimidade* (pressuposição de significado) existente entre eles. Vejamos o exemplo (ii). Assumindo que o significado de uma expressão vem explicitado em sua definição, o significado de "triângulo" é dado por uma certa definição de triângulo, segundo a qual chamamos de "triângulo" a uma figura plana, fechada, com três lados. Ora, isso quer dizer que o predicado "...tem três lados" apenas repete aquilo que já está contido no conceito de triângulo expresso pelo sujeito. Como conseqüência, admitindo-se que as palavras têm os significados que têm, (ii) é uma proposição necessariamente verdadeira. Vale aqui notar que uma característica das proposições analíticas não-lógicas é que elas podem ao que parece ser analisadas de modo que sejam transformadas em verdades lógicas. Se substituirmos em (ii) "triângulo" por "figura plana, fechada, com três lados", que lhe é sinônima, o resultado será "Figuras planas, fechadas e com três lados, têm três lados", o que é facilmente evidenciável como uma verdade lógica. O exemplo (iii) é analisável de forma semelhante. "Rosa" é um hipônimo de "flor"; para sabermos *suficientemente* o significado da palavra "rosa", precisamos saber que se trata de uma flor. Assim, "uma rosa" em (iii) pode ser substituída por "uma flor da espécie rosa", resultando na verdade lógica "Uma flor da espécie rosa é uma flor". Consideremos agora o caso (iv). O termo antecedente, "Carlos é pai de Cacilda", contém a expressão relacional "...é pai de...", que significa o mesmo que "...tem como filho(a)..." Ora, se fizermos a devida substituição sinonímica, (iv) fica sendo "Se Carlos tem como filha Cacilda, Cacilda é filha de Carlos", e teremos mais uma vez uma verdade lógica.

Essa redutibilidade das proposições analíticas a verdades lógicas também sugere que não precisa haver uma fronteira nítida ou fixa entre verdades logicamente analíticas e verdades analíticas. Pois tudo depende do quanto decidimos que deve pertencer à lógica, podendo ser as verdades lógicas definidas como aquelas que estamos *menos dispostos a revisar*; aquelas que se encontram mais profundamente arraigadas, mais "entrincheiradas" (*entrenched*) em nosso sistema de crenças. Finalmente, a marca fundamental das proposições analíticas, também salientada por Kant, é que elas *não podem ser negadas sem incoerência ou contradição*. Com efeito, se uma proposição analítica é tal que pode ser transformada em uma verdade lógica, fica claro que a sua verdade é necessária e que negá-la é produzir uma contradição. Se a proposição "Triângulos têm três lados" pode ser analisada como "Figuras planas, fechadas e com três lados têm três lados", fica claro que a sua negação, "Figuras planas, fechadas e com três lados não têm três lados", é contraditória e sem sentido.

3. A tese da equivalência entre o a priori e o analítico

Consideremos atentamente as distinções *a priori/a posteriori* e analítico/sintético. *Prima facie* elas podem ser consideradas extensionalmente equivalentes: parece que o conhecimento *a priori* é o de proposições analíticas, enquanto o conhecimento *a posteriori* é o de proposições sintéticas! E isso pode ser justificado. Dizemos que o conhecimento de certas proposições é *a priori* porque a sua verdade pode ser estabelecida na independência da experiência empírica; e ao dizermos que elas são analíticas, mostramos *como* essa verdade pode ser assim estabelecida, a saber, com base no significado dos termos envolvidos. A definição de conhecimento *a priori* é negativa, ou seja, pelo que a proposição conhecida *não é* – ela *não é* uma proposição cuja verdade se deriva da experiência; a mesma espécie de proposição, quando chamada de analítica, é definida positivamente, pelo que ela *é* – por sua verdade decorrer do significado de seus termos constituintes. A complementaridade das definições torna-se mais aparente quando justapomos as suas definições positivas:

Proposições analíticas   =   são aquelas cuja verdade
                               depende dos significados
                               de seus termos.

Proposições conhecidas   =   são aquelas cuja verdade
a posteriori   só pode ser conhecida
                               através da experiência.

Note-se que a definição da proposição analítica é essencialmente semântica, enquanto a definição de conhecimento *a posteriori* é essencialmente epistêmica. Isso é compreensível, pois ou a verdade de uma proposição é obtida com base na consideração (semântica) dos significados de seus termos e de suas implicações, ou essa verdade é obtida por um procedimento epistêmico de verificação empírica.

Também a marca da aprioridade, a necessidade ou generalidade estrita das proposições *a priori*, parece ser complementar à marca da analiticidade, à impossibilidade de negá-las sem contradição: como a negação de proposições analíticas produz incoerência ou contradição, ficamos impossibilitados de imaginar casos de exceção, devendo por isso admitir a sua universalidade estrita, ou seja, a sua necessidade.

À primeira vista, ao menos, parece que podemos concluir: a classe das proposições analíticas é coextensiva à classe das proposições *a priori*. Essa é a posição que quero tentar resgatar aqui, a dos velhos empiristas, de Hume a Wittgenstein.

4. As fronteiras entre o analítico e o sintético

Há proposições aparentemente intermediárias entre o analítico e o sintético; por exemplo: "Todo objeto físico tem uma cor." Essa parece ser uma proposição analítica, mas será isso verdadeiro em todos os mundos possíveis? Suponha-se, por exemplo, um mundo no qual não existissem radiações luminosas; nesse mundo os objetos seriam apenas potencialmente coloridos.

Parece razoável, porém, que proposições como essa possam ser analisadas como constituídas por outras claramente distinguíveis como analíticas ou sintéticas. Assim, se a cor for entendida como uma *disposição* do objeto físico de refletir radiações de certos comprimentos de onda ou de absorvê-las todas (no caso da cor preta), então a proposição "Todo objeto físico tem uma cor" torna-se analítica, pois será verdadeira mesmo em um mundo sem radiações luminosas e contraditória quando negada; o mesmo não se dá, porém, se a cor for entendida como uma atualidade, ou seja, em termos das radiações de um certo comprimento de onda que um objeto físico presentemente reflete, pois nesse caso objetos não iluminados não terão cor. Nesse caso a proposição será obviamente sintética.

As fronteiras entre proposições analíticas e sintéticas também não são fixas, mas mutáveis, capazes de se alterar com as variações de nossas práticas lingüísticas[5]. Mas é importante considerar *como* essa alteração ocorre. W. V-O. Quine sugeriu, em um artigo imensamente influente, que a distinção analítico/sintético é falsa e injustificada[6], o que sugere que uma das

---

5. A tese da vaguidade e variabilidade do que consideramos proposições gramaticais (*a priori*) encontra-se presente em Wittgenstein, por exemplo, em sua metáfora da areia no fundo do rio em *Über Gewissheit* (Sobre a certeza), Frankfurt, 1984, seções 96-9.
6. A tese de W. V-O. Quine, segundo a qual a distinção analítico/sintético é injustificada é certamente um elaborado sofisma ao qual sempre se deu uma atenção exagerada. Para Quine só definimos analiticidade através de conceitos como o de sinonímia cognitiva e necessidade; mas tais conceitos requerem-se uns aos outros para serem definidos, disso resultando uma "quase-circularidade" que torna impossível precisar o que é analiticidade (ver W. V-O. Quine, "Two Dogmas of Empiricism", em *From a Logical Point of View*, Cambridge, MA, 1953). A resposta a Quine tem sido que ele impõe ao conceito de analiticidade uma exigência desarrazoada de precisão (H. P. Grice e P. F. Strawson: "In Defense of a Dogma", *Philosophical Review*, vol. 65, 1956, pp. 141-58). Na verdade, é até mesmo *necessário* que os conceitos que aparecem em uma definição pertençam a um mesmo campo semântico do conceito a ser definido. Não oferecemos, por exemplo, uma definição em bioquímica usando conceitos provenientes da ornitologia. Assim, a estratégia de Quine, se coerentemente empregada, deveria levar-nos a concluir que definir expressões conceituais é geralmente uma tarefa impossível. Também a tese de que as proposições ditas analíticas são revisáveis é equívoca.

razões disso seja que as proposições analíticas podem ser revisadas pela experiência no sentido de serem falseadas por ela. Mas essa seria a maneira errada de considerar a questão. Um exemplo pode mostrar isso. Considere-se a proposição analítica "Todos os solteiros são não-casados". Imagine-se então que em uma certa comunidade exista uma seita fanática que assassine pessoas não casadas com mais de 18 anos; para se protegerem as pessoas se casam, mas mantêm-se celibatárias, mais tarde separando-se e casando-se outra vez, mas agora de verdade. Seria possível dizer que há aqui solteiros casados e que nem todos os casados são não-solteiros. Essa situação foi apresentada por Adam Morton para exemplificar a sugestão de Quine de que há circunstâncias que falseiam proposições analíticas[7]. O problema é que a situação não refuta realmente a afirmação de que todos os solteiros são não-casados. Isso fica claro quando vemos que embora em tais casos se possa dizer que uma pessoa na situação descrita é um casado não-casado ou um solteiro que não é solteiro, isso não é certamente dito para exemplificar o princípio da não-contradição. Ocorre que o conceito de solteiro, como muitos outros, pode receber nuances de sentido, havendo casos em que a aplicação torna-se ambígua. Casado significa

(a) pessoa casada judicialmente

mas também pode ganhar o sentido de

(b) pessoa que além de judicialmente casada, vive maritalmente com o seu par.

Elas não são revisáveis no sentido que deve importar ao combate de Quine à distinção analítico/sintético, que deveria ser o de serem *falseáveis*; elas são revisáveis apenas no sentido de perderem a sua aplicabilidade em certas práticas linguísticas, como pretendo mostrar nesta seção. Essa é a posição sugerida pelos textos de Wittgenstein (ver nota 5), não me parecendo que Quine tenha acrescentado nada a ela, à parte uma certa dose de confusão.

7. Cf. A. Morton: *A Guide Through the Theory of Knowledge*, Oxford, 1997, pp. 57-8.

Ao dizermos que alguns casados são solteiros, estamos aqui usando a palavra "casado" no sentido (a) e a palavra solteiro no sentido da negação de casado no sentido (b), o que elimina qualquer contradição. O caso considerado não refuta, pois, a verdade necessária de "Todos os solteiros são não-casados"; ele apenas mostra que há casos nos quais o contexto determina um sentido mais específico do conceito de ser casado.

O que o tempo, a experiência, pode fazer com nossas verdades conceituais não é refutá-las factualmente, mas substituí-las ou fazer com que as convenções lingüísticas que as determinam caiam em desuso. A nossa linguagem é constituída por uma multiplicidade de práticas lingüísticas, daquilo que Wittgenstein chamava de jogos de linguagem. As verdades conceituais são determinadas por convenções constitutivas dessas práticas lingüísticas. Quando essas convenções se alteram, isso significa uma alteração nas próprias práticas lingüísticas, quando não a sua substituição por outras. Mas seria um erro pensar que isso leva a alguma espécie de falseamento das convenções ou daquilo que elas implicam. Convenções não se falseiam; elas podem apenas perder a sua aplicabilidade por uma razão ou por outra. Para um exemplo, considere a proposição:

(i) "A soma dos ângulos internos de um triângulo é de 180°."

Essa é uma proposição analítica da geometria euclidiana. Como há dois séculos atrás a geometria euclidiana era a única existente, pensava-se que essa proposição fosse aplicável a todos os domínios concebíveis. Não obstante, com a descoberta de geometrias não-euclidianas, construíram-se triângulos cuja soma dos ângulos internos passou a ser maior ou menor do que 180°. Além disso, a física moderna demonstrou que o próprio espaço físico em torno de nós não é realmente euclidiano: quando as distâncias consideradas são suficientemente grandes, a soma dos ângulos de um triângulo deve mostrar-se diferente de 180°.

Pode-se pensar que a proposição (i) foi ela própria revisada, que deixou de ser analítica, tornando-se obviamente falsa.

Mas essa seria outra vez a maneira errônea de considerar a questão. O que foi revisado foi o domínio de aplicação da proposição (i). Antes ela se aplicava tanto ao que concebemos como sendo o espaço de uma forma mais ou menos intuitiva, quanto também ao espaço físico. Com o advento de geometrias não-euclidianas, ficou claro que nem todo o espaço concebível é euclidiano. E o advento da física relativista demonstrou que mesmo o espaço físico ao nosso redor não é de fato euclidiano, tornando a aplicação da geometria euclidiana, e portanto de (i), mais limitada do que parecia. A proposição (i) teve portanto seu domínio de aplicação *restringido*. Isso não significa, obviamente, que a proposição (i) foi falseada ou deixou de ser analítica, pois bem explicitada ela sempre significou: "A soma dos ângulos de um triângulo *na geometria euclidiana* é de 180°." Restringindo-se, pois, a palavra "triângulo" ao significado que ela recebe na geometria euclidiana, a proposição (i) permanece sendo uma verdade analítica.

O que casos como os considerados tornam patente é que proposições são analiticamente verdadeiras sempre *relativamente às convenções estabelecidas em um certo sistema de linguagem*, a uma *prática lingüística* aceita e estabelecida por uma certa comunidade de falantes durante um certo tempo. Elas não podem deixar de ser verdadeiras ou necessárias, mas podem perder a sua utilidade e relevância, se novas convenções as substituírem, se a prática lingüística à qual pertencem for modificada ou substituída por outra. É um erro, pois, acreditarmos que a experiência possa revisar as proposições analíticas no sentido de que elas se tornem sintéticas, que sejam falseadas, que percam o seu caráter *a priori*, a sua marca de necessidade. Não: o que a experiência revisa é o domínio de aplicabilidade das proposições analíticas, que pode ser reduzido e deslocado. Essa conclusão mostra-se coerente quando nos lembramos de que se trata de verdades estabelecidas por convenção; isso terá, como veremos, implicações favorecedoras dos pontos de vista do empirismo tradicional.

5. Objeções metafísicas: proposições sintéticas a priori

Seria mais simples se todos os problemas se encerrassem aqui. A questão é que existem exemplos de proposições cuja verdade conhecemos sem recurso à experiência, mas que mesmo assim não parecem ser verdadeiras apenas devido aos significados ou implicações semânticas de seus constituintes. Trata-se do que Kant chamou de juízos sintéticos *a priori*. Eis alguns exemplos:

(i) Um gato não é um rato.
(ii) Não pode ser que uma mesma superfície seja inteiramente vermelha e verde ao mesmo tempo e sob as mesmas circunstâncias.
(iii) O sentido descritivo de uma sentença está no modo como a experiência permite estabelecer o seu valor de verdade.
(iv) O futuro será semelhante ao passado.

As alegações dos defensores da existência dessa modalidade de conhecimento são as seguintes. Primeiro, não precisamos da experiência para saber que proposições como essas são verdadeiras e que elas são necessariamente verdadeiras, logo, elas são *a priori*. Mas elas não parecem ser verdades analíticas! Considere a proposição (ii), afirmando que uma mesma superfície não pode ser vermelha e verde. Parece que a sua verdade não depende apenas do significado dos termos. Afinal, "vermelho" não contém "não-verde" em seu significado. Parece também possível negar tais proposições sem incorrer em contradição: faz sentido negar (iv), dizendo "O futuro não será semelhante ao passado". Também parece que tais proposições são informativas, dizendo algo substancial sobre o mundo. Que os triângulos têm três ângulos nada diz sobre o mundo, mas saber (i), ou seja, saber que um gato não é um rato é algo informativo e, algumas vezes, útil.

A conclusão que o filósofo racionalista tira desses exemplos é que eles são casos de proposições sintéticas *a priori*.

Tais proposições são informativas, dizem algo sobre o mundo, mas não são estabelecidas com base na experiência e, o que é mais importante, não podem ser verificadas ou falseadas pela experiência, posto que o conhecimento *a priori* é necessário; nossa razão possibilita sabermos coisas sobre o mundo que nenhuma experiência poderá refutar. Isso traz consigo implicações metafísicas exploradas pelo idealismo transcendental de Kant, implicações sem dúvida enaltecedoras do poder da mente sobre o mundo da experiência, consoladoras, também, de sua impotência efetiva.

6. Respostas empiristas

Quero defender aqui a convicção cética dos velhos e conservadores empiristas, para os quais as proposições ditas sintéticas *a priori* revelam-se, quando devidamente interpretadas, ou analíticas ou sintéticas *a posteriori*, ou então que elas são analisáveis em termos de outras proposições, que se mostram ou analíticas ou sintéticas *a posteriori*.

Como a tese de que não existem proposições sintéticas *a priori* não é ela própria *a priori*, ela só pode ser tornada plausível através de uma análise dos exemplos individuais de proposições sintéticas *a priori* que demonstre seu caráter analítico ou sintético *a posteriori*. Ora, como esses exemplos podem ser multiplicados à vontade, a refutação não pode ser decisiva, deixando sempre um espaço livre para o defensor da existência de juízos sintéticos *a priori*. Por isso, o que farei aqui será apenas analisar a lista de exemplos expostos na última seção com o intuito de evidenciar a fragilidade da posição do filósofo racionalista.

Comecemos com a proposição (i): "Um gato não é um rato." Se conhecemos *suficientemente* (e não apenas ostensivamente) o significado da palavra "gato", sabemos que um gato é um exemplar de uma espécie animal com tais e tais características próprias. Ora, faz parte do conceito de espécie animal que um exemplar de uma certa espécie animal não possa ser também um exemplar de uma outra espécie animal. Se sabemos suficientemente o que é um rato, sabemos que se trata de um exemplar de uma espécie animal com outras características, diferentes das de um gato; ora, considerando que o exemplar de uma espécie animal não pode ser exemplar de uma outra, e que dizer que um gato é um rato traz isso implícito, conclui-se por considerações puramente lógico-semânticas – pelas definições dos conceitos relevantes – que esses dois conceitos se excluem. O seguinte raciocínio põe isso à mostra:

1 Um gato é um exemplar de uma espécie animal definida pelas características A, B, C...
2 Um rato é um exemplar de uma espécie animal definida pelas características F, G, H...
3 (de 1 e 2) Um gato é um exemplar de uma espécie animal diferente da espécie animal de um rato.
4 Uma espécie animal define-se como uma classe de animais capazes de se reproduzir entre si; por força dessa definição, exemplares de uma espécie animal não podem pertencer a outra espécie.
5 (de 3 e 4) Um gato não pode ser um rato.

As proposições 1, 2 e 4 são claramente analíticas, seguindo-se que 3 e 5 também o são. Com esse raciocínio é feita uma explicitação dos pressupostos semânticos da proposição (i), mostrando que ela nada mais é que uma versão contraída de uma verdade analítica. (Também podem ser consideradas como sendo *a priori* as afirmações de que um gato não é uma cesta de lixo, ou uma pia. Para mostrar que tais proposições também seriam analíticas, bastaria recorrer a uma classe mais geral de coisas materiais, à qual pertence o princípio de que exemplares de tipos diversos nela incluídos se excluem entre si.)

A espécie de raciocínio acima apresentada é extensível ao exemplo (ii), da exclusão de cores. É verdade que não pertence ao elemento ostensivo indispensável do significado de "vermelho" não ser verde. Mas o que queremos dizer com a palavra "vermelho" também inclui propriedades relacionais que essa cor possui, especialmente as relativas às outras cores do espectro. Assim, se sabemos suficientemente o que é o vermelho, sabemos que é uma cor, que pertence à classe das cores; ora, se sabemos o que constitui a classe das cores, sabemos que ela contém um princípio constitutivo segundo o qual uma área que tem uma cor não poderá (ao mesmo tempo e sob idêntica perspectiva) ter outra cor. Podemos explicitar os pressupostos semânticos da proposição (ii) fazendo-a conclusão do seguinte argumento:

1 Vermelho é uma cor com as propriedades A, B, C...
2 Verde é uma cor com as propriedades F, G, H...
3 Cores com propriedades diferentes são cores diferentes.
4 (de 1, 2 e 3) Vermelho e verde são cores diferentes.
5 Por definição, uma cor não pode (simultaneamente) ocupar uma superfície ocupada por uma outra cor.
6 (de 1 e 5) O vermelho não pode ocupar uma superfície ocupada por uma outra cor.
7 (de 4 e 6) O vermelho não pode ocupar a mesma superfície ocupada pela cor verde.

Aqui 1, 2, 3 e 5 são proposições claramente analíticas, seguindo-se disso que 4, 6 e 7 também o são. O desdobramento do que está implícito na proposição sugere que ela não é sintética *a priori*, mas analítica.

Poder-se-á talvez objetar que nos exemplos (i) e (ii) não nos restringimos a dizer algo sobre os conceitos, mas dizemos algo *sobre o mundo mesmo*, sobre a natureza dos animais e das cores; que há, portanto, informação. Mas isso seria o resultado de uma confusão. De fato, tanto na proposição (i) quanto em (ii) há algo de empírico sendo considerado, mas isso decorre não das proposições, mas apenas do fato de os *conceitos* neles envolvidos serem empíricos. Se sei o que é vermelho, o que é verde, sei algo sobre a natureza dessas cores e, *ipso facto*, que elas se excluem. Se possuo os conceitos de gato e de rato, sei também que são duas espécies animais que, como tais, se excluem. O que há de empiricamente informativo nessas proposições já estava implicado pelos conceitos envolvidos; ao juntar esses conceitos em proposições, não informo nada que não seja sabido, a não ser para quem ainda não possui um conhecimento suficientemente elaborado desses conceitos. Poder-se-á também objetar que há nesses casos uma necessidade que é proveniente da natureza das coisas, não da linguagem. Mas isso é confundir a necessidade lógica, inerente às próprias proposições analíticas, inclusive (i) e (ii), com uma suposta necessidade natural, a ser refletida nas definições dos conceitos empíricos nelas contidos, os quais, apesar de convencionais, têm um fundamento pragmático na maneira como as coisas são. O que origina a aprioridade e a analiticidade é a necessidade lógico-gramatical das proposições, que é convencionalmente estabelecida pela linguagem, e não a *suposta* necessidade natural, advinda do modo como as coisas são, ainda que essa última possa ter tido sua parte na determinação de nossas convenções lingüísticas.

O enunciado (iii), "O sentido descritivo de uma sentença está no(s) modos(s) como a experiência permite estabelecer o seu valor de verdade", é uma formulação do famoso princípio da verificabilidade, que foi utilizado pelos filósofos do positivismo lógico como arma em sua tentativa de desmascarar proposições de filósofos especulativos particularmente vaporosos, como Heidegger ou Hegel, como sendo carentes de sentido descritivo, ou seja, incapazes de dizer algo acerca do mundo. Uma sentença hegeliana como "O absoluto desdobra-se em um movimento dialético triádico" ou a sentença heideggeriana "O nada nadifica" seriam sem sentido, posto que inverificáveis; seu significado seria apenas o de um apelo emocional. Pois bem, contrariamente às aparências, sugiro que (iii) exprime uma proposição analítica cuja negação é incoerente. Na verdade, trata-se de uma tentativa de estabelecer uma definição não-estipulativa do que podemos entender com a expressão "sentido descritivo de uma sentença", entendendo-se por definição não-estipulativa a simples elucidação de uma regra, uma regra que é um constituinte implícito da gramática conceitual de nossa linguagem natural.

Como a verdade de (iii) tem sido disputada, quero fazer duas observações em sua defesa. Primeiro: a proposição (iii) é aqui formulada de modo que sirva tanto como princípio de verificabilidade quanto como princípio da falseabilidade, de acordo com aquilo que vem a determinar o valor de verdade da proposição; isso anula objeções tradicionais, como a de que o princípio da verificabilidade não se aplica a proposições universais (ex.: "Todos os corvos são pretos"), que não são decisivamente verificáveis, mas que podem ser decisivamente falseáveis (basta que se encontre um único corvo albino para que ela seja falseada)[8]. Segundo: (iii) não é obviamente um princípio aplicável a proposições analíticas, pois o significado dessas últimas é, digamos assim, autocontido, tanto quanto a sua própria verdade. O princípio da verificabilidade seria menos equivocamente formulado como: "O sentido de uma sentença sintética está..." Por essa mesma razão não faz sentido perguntar, como alguns críticos o fizeram, pela verificabilidade do próprio princípio da verificabilidade, concluindo da impossibilidade disso que ele é autodestrutivo, posto que não sendo verificável ele é por ele mesmo classificado como uma proposição metafísica e sem sentido. Não há por que se perguntar pela verificabilidade do princípio da verificabilidade quando nos apercebemos de que a sua natureza é analítica e que sendo assim ele se exclui das proposições às quais se deve aplicar.

Quanto à proposição (iv), defenderei no capítulo 8 a idéia de que, se ela for suficientemente enfraquecida de modo que se torne um adequado princípio da indução, ela torna-se analítica.

A análise desses poucos exemplos não demonstra, mas sugere fortemente a inexistência de juízos sintéticos *a priori*. Isso também é sugerido pela distinção feita na seção 1 entre conhecimento intuitivo e demonstrativo. Muitos exemplos tradicionais de juízos sintéticos *a priori* são de conhecimento demonstrativo. Mas se o conhecimento demonstrativo não se distingue essencialmente do conhecimento intuitivo, cuja analiti-

---

8. Essa idéia, desenvolvida por M. Martin (em seu *Atheism*, Temple, 1990, cap. 2), foi inicialmente proposta por Kai Nielsen. Para uma breve defesa dessa espécie de verificacionismo, ver meu livro *Estudos filosóficos* (Ed. Tempo Brasileiro), Rio de Janeiro, 1999, pp. 62 ss.

cidade é evidente, isso parece uma indicação adicional de que é ilusório supor que existe uma classe radicalmente diversa de juízos sintéticos e *a priori*.

7. Necessidade e conhecimento a priori

Como vimos, a *necessidade* é uma característica das proposições *a priori* ou analíticas, enquanto a *contingência* é característica das proposições *a posteriori*. Os velhos empiristas de cabeça dura considerariam válidas as seguintes equivalências:

Distinção	epistêmica	semântica	lógica
Proposições:	*a priori* × *a posteriori*	analíticas ≡ sintéticas	necessárias × contingentes

Até agora procurei evidenciar que os velhos empiristas tinham razão quanto à primeira equivalência. Quero agora argumentar no sentido de mostrar que eles ao que parece também tinham razão quanto à segunda.

Uma consideração preliminar deve ser feita a respeito do conceito de necessidade. Usa-se a palavra "necessidade" em ao menos dois sentidos, para falar de coisas muito diversas. Há, primeiro, a necessidade *lógica*, decorrente de leis lógicas e da aceitação de convenções. Quando dizemos que ~(A & ~A) ou que triângulos têm três lados, estamos considerando uma necessidade dessa espécie. Dizer que uma proposição é necessária nesse sentido é dizer que ela é *verdadeira em todas as circunstâncias* (alguns chamam de "mundos") *concebíveis*, sendo pois impossível pensar que possa ser de outra maneira. Mas podemos aplicar o termo "necessidade" diversamente, sugerindo ser necessário que certos fenômenos naturais sigam certas leis da ciência. A necessidade aqui é *meramente hipotética*, e a isso chamamos de *necessidade natural*. Ela é diferente da necessidade lógica, pois sendo hipotética pode ser sempre contraditada pelos fatos. Ora, quando consideramos a necessidade de que proposições *a priori* ou analíticas sejam verdadeiras, o que temos em mente é apenas uma necessidade lógica, decorrente dos significados por nós aceitos para os seus componentes. Assim, podemos dizer que uma generalização científica *a posteriori*, como "Todos os corpos físicos têm força gravitacional", reflete nossa suposição de como as coisas necessariamente são, mas isso nada tem a ver com a necessidade própria das proposições *a priori*. Sugerir que a natureza possui necessidade no sentido de que suas leis não podem ser (ou vir a ser) de outra forma é fazer uma suposição logicamente inverificável e, por conseguinte, carente de sentido. Se não tivermos isso em mente, poderemos ser levados a rejeitar a equivalência entre aprioridade e necessidade como resultado de uma confusão entre as necessidades envolvidas. Sugiro que essa confusão esteja na raiz das objeções a essa equivalência que serão consideradas a seguir.

8. Objeções kripkianas

As equivalências apresentadas entre o *a priori* e o necessário e o *a posteriori* e empírico foram contestadas por Saul Kripke, que sugeriu existirem proposições necessárias *a posteriori* e contingentes *a priori*. Quero mostrar que em um exame dos imaginativos exemplos por ele apresentados há muito que sugere a interpretação tradicional e nada que sugere a própria.

Comecemos com um exemplo do que Kripke considera uma verdade necessária *a posteriori*. Suponhamos que eu bata com o punho sobre a minha mesa e afirme[9]:

---

9. Ver S. Kripke: "Identity and Necessity", em M. K. Munitz (ed.): *Identity and Individuation*, New York, 1971, pp. 151-3. Não discutirei aqui a engenhosa mas implausível teoria kripkiana dos nomes próprios como designadores rígidos, sobre a qual se apóia o seu argumento. (Para uma crítica a essa teoria, ver J. R. Searle: *Intencionalidade*, Ed. Martins Fontes, São Paulo, 1995, cap. 9.)

CONHECIMENTO CONCEITUAL 63

K-i "Essa mesa, sendo de madeira, não pode ser feita de gelo".

Sabemos que a mesa necessariamente não é feita de gelo, se ela é feita de madeira. Essa seria, segundo o raciocínio de Kripke, uma verdade necessária inferida *a posteriori*, a partir da consideração dessa mesa em particular. Para mostrar que esse entendimento é incorreto, quero começar mostrando que a proposição "Se uma mesa for de madeira, então ela não pode ser de gelo" é *analítica*. Com alguma simplificação (ver exemplos da seção 6), eis como a análise procede:

1 Madeira é um material com as propriedades A, B, C...
2 Gelo é um material com as propriedades F, G, H...
3 Um material é definido por suas propriedades.
4 (de 1 a 3) Madeira é um material diferente do gelo.
5 Uma mesa é um objeto feito de um material.
6 O que é feito de um material não pode ser feito de outro.
7 (de 4 a 6) Se uma mesa for feita de madeira, então ela não pode ser feita de gelo.

A proposição 7 é analítica, posto que é logicamente derivada das proposições 1 a 6, que são analíticas. Sob a consideração disso, a proposição K-i, "Essa mesa, sendo de madeira, não pode ser feita de gelo", pode ser devidamente analisada como uma apresentação entimemática (abreviada) do seguinte argumento:

1 Se uma mesa for feita de madeira, então ela não pode ser feita de gelo (premissa analítica).
2 Aqui está uma mesa feita de madeira (premissa *a posteriori*).
3 (de 1 e 2) Essa mesa não pode ser feita de gelo.

A segunda premissa é uma proposição obviamente *a posteriori* e contingente, enquanto a primeira é uma proposição analítica, como ficou claro pelo raciocínio anterior. Na formulação K-i a primeira premissa está totalmente oculta. Assim, se K-i é uma apresentação abreviada do silogismo acima, então podemos concluir que K-i é uma proposição decomponível em uma proposição sintética *a posteriori* e contingente (premissa 2) e em uma proposição analítica *a priori* e necessária (premissa 1), o que no final das contas dela faz uma proposição sintética *a posteriori*, posto que a sua verdade não depende *somente* do significado de seus termos. De modo algum, porém, diremos que K-i é uma proposição *a posteriori* e *necessária*. Pois ela é necessária apenas naquilo que ela tem de *a priori* (premissa 1) e *a posteriori* naquilo que ela tem de contingente (premissa 2). Parece, pois, que é apenas quando confundimos a necessidade lógica da proposição analítica com necessidades naturais supostamente envolvidas, mas que não desempenham nenhum papel, que cometemos o equívoco de supor que uma proposição necessária possa ter algo a ver com a experiência[10].

---

10. Kripke também veicula o seu argumento de um modo mais explícito. Ele considera que, se P é a proposição de que a mesa não é feita de gelo, sabemos por análise filosófica *a priori* que P → □P; se a mesa não é feita de gelo, então necessariamente ela não é feita de gelo. Como sabemos por investigação empírica que P é verdadeira, nota Kripke, podemos por um *modus ponens* concluir:

    1 P → □ P
    2 P
    ―――――――
    3 □P

"A conclusão □ P", escreve ele, "é que é necessário que a mesa não seja de gelo, e a conclusão é conhecida *a posteriori*, posto que uma de suas premissas é *a posteriori*" (S. Kripke: "Identity and Necessity", *ibid.*, p. 152).
    Que esse é um número de ilusionismo lógico creio que pode ser mostrado quando consideramos que P não é uma proposição necessária isoladamente; P só é necessária como conclusão de um silogismo. Poderíamos enunciar □P de forma mais estendida como "P é uma proposição necessária sob a condição de P ser verdadeira, dado que P → □ P é analiticamente verdadeira". É assim sob a suposição de que a proposição P da segunda premissa seja verdadeira, que fazemos o raciocínio ((P → □P) & P) → □P. Ora, P → □P da primeira premissa é uma proposição necessária, posto que analítica, e a necessidade da conclusão, sob o *suposto* da verdade da segunda premissa, é herdada da necessidade da primeira premissa. A conclusão é que a necessidade de P, enquanto existe, depende simplesmente de elementos analíticos envolvidos no argumento do qual é conclusão. (Kripke fornece outros exemplos como "Nixon é um homem", "*Hesperus* é *Fosforus*" e a conjectura de Goldbach, que são menos convincentes.)

Um exemplo aparentemente mais convincente de juízo necessariamente verdadeiro e *a posteriori* foi sugerido por Harry Frankfurt[11] com relação ao "Eu sou, eu existo" de Descartes (*Meditações*, livro 2, sec. 4). O juízo "Eu existo" não pode ser falso, pois para realizá-lo preciso existir; não faz sentido dizer: "Eu não existo." Podemos imaginar alguém que antes de se suicidar grava uma fita na qual diz "Agora eu não sou, não existo mais...". Mas o que ele quer dizer é "No futuro, quando vocês estiverem me ouvindo, eu não estarei mais existindo...". Contudo, a necessidade do juízo "Eu existo" só vale quando ele é pensado no presente. Além disso o juízo "Eu existo" é sintético *a posteriori*: a predicação de existência não está internamente relacionada ao conceito do sujeito, pois o conceito de eu parece pensável independentemente do de sua existência. Trata-se, pois, de uma proposição experiencial que não pode ser falsa, cuja verdade é necessária. Não obstante, ela é *a posteriori*, ou seja, proveniente da experiência que o sujeito tem de existir.

Mesmo essa conclusão pode ser contestada. A proposição "Eu existo" significa aqui "Eu existo agora", podendo ser ainda parafraseada como "*a* existe no momento *t*". Mas não é necessário que eu exista agora ou no momento *t*. Sob essa perspectiva, "Eu existo" revela-se uma proposição *a posteriori* e contingente. Essa perspectiva parece ser a mais correta, pois nela "Eu existo" não é visto como dependente de um ato mental de ajuizar, o qual, sendo psicológico, não deve ser objeto das distinções semântico-epistemológicas aqui enfocadas.

Kripke também sugeriu um exemplo de proposição *a priori* que ele pretende que seja contingente. Trata-se da proposição relativa ao estabelecimento do metro padrão de Paris[12]:

K-ii "Essa barra tem no tempo *t* um metro de comprimento".

A verdade dessa proposição é estabelecida *a priori*, posto que ela é usada para definir a medida de um metro. Para mos-

---

11. H. Frankfurt: *Demons, Dreamers and Madmen*, Indianapolis, 1970, p. 27.
12. S. Kripke: *Naming and Necessity*, Cambridge, 1980, pp. 53-8.

trar que essa não é uma verdade necessária, Kripke supõe circunstâncias em que a proposição não fosse verdadeira; pode ser que em um outro mundo possível (isto é, em circunstâncias concebivelmente diversas das atuais) essa barra sofresse dilatação em *t*, passando a medir mais de um metro, ou que ela medisse menos de um metro. Assim, que o metro padrão tenha em *t* um metro de comprimento é uma verdade contingente, apesar de *a priori*.

Esse argumento de Kripke é mais facilmente refutável. Enquanto a barra em questão for tomada como o metro padrão, não há por que considerar K-ii uma proposição contingente, pois nesse caso ela será algo usado para estabelecer o que é a medida de um metro em qualquer circunstância, não fazendo sentido falar em medi-la. Sob esse ponto de vista o proferimento K-ii implica dizer: "Sendo essa barra usada no tempo *t* como o metro padrão, ela é concebida *a priori* como medindo *necessariamente* um metro, não fazendo sentido falar aqui de uma eventual alteração em seu comprimento." Para evidenciar esse ponto, imagine que o metro padrão fosse uma barra elástica que variasse o seu comprimento a cada momento. Nesse caso, um mesmo objeto medido com base nela em tempos diversos teria diferentes comprimentos. Ainda assim, qualquer comprimento que essa barra viesse a ter em tempos diferentes no mundo atual ou no mesmo tempo em mundos possíveis, esse comprimento seria sempre de um metro, posto que é assim que decidimos entender o que seja o metro.

Por outro lado, sempre que nos permitimos conceber o padrão do metro como alterando o seu comprimento, isso será por referência a algum *outro padrão*, real ou imaginário, com o qual poderíamos medir a sua dilatação. Em tal caso, contudo, o metro padrão deixa de ser concebido como padrão, por isso mesmo podendo ter mais ou menos de um metro de comprimento. Nesse último caso, K-ii será vista como uma proposição *contingente* mas *a posteriori*. Nada nos tenta a supor que deva ser de outra maneira.

4. Ceticismo: quando a pá bate na pedra dura*

O ceticismo pode ser definido como uma posição filosófica crítica, que coloca em questão a validade de nossas pretensões de conhecimento; um cético é uma pessoa que põe em dúvida coisas que habitualmente supomos conhecer. Podemos classificar o ceticismo quanto à força da dúvida cética e quanto à sua abrangência.

Quanto à força da dúvida, o ceticismo será de um tipo *forte* quando através dele for negado que tenhamos conhecimento ou mesmo que *seja possível* que tenhamos conhecimento. O filósofo grego Górgias, por exemplo, tendo afirmado que nada existe, que se existisse não poderia ser conhecido, e que se pudesse ser conhecido, não poderia ser comunicado, defendia uma modalidade forte de ceticismo. Para ele o conhecimento da natureza não era absolutamente possível. Uma forma *fraca* de ceticismo consiste na afirmação de que em geral nunca podemos *estar certos* de que sabemos. Bertrand Russell ao escrever seus *Ensaios céticos* tinha em mente essa forma de ceticismo. Considerando que a ciência nos tem mostrado que o nosso conhecimento empírico é geralmente *falível*, essa forma fraca de ceticismo tornou-se hoje um lugar-comum. Podemos considerá-la mesmo uma atitude saudável, pois previne o dogmatismo ao exigir que estejamos sempre preparados para submeter

---

* "Se esgoto as justificações eu encontro a pedra dura e minha pá se encurva de volta." (L. Wittgenstein: *Investigações filosóficas*, Parte I, sec. 217).

nossas crenças ao escrutínio crítico. É em um sentido forte, no entanto, que geralmente nos referimos ao ceticismo. O ceticismo pode aplicar-se a um domínio maior ou menor de nossas pretensões de conhecimento. Podemos chamá-lo de *abrangente* quando ele diz respeito à maior parte do conhecimento, ou mesmo à sua totalidade. Górgias, ao lançar dúvida sobre nosso conhecimento da natureza e sobre a opinião dos homens, estava propondo um ceticismo forte e abrangente, que se estendia a grande parte de nossas pretensões de conhecimento. Mas o ceticismo também pode ser *localizado*, dizendo respeito a um âmbito mais ou menos restrito do conhecimento. Exemplos de ceticismo localizado em filosofia podem ser a rejeição da possibilidade do conhecimento indutivamente fundado, o agnosticismo com relação ao problema da existência de Deus e o relativismo acerca dos valores morais.

As distinções aqui apresentadas podem ser resumidas em um esquema que mostra suas possibilidades de combinação:

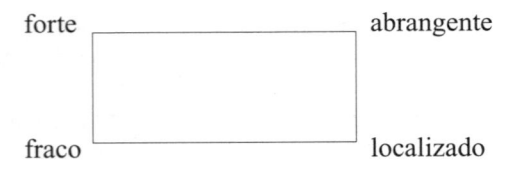

forte		abrangente
fraco		localizado

Seria possível um ceticismo forte e totalmente abrangente? Parece que não, pois essa posição seria logicamente incoerente. Suponhamos que alguém afirme: "Nada sei." Podemos então lhe perguntar se ele sabe o que acabou de afirmar. Se ele responde "sim", então ele se contradiz, admitindo que sabe alguma coisa. Se ele responde "não", então ele admite o fracasso de sua posição, posto que nega que tenha querido afirmar que nada sabemos. O cético que afirma não saber absolutamente nada está sendo contraditório, pois se nada pode ser sabido, então não pode ser sabido que nada pode ser sabido.

Não obstante, a lógica sozinha não é suficiente para nos protegermos de todo e qualquer ceticismo radical e abrangente. Digamos que o cético afirme algo como "Só sei que nada sei". Com isso ele admite que conhece o seu não-saber, sem por isso deixar de estender a dúvida a tudo o mais. "Há algo que podemos saber", afirma ele, "qual seja, que nada podemos saber além disso." Nesse caso a estratégia para responder ao cético consistiria em mostrar que ele não possui razões suficientes para a sua dúvida radical, ou que essas razões não são tão fortes quanto as razões que temos para acreditar que temos conhecimento daquilo que ele nega ser possível conhecer.

No que se segue, quero abordar o ceticismo em sua evolução histórica, distinguindo duas fases: a do ceticismo antigo e a do ceticismo moderno e contemporâneo.

1. Ceticismo antigo

O ceticismo antigo começou com os sofistas gregos, mas tornou-se uma escola de pensamento no período helenístico por obra de Pirro de Élis, que nada deixou escrito. Segundo a exposição de seu pensamento feita por Sexto Empírico, Pirro parte de uma preocupação prática, que é a de encontrar a felicidade, que consiste na *ataraxia*, a paz interior. Para tal parece necessário primeiro superar as tensões da dúvida, chegando ao conhecimento. A busca do conhecimento é, porém, decepcionante. Para o filósofo pirrônico, essa busca leva fatalmente à *isostenia*, que é a oposição de teses contraditórias e de igual peso, sem que se consiga chegar a uma decisão sobre qual delas é a verdadeira. Exemplos. Um objeto parece quente. É realmente quente, ou só é quente para os nossos sentidos? A ordem celeste parece indicar uma providência divina; mas há o fato de que os bons freqüentemente sofrem o mal, enquanto os maus são beneficiados. Existe ou não uma providência divina? Para o cético pirrônico não há como decidir. Essa constatação de que a busca do conhecimento conduz apenas a contradições insolúveis leva o filósofo à resignação, à desistência, ao que o cético chama de *epochê*: a suspensão do juízo. Mas eis que ao realizar essa suspensão do juízo o filósofo alcança, inesperadamente, o que mais buscava: a paz interior ou ataraxia. Uma vez ciente disso, o filósofo cético conclui que ele não deve mais obstinar-se na ingrata tentativa de alcançar o conhecimento, mas antes habilitar-se na arte de produzir a isostenia e ser por ela reconduzido à renúncia cética.

Há duas críticas a serem salientadas. Uma primeira é a de que a suspensão do juízo é incompatível com a vida. Se alguém come pão é porque, em seu juízo, o pão alimenta. Se alguém se recusa a saltar em um precipício é porque, em seu juízo, morrerá. A resposta de Sexto Empírico é a de que o ceticismo pertence a um plano *teorético*. O que foi suspenso é um juízo cuja natureza é teórica; a vida prática, contudo, pode seguir de forma absolutamente normal.

A dificuldade que se torna visível nessa resposta é que uma tal separação não parece geralmente possível. Parece certo considerarmos que o critério realmente decisivo para dizermos que uma pessoa assente muitos de seus juízos não é o seu proferimento desse juízo, nem mesmo o seu ato mental consciente de julgar, mas o seu modo de agir, o seu *comportamento*. Por exemplo: mesmo que uma pessoa afirme ter suspendido o juízo de que uma dose de ácido sulfúrico, se ingerida, lhe fará um terrível mal, se essa pessoa evita a todo custo provar uma colherada é porque, através de seu comportamento, ela está assentindo esse mesmo juízo; o comportamento é aqui a evidência mais forte do que a pessoa crê, mesmo que ela não queira se fazer consciente disso. O critério último com base no qual muitas vezes dizemos que uma pessoa assente juízos não é tanto o que ela diz ou pensa, mas como ela se comporta. Aplicando esse modo de pensar à posição de Sexto Empírico, concluímos que a sua rejeição do assentimento de juízos teóricos acaba entrando em contradição com o assentimento comportamental desses juízos.

Uma outra crítica denuncia a fraqueza do princípio da *isostenia*. Não será que o cético se resigna cedo demais ao conhecimento, apenas por não querer saber? É a paz interior resultado do insucesso na busca da verdade, ou antes, o resultado de um esforço programático e sistemático de evitar uma busca genuína do conhecimento[1]?

2. Formas modernas e contemporâneas de ceticismo

O ceticismo antigo tem hoje em dia um valor principalmente histórico. O mesmo, contudo, não pode ser dito do ceticismo moderno, que é predominantemente motivado por uma problemática epistemológica. Seu objetivo é produzir um desafio a nossas pretensões de conhecimento, um desafio que pode ser importante justamente pelas respostas que é capaz de evocar. No que se segue, quero expor três exemplos de objeções céticas.

1. Uma primeira objeção cética é a seguinte: *quando pretendemos conhecer alguma coisa, podemos sempre incorrer em erro*; *ora, se é assim, o conhecimento é impossível*. Para responder a essa objeção é interessante explicitá-la melhor, colocando-a sob forma silogística:

1 Se temos conhecimento, então precisamos estar certos.
2 Nunca estamos certos de que sabemos.
3 Logo, nunca temos conhecimento.

Essa objeção se baseia na suposição de que o conhecimento, para ser conhecimento, implica *certeza*. Embora essa seja uma idéia da natureza do conhecimento mantida por filósofos tradicionais, que buscavam ansiosamente por um fundamento absolutamente seguro para as suas doutrinas, essa não é a concepção mantida pelo senso comum, menos ainda pela ciência. É habitual que afirmemos saber quando não estamos absolutamente certos, tendo sido Wittgenstein quem insistiu no fato de que é típico da pretensão de conhecimento que ela ocor-

---

[1]. F. Ricken: *Philosophie der Antike*, Stuttgart, 1988, p. 189. Ver também, do mesmo autor, *Antike Skeptiker*, München, 1994.

ra tendo como pano de fundo a possibilidade de erro; quando essa possibilidade não está presente, notou ele, pouco sentido faz afirmar que sabemos (normalmente não afirmo que *sei* que tenho dor de cabeça, mas simplesmente que tenho dor de cabeça)[2]. Ao menos quanto ao conhecimento empírico, admitimos que ele é tipicamente incerto e falível, ou seja, que é sempre possível que não o tenhamos realmente.

2. A dúvida cética mais interessante e influente em toda a modernidade foi a seguinte. Tudo aquilo a que temos acesso são os conteúdos de nossa consciência: nossos pensamentos, sentimentos, sensações... Ora, se é assim, é falsa a pretensão de conhecermos um mundo exterior, para além dos conteúdos de nossa consciência. Nada garante que o mundo externo não seja muito diverso de como o representamos, ou mesmo que ele realmente exista.

Para dar ênfase a essa posição cética, Descartes imaginou a existência de um gênio maligno, enormemente poderoso, que empenhasse toda a sua astúcia em enganá-lo sistematicamente, fazendo-o representar um mundo externo que na verdade não existe[3]. Uma versão atualizada disso é a suposição que posso fazer de que eu seja um cérebro em uma cuba, com todos os feixes neuronais aferentes e eferentes ligados a um supercomputador, que produz em mim uma contínua e coerente ilusão de toda a realidade externa, por exemplo, a ilusão de que agora eu tenho diante de mim um PC, de que eu possuo duas mãos, de que conheço outras pessoas semelhantes a mim, de que vivi minha infância em um certo lugar etc. Uma hipótese como a do cérebro na cuba não é logicamente inconcebível, e a sua própria possibilidade parece demonstrar que *não podemos* realmente saber que não somos cérebros em cubas, ou seja: não podemos saber que o mundo externo realmente é tal como o experienciamos.

---

2. L. Wittgenstein: *Über Gewissheit* (Sobre a certeza), Frankfurt, 1983, sec. 553.
3. R. Descartes: *Meditações metafísicas*, Ed. Martins Fontes, São Paulo, 2000.

A admissão dessas possibilidades permite a produção de um poderoso argumento cético para provar que realmente nada sabemos sobre o mundo externo. Para melhor expô-lo, quero começar considerando um otimista argumento anticético que se opõe a ele e que tem a forma de um *modus ponens*; supondo que x está no lugar de qualquer proposição sobre o mundo externo, eis o argumento[4]:

(A)
1 Se sei que x, então sei que não sou um cérebro na cuba.
2 Sei que x.
3 Logo, sei que não sou um cérebro na cuba.

A princípio esse argumento parece proceder. Suponha que x seja "Tenho duas mãos". Se sei que realmente tenho duas mãos, então sei que elas não são produto de uma realidade virtual, então sei que não sou um cérebro na cuba. O argumento cético nasce quando, ao considerarmos a conclusão desse argumento, percebermos que ela não parece verdadeira: eu não posso saber que presentemente *não sou* um cérebro na cuba (tudo o que eu eventualmente posso supor é que *fui* um cérebro na cuba no passado, caso eu tenha deixado de ser um cérebro na cuba e tenha sido convincentemente informado a respeito).

Admitindo a falsidade da conclusão de (A), o seguinte argumento cético forte e abrangente pode ser construído com base em um *modus tollens*:

---

4. Este é o caminho seguido por G. E. Moore em sua famosa prova de um mundo exterior: "Posso provar agora, por exemplo, que duas mãos humanas existem. Como? Segurando minhas duas mãos e dizendo, à medida que faço um certo gesto com a mão direita, "aqui está uma mão", e acrescentando, à medida que faço um certo gesto com a esquerda, "aqui está outra". E se, fazendo isso, provei *ipso facto* a existência de coisas exteriores, todos nós veremos que posso também fazê-lo de várias outras maneiras..." (trad. bras. de "Proof of an External World", col. *Os pensadores*, Ed. Abril, São Paulo, 1974, vol. XLII, p. 358).

(B)
1 Se sei que *x*, então sei que não sou um cérebro na cuba.
2 Não sei que não sou um cérebro na cuba.
3 Logo, não sei que *x*.

Saber que não sou um cérebro na cuba parece assim necessário para que eu possa reivindicar o conhecimento de qualquer proposição contingente sobre o mundo. Afinal, se eu não posso saber que não sou um cérebro na cuba, do que mais poderia eu saber? Digamos que eu pretenda saber que tenho duas mãos. Ora, se sei disso, então devo saber que não se trata de uma alucinação produzida por um supercomputador, mas de duas mãos verdadeiras. Mas, como eu não posso saber que não sou um cérebro na cuba, então não posso saber que tenho duas mãos. O argumento cético exposto em (B) está em conflito com o argumento otimista exposto em (A). A questão não parece ser tanto a de decidir entre (A) e (B), mas principalmente a de se saber o que há de errado com (B).

Há um número de tentativas curiosas, mas não muito bem sucedidas, de resolver esse problema. Uma delas, que exponho por ser ilustrativa, é a de Fred Dretske[5]. Segundo Dretske, quando sabemos algo, isso ocorre sob a consideração de alternativas relevantes. Mas a alternativa de que eu possa ser um cérebro na cuba não é relevante para o meu conhecimento de algo como o fato de que tenho duas mãos ou qualquer proposição geralmente colocada no lugar de *x*. Suponha, por exemplo, que eu vá a um zoológico e lá encontre algumas zebras. Claro que sei quando estou vendo zebras. Mas suponha agora a hipótese de que na verdade não se trate de zebras, mas de mulas pintadas pelas autoridades do zoológico de maneira que pareçam zebras. Não sendo nenhum zoólogo conhecedor de detalhes sobre esses animais, eu não posso pretender que sei que não estou vendo mulas pintadas de zebras. O seguinte argumento cético localizado – paralelo ao argumento cético (B) – parece poder ser construído:

---

5. Ver F. Dretske: "Epistemic Operators", *The Journal of Philosophy* 24, 1970, pp. 1007-23.

(C)
1 Se sei que estou vendo zebras, então sei que não estou vendo mulas pintadas para parecerem zebras.
2 Não sei que não estou vendo mulas pintadas para *parecerem zebras*.
3 Logo, não sei se estou vendo zebras.

Mas essa conclusão é certamente absurda. E a razão pela qual ela é absurda, segundo Dretske, é que para saber que x (no caso, que estou vendo zebras) é necessário sabê-lo somente dentro de um contexto de alternativas relevantes. Mas a alternativa em questão (de que eu esteja vendo mulas pintadas) não é relevante, não importando para saber que x. Como resultado, a primeira premissa é falsa. Por razões semelhantes, a primeira premissa do argumento cético (B) também é falsa, invalidando a conclusão cética.

Uma dificuldade que vejo nesse paralelo é que, enquanto faz sentido dizer que eu não sei que não sou um cérebro na cuba, não parece fazer sentido que eu, observando as zebras de um zoológico, deva pensar que não sei que não estou vendo mulas pintadas. De fato, eu tenho *boas razões* (ainda que negativas) para pensar que *sei* que não estou vendo mulas pintadas de zebras; afinal, encontro-me em um zoológico convencional e é excessivamente improvável que as autoridades do zoológico fossem fazer uma brincadeira tão esquisita justo na ocasião de minha visita. Há, portanto, uma forte justificação probabilística para a negação da hipótese cética em tal caso. (Pense quão diferente seria o caso de uma pessoa que estivesse participando de uma espécie de torneio no qual lhe fossem apresentadas à distância zebras reais ou mulas pintadas de zebra, cabendo a ela adivinhar.) Parece, pois, que estamos diante de dois casos essencialmente diferentes, pois para a proposição "Eu sei que não sou um cérebro na cuba" não possuo nenhuma razão ou justificação concebível. Veremos que há uma razão para tal.

Quero expor agora o que penso ser a resposta certa para o argumento cético (B)[6]. Para aceitá-la é necessário primeiro ad-

---

6. O argumento que se segue é influenciado pelas observações de Wittgenstein em *Über Gewissheit* (ver nota 2) e pelo conhecido artigo de Rudolph Carnap,

mitir que (B) é na verdade um argumento entimemático (abreviado), que em sua forma mais completa ele se desdobraria como se segue:

(D)
1 Se sei que x, então sei que o mundo externo é real.
2 Se sei que o mundo externo é real, então sei que não sou um cérebro na cuba.
3 Não sei que não sou um cérebro na cuba.
4 Logo, não sei que x.

Com efeito, o que está implicado em minha pretensão de saber que x é o conhecimento de que o mundo externo possui realidade, sendo (B) apenas um caso do argumento cético mais geral "Se sei que x, então sei que o mundo externo é real; mas não sei se o mundo externo é real; logo não sei que x".

Se esse ponto – que considero de bom senso – for aceito, então já não ficará mais tão difícil refutar o cético. Pois é possível mostrar que o argumento acima é equívoco, não possibilitando a conclusão a que parece conduzir. Para isso, considere a proposição:

"Sei que o mundo externo é real".

Essa proposição é na verdade ambígua. Com ela posso querer dizer (a) "Sei que *este* mundo externo é real", como também (b) "Sei que este é *o* mundo externo real". A diferença é sutil. Ela fica mais clara quando parafraseamos (b) como (b'): "Sei que de todos os mundos externos possíveis, este é o mundo real". Vejamos cada caso isoladamente.

No caso da proposição (a), ela é certamente verdadeira, pois o que com ela se pretende é apenas imputar realidade aos constituintes do mundo externo atual, os quais experienciamos

---

intitulado "Empiricism, Semantics and Ontology", publicado como apêndice de seu livro *Meaning and Necessity*, London, 1956.

e conhecemos. Para concluir que *este* mundo é real, basta eu considerar que os constituintes do mundo por mim experienciado satisfazem certos critérios de realidade, critérios pelos quais reconheço as coisas físicas como reais, tais como a independência da vontade, a possibilidade de acesso interpessoal, a co-sensorialidade, o seguimento das leis naturais etc. Como os constituintes do mundo externo satisfazem tais critérios, ele é um mundo real no sentido de *possuir realidade*, e não deixaria de sê-lo mesmo que eu fosse um cérebro na cuba. Chamo a esse sentido ou uso da palavra "realidade" de sentido *inerente*, a saber, dependente da satisfação dos critérios de realidade inerentes a um por mim aceito sistema estruturador de crenças sobre o mundo externo e sua realidade.

Consideremos agora as proposições (b) ou (b'). A verdade dessas proposições não pode ser realmente sabida, posto que é sempre possível que este não seja *o* mundo real, que eu seja um cérebro na cuba ou uma alma cartesiana enganada pelo gênio maligno. Mesmo assim é possível que eu forme crenças negativas a esse respeito: é possível que eu venha a me convencer *a posteriori* que (b) é uma proposição falsa, caso eu acorde em um outro mundo no qual seres muito diferentes dos que eu até então havia conhecido se esforçam por me convencer que a minha vida pregressa não havia sido no mundo real, mas no mundo ilusório de um cérebro na cuba; e também me é possível imaginar que eu venha a ser conscientemente submetido a um experimento de realidade virtual no qual, embora saiba que aquilo que eu experiencio como pertencente ao mundo externo seja bem real no sentido (a), sei que o mundo externo que eu experiencio na verdade nada tem de real no sentido (b), de ser *o* mundo real, ou no sentido (b'), de ser, dentre todos os mundos possíveis, aquele que é real. Chamo ao sentido da palavra "realidade" nas proposições (b) ou (b') de sentido *aderente* da palavra, cuja eventual aplicação vem condicionada à rejeição de um sistema da realidade pela correspondente adoção de outro.

Com isso em mente, consideremos outra vez o argumento (D). A premissa 1 nos diz "Se sei que x, então sei que *este* mundo é real (possui realidade)", pois o conseqüente só pode ter o sentido (a): é porque "realidade" aqui tem o sentido inerente que podemos passar do conhecimento de algo externo (que é independente da vontade, interpessoalmente acessível etc., satisfazendo os critérios de realidade) para o conhecimento de que aquilo que experienciamos como mundo externo possui realidade. Vejamos agora a premissa 2: "Se sei que o mundo externo é real, então sei que não sou um cérebro na cuba." Claro que o antecedente precisa ter aqui o sentido (b)-(b'), e a palavra "real" tem um sentido aderente; só se eu soubesse que, dentre os mundos possíveis, este é *o* mundo real, adviria a conseqüência de eu saber que não sou um cérebro na cuba. Tanto a primeira como a segunda premissa do argumento parecem ser verdadeiras. Mas o problema é que, como o conseqüente da primeira premissa e o antecedente da segunda premissa possuem sentidos diferentes, não se pode aplicar a elas a regra do silogismo hipotético que nos permitiria, partindo da terceira premissa, inferir a conclusão cética. A despeito das aparências, o argumento é inválido, posto que *equívoco*. E essa conclusão pode ser generalizada para a sua forma contraída (B).

Quer dizer então que o argumento anticético (A) é que é correto? Também não. Pois (A) deve ser visto como uma forma entimemática do seguinte argumento:

(E)
1 Eu sei que x.
2 Se eu sei que x, então sei que o mundo externo é real.
3 Se eu sei que o mundo externo é real, então sei que não sou um cérebro na cuba.
4 Logo, sei que não sou um cérebro na cuba.

Esse também é um argumento equívoco, pois o fato de eu saber que x me permite apenas saber que o mundo por mim experienciado possui realidade, isto é, que possui constituintes que satisfazem critérios de realidade; assim, o sentido da palavra "realidade" que faz a segunda premissa verdadeira é o sentido inerente. Mas não é esse o sentido da palavra "realidade" no antecedente da terceira premissa, pois o que me permitiria saber que não sou um cérebro na cuba seria um conhecimento da realidade absoluta do mundo externo, de que ele é dentre os mundos possíveis aquele que é real, o qual não se encontra realmente ao meu alcance. Também esse argumento é inválido, posto que equívoco. E isso parece justo: é saudavelmente cético admitirmos que não sabemos que não somos cérebros na cuba.

3. Há, enfim, um argumento cético localizado que quero considerar e que tem sua origem em David Hume. A conclusão desse argumento é que *não podemos conhecer o que não está sendo imediatamente observado*. Suponhamos que eu feche a gaveta de minha escrivaninha, deixando a minha caneta lá dentro. Considerando que a caneta não está mais ao alcance de minha visão ou de minhas mãos, como sei que ela permanece dentro da gaveta? Ora, pelas seguintes razões:

1 Eu me recordo de tê-la posto dentro da gaveta.
2 Eu posso comprovar que a caneta está na gaveta, sempre que eu a abrir.
3 Podemos estar certos de que os objetos físicos, mesmo quando não observados, costumam permanecer tal como eram quando estavam sendo observados.

Supondo, para fins de argumento, que 1 e 2 sejam condições não-problemáticas, o pressuposto 3 pode ser considerado pelo cético como altamente suspeito. De um lado ele não é analítico, pois podemos conceber que seja falso; de outro, ele não pode ser provado pela experiência, dado que diz respeito precisamente *ao que nunca vem a ser empiricamente experienciado*. A conclusão cética é a de que nossa convicção de que os objetos físicos, quando não observados, permanecem sendo os mesmos que eram quando estavam sendo observados, não tem um fundamento racional. Por extensão, crenças dependentes de 3, como a de que a caneta permanece como ela é, mesmo quando ninguém a observa, não são mais do que uma injustificada fantasia de nossa imaginação[7]. A resposta que proponho é a seguinte. A nossa crença de que os objetos físicos não observados geralmente permanecem como eles são quando estão sendo observados pode ser entendida de duas maneiras. A primeira é que 3 é uma forma um tanto fantasiosa de dizer

> 3a A qualquer momento que objetos físicos forem observados, eles normalmente permanecerão como eram em observações anteriores.

3a é o enunciado de uma crença indutivamente obtida pela nossa experiência com objetos físicos, e o princípio da indução, que nos permite inferi-lo, pode ser o que Wittgenstein chamava de uma regra da gramática, um postulado implícito fundamentador de nosso sistema de crenças relativas ao mundo externo (ver capítulo 8). Por conseguinte, não há razões específicas para sermos céticos sobre a verdade do enunciado 3 entendido no sentido de 3a.

Mas 3 também pode ser entendido em um sentido metafísico que o dissocia de 3a, o qual pode ser enunciado como:

> 3b Os objetos físicos que não estão sendo observados geralmente continuam sendo tal como eram quando estavam sendo observados, independentemente de sua observação, ou seja, mesmo que a sua observabilidade, ou seja, mesmo que esta fosse completamente impossível.

Ao contrário do enunciado anterior, 3b é resistente à verificação ou falseamento, dado que necessariamente transcende o âmbito de qualquer experiência. 3b é um enunciado *logicamente inverificável*, o que nos faz concluir que ele não chega a

---

7. Segundo Hume, nossa imaginação em busca de coerência remove as interrupções, fazendo de conta que há uma existência contínua dos objetos, o que nos induz a crer nessa continuidade. Ver D. Hume: *A Treatise of Human Nature*, I, 4, 2.

fazer realmente sentido. Sua função em nosso sistema de crenças é, para usar uma analogia de Wittgenstein, como a de uma roda solta na engrenagem, que apenas aparenta fazer parte do mecanismo. Podemos especular se nossa impressão de que ele faz sentido não se deve a uma falha em nosso mecanismo cognitivo, comparável à visão de pós-imagens, que advém de uma limitação de nosso mecanismo perceptual.

O que podemos concluir disso? Ora, que o cético interpreta a proposição 3 como 3b, quando deveria interpretá-la como 3a. O cético pensa que a única opção de interpretação para a proposição 3 é no sentido de 3b, pensando que a palavra "permanecer" deve demandar continuidade *per se*, em um sentido dissociado da observabilidade, como se o objeto que dizemos permanecer mesmo inobservado continuasse a ser acompanhado por um olho invisível. Quando não observamos um objeto que sabemos estar próximo de nós, o olho invisível o observa por nós. Mas do mesmo modo como a idéia do olho invisível é uma ficção incoerente que a nossa fantasia produz, também o é esse sentido equivocado da idéia de que algo permanece o mesmo enquanto inobservado. O cético sabe disso. Mas ele pensa ser 3b a única interpretação possível da proposição 3, o que o leva à conclusão cética de que o conhecimento de 3, da permanência do objeto físico, é impossível. Contudo, essa conclusão não se seguiria se ele tivesse percebido que a idéia de permanência expressa em 3 também pode ser interpretada no sentido de 3a, pois, nesse sentido, afirmar que objetos físicos permanecem quando não os estamos observando é somente uma maneira fantasiosa de dizer que, se nos forem dadas as circunstâncias apropriadas, eles se revelarão experiencialmente a nós e a outros sujeitos percipientes quaisquer, o que nada possui de misterioso.

Aqui terminamos nossa breve discussão de algumas questões céticas. Ela serve para confirmar a idéia já mencionada de que a principal função do ceticismo moderno é positiva, qual seja, a de ser um instrumento epistêmico, que nos força a aprofundar e a corrigir nossas concepções acerca do conhecimento.

5. Análise do conhecimento: fazendo justiça à definição tripartite

Uma subárea central da epistemologia contemporânea é a da assim chamada análise do conhecimento, cuja principal tarefa é a de encontrar definições que esclareçam apropriadamente nossos conceitos de conhecimento. Dentre as diversas alternativas propostas para definir conhecimento, a mais antiga e conhecida é a definição tripartite de conhecimento (também denominada definição tradicional, clássica ou *standard*), segundo a qual conhecimento é *crença verdadeira justificada*. Contra ela têm sido feitas objeções que sugerem a sua revisão ou abandono, a mais séria delas tendo se tornado conhecida como o problema de Gettier. Opondo-me à opinião recebida, quero neste capítulo expor e defender a concepção tripartite de conhecimento, mostrando que ela pode ser entendida de maneira que nos permita responder plausivelmente às objeções mais relevantes e reformulada de maneira que elimine o próprio problema de Gettier. Esse resultado será proveniente de uma atenção maior ao elemento dialógico-contextual nas questões de análise do conhecimento.

Começarei didaticamente, pelo trabalho preliminar de distinguir, dentre as principais formas de conhecimento, aquela à qual a definição tripartite propriamente se aplica.

1. Formas de conhecimento

Uma análise dos usos de expressões de conhecimento costuma evidenciar a existência de pelo menos três formas relevantes de conhecimento.

A primeira forma a ser distinguida é aquilo que podemos chamar de conhecimento como *habilidade* (ou *performance*), como um "saber fazer" (*knowing how*). Exemplos de tal forma de conhecimento são o saber falar português, o saber andar de bicicleta, o saber engatinhar. Essa forma de conhecimento não é em todos os casos aprendida e a sua existência pode ser admitida mesmo entre os animais: quando dizemos que um pássaro sabe como construir um ninho, estamos falando de conhecimento como habilidade. Tal conhecimento não precisa vir acompanhado da capacidade do sujeito de justificá-lo, nem mesmo de pensá-lo. Todos sabemos, por exemplo, engatinhar, ou falar português, mas isso não implica que sejamos capazes de descrever corretamente cada movimento que uma pessoa faz ao engatinhar, ou de expor as regras que aplicamos quando falamos português.

A segunda forma de conhecimento que costuma ser distinguida é o que poderíamos chamar de conhecimento *de particulares* (*knowing of*). Trata-se do conhecimento de coisas, de pessoas, de locais etc., basicamente, daquilo que podemos identificar como ocupando determinada região do espaço e possuindo certa duração temporal. De um ponto de vista lingüístico, o critério para a sua distinção em língua portuguesa é que o verbo usado é "conhecer", em geral seguido de um artigo definido ou indefinido e do nome do indivíduo que está sendo considerado; por exemplo: "Conheço a Lia." Se tomarmos como guia para a identificação do conhecimento de particulares esse critério lingüístico, não há por que não estender essa forma de conhecimento também a construções abstratas (ex.: "Conheço a teoria dos gases").

Típico do conhecimento de particulares é que ele costuma pressupor uma *experiência pessoal direta* do indivíduo em questão. Se digo: "Conheço a Lia", trata-se de um saber sobre uma pessoa que me foi pessoalmente apresentada; se digo "Conheço as cataratas do Iguaçu", quero dizer que eu as vi quando lá estive. Essa consideração sugere proximidade entre o conhecimento de particulares e o que Bertrand Russell chamou de conhecimento por *familiaridade* (*acquaintance*), uma forma de conhecimento imediata, certa, não passível de ser expressa de forma descritiva, como o conhecimento dos *sense-data*. Mas fazer aqui uma identificação é submeter-se a riscos especulativos desnecessários. Diversamente do conhecimento por familiaridade, o conhecimento direto que temos de particulares pode, ao que parece, ser geralmente comunicado através de descrições: posso descrever como Lia é, possibilitando assim que alguém a reconheça; posso desenhá-la, se for hábil o suficiente para isso. O conhecimento de particulares também não é infalível: alguém pode pensar que visitou o templo de Apolo em Delfos, quando o que realmente viu foram as ruínas da fonte de Castalis. Mas há um ponto em comum: o conhecimento de particulares, como o conhecimento por familiaridade, não pode ser alienado da experiência pessoal de quem o possui. À primeira vista pode parecer que não: alguém pode, ao que parece, conhecer uma cidade através de mapas, fotografias e relatos, sem nunca ter estado lá; um biógrafo pode conhecer a pessoa cuja vida estuda, mesmo sem ter sido pessoalmente apresentado a ela. Um exame mais atento, contudo, revela que essa sugestão não encontra apoio lingüístico: não diremos que a pessoa *conhece* a cidade, mas sim que *sabe* muito sobre ela, nem diremos que o biógrafo *conhece* a pessoa, mas sim que *sabe* de fatos acerca de sua vida, as suas ações, os seus hábitos... Costumamos, pois, reservar o verbo "conhecer" a algo que se associa à *experiência pessoal* do particular em questão. Parece, ademais, que, se o conhecimento de particulares for entendido como independente da experiência pessoal, então não haverá razão para distingui-lo da forma de conhecimento que introduziremos em seguida: o conhecimento proposicional. Parece por isso preferível considerar o conhecimento de particulares como dependente da experiência pessoal, sendo tão pouco falível quanto esta pode ser.

A terceira e mais discutida forma de conhecimento, aquela que realmente nos interessará aqui, é o *conhecimento proposicional* (*knowing that*): o saber sobre *fatos*. Se digo: "Sei que Schliemann descobriu as ruínas de Tróia", a frase subordinada "...Schliemann descobriu as ruínas de Tróia" expressa uma *proposição*, algo capaz de ser verdadeiro ou falso, de representar um fato. Nesses casos se usa em português o verbo "saber" em vez do verbo "conhecer", seguido da preposição "que" e da frase subordinada. A língua portuguesa atesta aqui a diferença entre o conhecimento proposicional e o de particulares: não é possível dizer "Conheço o... Schliemann descobriu Tróia", nem "Sei que... Lia". Simbolicamente podemos representar como aSp o conhecimento proposicional tido por uma pessoa a da proposição p, ou seja, de que a proposição p é verdadeira (uma vez que saber que p é o mesmo que saber que p é verdadeiro, ainda que de forma inexplícita).

O conhecimento proposicional é cognitivo e informativo: é ele que propriamente envolve atribuições de verdade; e é dele que é constituído o imenso corpo de informações acumuladas e partilháveis que possuímos sobre o mundo e que constitui o cerne de nossa herança científico-cultural. Por tais razões, ele pode ser considerado a forma essencial de conhecimento. É a ele que diz respeito a definição tradicional de conhecimento como crença verdadeira justificada, que será explicitada a seguir.

2. Apresentando a definição tripartite

A definição tripartite (tradicional, clássica, *standard*) de conhecimento proposicional tem sua origem nos diálogos platônicos, tendo sido desde então freqüentemente assumida pela tradição[1]. Segundo tal concepção, conhecimento é cren-

---

1. Platão sugeriu algo assim nos diálogos *Menon* (97e-98a) e *Teeteto* (201c-202d). Na verdade, Platão só qualificaria como conhecimento uma crença verdadeira justificada cuja verdade pudesse ser sabida como *necessária*, visto que ele se orientava por um modelo matemático de conhecimento (Cf. F. Ricken: *Die Philosophie der Antike*, Stuttgart, 1988, p. 78). Contudo, não é geralmente nesse sentido forte que efetivamente usamos o conceito de conhecimento empírico.

ça verdadeira justificada. Mas o que é crença verdadeira justificada? É importante entender claramente cada uma das três condições expressas nessa definição. Para isso podemos começar considerando exemplos concretos. O que nos faz admitir que alguém *sabe* que as Bachianas Brasileiras foram compostas por Villa-Lobos? Uma primeira condição é que isso seja *verdadeiro*. Se isso não fosse verdadeiro, dizer que a pessoa sabe seria tão absurdo quanto dizer que alguém sabe que a Lua é feita de queijo suíço. Não se pode ter conhecimento de proposições falsas.

Podemos resumir a primeira condição para o conhecimento dizendo que só podemos ajuizar ou afirmar que uma pessoa *a* sabe que *p* no caso em que *p* seja uma proposição verdadeira, pois saber que *p* é saber que *p* é verdadeira. Assim, se for o caso que *a* sabe que *p*, isso implica tautologicamente a verdade de *p*. Em símbolos:

$$aSp \to p.$$

Essa condição de verdade da proposição é necessária, mas não suficiente. Digamos, por exemplo, que seja perguntado a Alfonso quem compôs as Bachianas Brasileiras, sendo-lhe apresentadas três alternativas: (a) Villa-Lobos, (b) Carlos Gomes, (c) Tom Jobim. Tratando-se de um perfeito pascácio, Alfonso resolve apostar na sorte e escolhe (a), o que casualmente é a resposta certa. É evidente que nesse caso, apesar de ter escolhido a proposição verdadeira, ele *não sabe*. Típico dessa situação é que a pessoa também não costuma ter nenhuma convicção acerca de seu palpite. Com isso passamos já à segunda condição do conhecimento: é preciso que a pessoa *creia* na verdade daquilo que diz ou pensa. É inconsistente supor que uma pessoa sabe de algo sem supor que ela crê que esse algo seja o caso.

O conceito de crença aqui considerado demanda esclarecimento. Há autores que desistiram de usar o conceito de crença, que seria demasiado vago ou ambíguo, sugerindo um conceito substituto como o de assentimento². Penso que uma análise da natureza da crença em termos de probabilidade é capaz de mostrar que essa alternativa é prescindível e que uma maneira profícua de entender a crença envolvida no conhecimento proposicional consiste em considerá-la como uma disposição da mente em *assentir* uma proposição, revelando-se tal assentimento através de ações orientadas pela atribuição racionalmente fundada de um grau de probabilidade próximo ou igual a 100% à verdade da proposição³. Quero explicar este último ponto.

A crença em uma dada proposição pode ser entendida em termos da probabilidade que alguém baseado em razões (e não em meras intensidades emocionais) atribui à sua verdade. Daí podermos falar de graus de crença. O grau mais baixo de crença ocorre quando alguém supõe haver algo mais do que 50% de chances de que a proposição p seja verdadeira. Nesse caso "crer" tem o sentido de *achar*, de *suspeitar*, de *ter o palpite* de que p é verdadeira. A mera suspeita não é um grau de crença próprio de casos de conhecimento. Por vezes parece que isso seja possível: quando nos recordamos de um número de telefone, de uma data, é freqüente que não estejamos certos, que apenas suspeitemos que a nossa recordação se demonstre correta; nesse caso quando o número é confirmado pode ser que se diga que a pessoa "sabia o número". Mas é esse um uso apropriado da palavra? Propriamente, tudo o que podemos dizer é que a pessoa tinha uma crença, uma opinião verdadeira pouco fundada (tal como pode ser verdadeira a crença que alguém tem de divisar a coisa certa no escuro), não que ela realmente sabia. Quando o grau de crença for mais elevado que o da suspeita, fala-se de *opinião*, e, quando for mais elevado ainda, fala-se de *estar convicto*, de *estar certo*, de ter *certeza*. A certeza é o grau mais elevado de crença, sendo geralmente dividida em duas espécies. Uma delas é a das certezas empíricas, que costumam se

---

2. Ver K. Lehrer: *Theory of Knowledge*, San Francisco, 1990, p. 11.
3. Retiro a sugestão de esclarecer a relação entre crença e conhecimento com base na probabilidade do livro de F. von Kutschera, *Grundfragen der Erkenntnistheorie*, Berlin, 1981, p. 2, o qual, por sua vez, se reporta aos trabalhos de B. Finetti.

dar quando todas as evidências positivas requeridas foram obtidas e as negativas não foram encontradas. Aqui o grau de crença é de praticamente 100%, embora em termos absolutos não possa chegar a 100%, visto que o conhecimento de fatos empíricos é geralmente falível; nesses casos dizemos que temos convicção, que estamos certos. O outro caso é o de certezas lógico-conceituais, da crença na verdade de proposições analíticas, cuja negação conduz à contradição. Dessa maneira sabemos com certeza que um triângulo tem três ângulos ou que uma coisa é ela mesma. Aqui o grau de confiança na verdade da proposição pode ser considerado igual a 100%, posto que a sua verdade é inquestionável. Tanto no caso de certezas ou convicções empíricas quanto lógico-conceituais podemos falar de conhecimento. O seguinte gráfico ilustra a relação de compatibilidade entre graus de crença ou de confiança na verdade de uma proposição – confirmados por sua correlação com expressões da linguagem natural – e o seu conhecimento:

GRAUS DE CRENÇA:
"certeza lógico-conceitual"   100 %   Compatibilidade
"ter certeza", "estar certo"   com
"ter convicção"   CONHECIMENTO
"ser de opinião"
"suspeitar"
"ter um palpite"...
                                50%

O conhecimento envolve, pois, certeza, convicção ou, como prefiro dizer, uma *crença firme*. Não posso dizer que sei mas que é só um palpite, uma suspeita, uma opinião. E casos nos quais isso parece não ocorrer supostamente carecem de uma análise mais atenta. Simbolizando a crença firme como C, podemos resumir a segunda condição necessária ao conhecimento como sendo a de que uma pessoa a acredite firmemente na verdade de p, formalmente aCp. Quando julgamos que a sabe que p, isso implica que a crê na verdade de p, o que pode ser simbolicamente expresso por:

$aSp \rightarrow aCp$.

Mas também essa segunda condição não chega a ser suficiente. Isso fica claro pela consideração de mais um exemplo. Suponhamos que Alfonso sonhe com cavalos, acreditando então que irá sair cavalo no jogo do bicho. Suponhamos que com base nisso ele aposte no cavalo e ganhe a aposta. Ele *sabia* que iria sair cavalo? Certamente que não, ainda que a sua crença fosse bastante firme e se tenha revelado verdadeira.

Para prevenir que crenças verdadeiras meramente *acidentais* sejam classificadas como casos de conhecimento é necessário acrescentar uma terceira condição: a de que a pessoa tenha boas razões para a sua crença, isto é, de que ela tenha como fundamentá-la, como *justificá-la* de uma maneira que consideremos *razoável*. Se Alfonso justifica a sua crença dizendo que sonhou com cavalos, isso não nos serve porque não é razoável. Se Carlos sabe que Villa-Lobos compôs as Bachianas Brasileiras, é porque ele tem uma justificação razoável para a sua crença nessa verdade, uma justificação baseada em informações que obteve de fontes confiáveis como textos escritos, documentários, testemunho de autoridades etc., que por sua vez se baseiam em evidências factuais indiscutíveis.

Podemos agora formular a terceira condição de conhecimento. É a condição de que, se ajuizamos que uma pessoa a sabe que p, então ela deve ter uma *boa justificação*, ou seja, uma *justificação* (razão, evidência) *razoável* para a sua crença em p. Formalmente, simbolizando a justificação razoável por J, essa condição se formula como $aJCp$. Quando julgamos que a sabe que p, isso implica, pois, que a tem uma justificação razoável para a sua crença em p, ou seja:

$aSp \to aJCp$.

Assumindo que não existem outras condições, se conjugarmos as três condições implicadas por *Sap*, poderemos simbolizar a noção tradicional de conhecimento como crença verdadeira justificada por meio da seguinte formulação:

(i) (ii) (iii)
Df. Co: *aSp* ≡ *p* & *aCp* & *a JCp*

Tal é a definição tripartite, tradicional ou *standard*, no que chamo de sua formalização *original* – a formalização geralmente encontrada nos textos. Essa definição nos diz que julgar ou afirmar que uma pessoa *a* sabe que *p* equivale a (ou é o mesmo que) dizer (i) que *p* é verdadeiro, (ii) que *a* crê que *p* seja verdadeiro e (iii) que *a* tem uma justificação razoável para a sua crença na verdade de *p*. Cada uma dessas três condições é, em si mesma, necessária para que possamos afirmar que *a* sabe que *p*; juntas elas constituem uma condição suficiente.

3. Objeções às condições necessárias

Nenhuma das três condições de conhecimento acima apresentadas deixou de ser objeto de críticas. Quero restringir-me aqui às mais importantes, mostrando que é sempre possível respondê-las de modo plausível.

Alguns filósofos negaram a necessidade da condição de verdade da proposição. Ela não precisaria ser satisfeita nos casos em que nos referimos ao conhecimento possuído pelos povos antigos, ou ao conhecimento científico de uma época anterior à nossa, conhecimentos esses hoje em dia considerados falsos[4]. Assim, podemos dizer que os gregos antigos *sabiam* que os deuses viviam no monte Olimpo e que os planetas se movem em epiciclos.

Essa objeção é muito fácil de ser respondida: nas sentenças anteriores, a palavra "sabiam" pode ser substituída pela expressão "pensavam saber". Usa-se, pois, a palavra "saber" em um sentido derivado e secundário, no qual ela significa tanto quanto "pensavam saber". Se, diversamente, usarmos a palavra "saber" em seu sentido próprio, então deveremos admitir que eles na verdade não sabiam onde moravam os deuses, nem como

---

4. Ver I. Scheffler: *Conditions of Knowledge*, Chicago, 1965, p. 24.

os planetas realmente se moviam. Uma variante dessa espécie de exemplo é quando alguém diz: "Eu sei que os deuses gregos viveram no monte Olimpo." Trata-se aqui, obviamente, de uma afirmação elíptica, querendo dizer que eu sei que os gregos acreditavam que os seus deuses viviam no monte Olimpo...
Contra a segunda condição da definição tradicional objetou-se que pode haver conhecimento não acompanhado de crença. Há diversos casos. Quero restringir-me a alguns mais importantes, começando com o velho exemplo da mãe que não acredita que o seu filho tenha sido morto em combate, apesar de possuir provas incontestáveis disso.
A resposta dependerá dos detalhes adicionais envolvidos. Digamos que a mãe admite as provas, que ela admite que o seu filho está morto, mas que continua a agir como se esperasse a sua volta. Nesse caso, devemos admitir que ela tem duas crenças conflitantes: a crença racionalmente fundada de quem sabe que o filho está morto e, ao mesmo tempo, a crença irracional de que ele não está morto. Elas são, decerto, conflitantes, mas não são contraditórias: crer que o filho *não* morreu não implica não crer que o filho morreu. D. M. Armstrong evidenciou esse ponto utilizando a negação interna[5]: crer que o filho não morreu simboliza-se como $aC \neg p$; não crer que o filho morreu simboliza-se como $\neg aCp$; temos, com isso, a conjunção "aCp & $aC \neg p$", e não a proposição contraditória "aCp & $\neg aCp$".
Outra possibilidade é a de que a mãe se recuse a aceitar as provas de que o seu filho está morto como sendo suficientes; ela se recusa a acreditar que ele morreu. Devemos notar, porém, que nesse caso ela também se recusará a admitir que sabe que ele morreu. Mas pode ser que, mesmo contra a admissão consciente da pessoa, sejamos de opinião de que ela no fundo sabe. Também aqui não há uma dificuldade real, pois só podemos ter essa opinião pela admissão de que a mãe possui um conhecimento *inconsciente* do fato; mas, se estamos preparados para admitir que ela tem um conhecimento inconsciente do fa-

---

5. Ver D. M. Armstrong: *Belief, Truth and Knowledge*, London, 1973, pp. 143-5.

to, não há razão para não admitir que esse conhecimento venha acompanhado de uma correspondente crença inconsciente, potencialmente manifestável. A questão de saber como isso é possível cai no domínio da psicanálise: o psicanalista pode sugerir que o saber e a crença inconscientes em p tenham sido reprimidos, caso em que temos uma contradição real entre a crença e o saber inconscientes, e a ausência de crença e saber conscientes. Mas nesse caso a contradição seria admissível, uma vez que a instância psíquica, o sujeito inconsciente da crença, $a1$, não é, para a psicanálise, identificado ao sujeito consciente que manifesta verbalmente a sua ausência de crença, ou seja, $a2$. Logicamente, a conjunção "$a1Cp$ & $\neg\, a2Cp$" também não constitui uma contradição. Concluo, pois, que nem sob essa forma, nem sob a anterior, o exemplo demonstra a existência de conhecimento sem crença.

Uma terceira objeção, apresentada por Colin Radford[6], consiste na história de um viajante franco-canadense que, embora certo de nada saber acerca da história da Inglaterra, em um jogo de adivinhação responde corretamente a questões precisas sobre esta, como a data da morte da rainha Elisabeth. Mais tarde ele se recorda de ter de fato certa vez aprendido os episódios e datas da história inglesa, o que explica o seu sucesso em adivinhar as respostas. Parece, pois, que o viajante sabe sem possuir crença.

Analisando esse exemplo, D. M. Armstrong notou que no momento em que o viajante pensa estar adivinhando, por exemplo, que a rainha Elisabeth morreu em 1603, ele deve ter um certo grau de crença nesse palpite, além da crença de que, por se tratar de mera adivinhação, essa deva ser uma data errada[7]. Trata-se também aqui da conjunção compatível entre uma crença e uma negação interna da crença: aCp & $aC\neg p$. Armstrong conclui disso que mesmo um baixo grau de crença é compatível com o conhecimento, pois o viajante realmente sabia as respostas. Apesar disso, prefiro pensar que o exemplo não nos

---

6. C. Radford: "Knowledge – by examples", *Analysis*, 27, 1966, p. 9.
7. D. M. Armstrong, *Belief, Truth and Knowledge*, ibid., pp. 145 ss.

compele a rejeitar a admissão de que o conhecimento envolve crença firme. O caso pode ser considerado similar ao de alguém que muito hesitantemente se recorda de um número de telefone, o qual eventualmente se revela correto. Trata-se de uma crença pouco pronunciada que se revela verdadeira, por isso mesmo não se tratando de conhecimento. É verdade que podemos dizer "Ele sabia", mas isso não por direito e sim por uma generosidade da linguagem.

Ainda outra objeção de algum interesse, devida a P. K. Moser, é a de que é possível imaginar alguém que ao compreender uma proposição dê o seu assentimento momentâneo a ela, mas que seja incapaz de, após esse assentimento, manter a disposição de assentir que é característica da crença; essa pessoa teria então conhecimento sem crença[8].

Uma indicação para o que parece ser a resposta certa surge quando notamos que na verdade não diríamos que a pessoa em questão continua possuindo conhecimento *após* ter dado o seu assentimento, posto que ela não tem uma disposição para voltar a admitir a verdade de *p*. Mas por que o seu conhecimento só dura enquanto dura o seu assentimento? A resposta óbvia é: porque o conhecimento depende da existência de uma crença racional firme, a qual está envolvida no assentimento; como, nesse caso, a crença não existe fora do assentimento, com o desaparecimento do último deixa também de existir conhecimento.

A objeção de Moser se deve a uma falha em distinguir suficientemente entre um mero assentimento verbal e o *ato mental de assentimento* ou *admissão*, envolvendo disposições de ação, que deve acompanhá-lo. É esse último que importa, pois só dizemos que há conhecimento ligado ao assentimento quando supomos a existência de um ato de assentir, isto é, uma admissão que a pessoa faz para si mesma de possuir um suficiente grau de confiança na verdade da proposição. Tal admissão supõe, contudo, um estado atual de crença, mesmo que não duradouro, pois não é possível (mesmo que inconscientemente) admitir algo sem, ao fazê-lo, crer nesse algo. Concluo, pois, que o assenti-

---

8. P. K. Moser: *Knowledge and Evidence*, Cambridge, 1989, pp. 20 ss.

mento ligado ao conhecimento contém ao menos uma forma atual de crença como ato ou ocorrência mental, que é não-disposicional e, supostamente, a forma primária; a pessoa do exemplo teria um conhecimento sem duração, dado que a forma de crença envolvida não dura mais do que o seu assentimento.

A conclusão que parece se impor é a de que a crença racional pertence à própria estrutura daquilo que chamamos de conhecimento, não podendo ser dele separada. Com efeito, parece decorrer de nossa gramática conceitual que não podemos dizer de alguém que realmente *não* crê, que esse alguém conhece. Afinal, se a pessoa *a* sabe que *p*, isso envolve necessariamente, da parte de *a*, ao menos o *assentimento* de que *p* é ou deve ser muito provavelmente verdadeiro, assentimento esse que será entendido ou como sendo uma atualização de um estado de crença firme, ou como sendo em sua inteireza uma forma presente de crença firme. Qualquer que seja o caso, o conhecimento, pressupondo o assentimento da verdade, pressupõe a crença.

Vejamos agora as objeções à terceira condição necessária ao conhecimento proposicional: a condição de justificação adequada. Uma primeira objeção é relativa ao domínio de aplicação da definição assim concebida: a terceira condição exige que, para que uma pessoa *a* possua o conhecimento de *p*, ela tenha uma justificação para a sua crença em *p*. Ora, nem sempre o conhecimento proposicional exige justificação; nem podemos nem precisamos justificar, por exemplo, nosso conhecimento do princípio da não-contradição. Nesse caso podemos fazer uma distinção muito geral entre proposições *inferenciais*, cuja verdade exige justificação, e proposições *não-inferenciais*, cuja verdade não exige justificação[9]. Escapam essas últimas à definição tradicional?

Há mais de uma resposta possível. Wittgenstein, por exemplo, rejeitou que tenhamos conhecimento autêntico de proposições não-inferenciais, dado que não temos dúvida sobre elas e não costumamos asseverar conhecimento do que estamos certos, daquilo que fundamenta o proferimento, do lance feito em

---

9. D. M. Armstrong utiliza essa terminologia (Cf. *op. cit.*, caps. 12, 13 e 14).

uma prática lingüística (jogo de linguagem) aceita[10]. Em um sentido isso é correto. Não obstante, a linguagem, mesmo a linguagem natural, na qual Wittgenstein quer se apoiar, também pode desempenhar papéis reflexivos. Nessa linguagem faz sentido dizer que *sei* que triângulos têm três lados, que *sei* que tenho dor de cabeça etc.[11]. Assim, em concordância com a maioria dos autores, prefiro manter a concepção tradicional no caso do conhecimento de proposições não-inferenciais. Para fazê-lo podemos seguir duas estratégias. A primeira é a de, nos casos de proposições não-inferenciais, eliminarmos a condição de justificação, mantendo apenas as de verdade e crença firme. A segunda é a de considerar as proposições não-inferenciais como proposições que se "autojustificam", reconhecendo-as como casos-limite de conhecimento proposicional. Essa última solução é artificial, mas é instrumentalmente útil, tanto quanto a decisão do matemático de admitir o conjunto vazio como um caso-limite de conjuntos, apesar de nunca nos referirmos a conjuntos sem elementos no uso ordinário da palavra. Por essa única razão, adotá-la-ei aqui.

Essas considerações nos permitem responder a objeções feitas à terceira condição, nas quais são apresentados exemplos de conhecimento pretensamente sem justificação. Esse seria o caso do personagem de um conto de D. H. Lawrence, que por mero palpite sempre acerta qual o cavalo que irá vencer a corrida, bastando para isso cavalgar sobre ele[12]. A pessoa não sabe dizer *por que* acerta. Mas, embora ela não seja capaz de oferecer justificação para o seu palpite, somos ao final forçados a reconhecer que ela *sabe* qual o cavalo que ganhará a próxima corrida! Sabemos que ela sabe por uma conclusão indutiva, resultante do fato de a pessoa ter sempre vencido as apostas.

---

10. Ver L. Wittgenstein: *Über Gewissheit* (Sobre a certeza), Frankfurt, 1986, seções 10, 204, 348, 553.
11. Ver, por exemplo, D. W. Hamlyn: *The Theory of Knowledge*, New York, 1970, p. 110.
12. D. J. O'Connor & B. Carr: *An Introduction to the Theory of Knowledge*, pp. 74-5.

ANÁLISE DO CONHECIMENTO

A resposta a essa objeção não é difícil, variando na dependência do modo como o exemplo for detalhado. Imagine que a pessoa tenha descoberto por mero acaso a ligação entre um sentimento que ela tem ao cavalgar certos cavalos e o fato de eles posteriormente vencerem as corridas. Nesse caso, na primeira vez que a pessoa aposta ela tem apenas um palpite. Mais tarde, considerando que sempre acerta, ela desenvolve plena confiança na relação entre o seu sentimento e a sua previsão. Nesse caso, a pessoa sabe que é capaz de predizer qual o cavalo que ganhará a corrida com base em uma inferência indutiva, da mesma forma que, em um exemplo real e paralelo, um epiléptico sabe por indução que as suas experiências da aura epiléptica serão seguidas de crises convulsivas. A pessoa justifica a sua afirmação "O cavalo x vencerá a corrida" apelando à base evidencial oferecida pelo sentimento que tem ao cavalgar sobre x, adicionada a sua experiência anterior da relação entre esse sentimento e previsões similares. Nesse caso temos uma justificação indutivamente fundada. O que nos constrange no exemplo é apenas o fato de que não podemos ter a mesma sensação da pessoa. Mas isso não nos deveria constranger, dado que a maioria de nós também não pode ter auras epilépticas.

Também podemos supor, em uma variante do caso acima, que desde o início a pessoa afirme estar absolutamente certa de que cavalo irá vencer, simplesmente por possuir uma espécie de visão do futuro, um sentido premonitório do qual não compartilhamos. Nesse caso, sentir-nos-emos mais inclinados a admitir que a proposição "O cavalo x vencerá a corrida" é, para a própria pessoa, uma proposição não-inferencial. Como não compartilhamos dessa visão premonitória, para nós tal proposição *não* é não-inferencial. Chegamos à conclusão de que a pessoa sabe que a previsão é verdadeira com base em um processo indutivo, isto é, por sabermos que a pessoa sempre acertou as apostas, o que é um caminho diverso daquele seguido por ela própria. Isso dá ao caso uma certa impressão de paradoxo. Não obstante, também nesse caso podemos encontrar um exemplo real e similar, capaz de mostrar que não há nada de realmente paradoxal nele: sabemos que pessoas daltônicas foram usadas em guerras para, em aviões de reconhecimento, visualizar artefatos bélicos camuflados na selva embaixo e invisíveis para as demais pessoas. Para o daltônico a proposição "Vejo lá embaixo um tanque de guerra" seria, nesse contexto, autojustificada. Como esse caráter de evidência não é interpessoal, só sabemos que ele sabe indutivamente, na medida em que verificamos *a posteriori* a verdade do enunciado. Concluo, portanto, que, seja qual for o caso, o exemplo do apostador não deixa de satisfazer a condição de que uma pretensão de conhecimento precisa ser justificável ou autojustificável.

4. Objeções à definição tripartite como condição suficiente: contra-exemplos do tipo Gettier

Consideramos até aqui objeções que se aplicam isoladamente a cada uma das condições necessárias da definição de conhecimento. Como penso ter evidenciado, não é difícil mostrar que há respostas plausíveis para elas. Também vimos que a definição tripartite de conhecimento assume que a conjunção das três condições necessárias constitui uma condição *suficiente* para a atribuição de conhecimento. É precisamente essa última assunção que veio a ser colocada em questão pelos contra-exemplos do tipo Gettier. Essa denominação alude a um problema apresentado em um breve artigo de duas páginas e meia publicado por Edmund Gettier em 1963, que deu início a um vasto número de trabalhos que objetivam solucioná-lo[13]. No artigo original de Gettier são apresentados dois contra-exemplos nos quais todas as três condições da definição tripartite estariam sendo satisfeitas, sem que se trate de casos de conhecimento. A conclusão imediata que parece decorrer dos exemplos é a de que as três condições juntas não bastam para definir conhecimento. Ou seja: a definição tripartite constitui-se

---

13. E. Gettier: "Is Justified True Belief Knowledge?", *Analysis* 23, 1963, pp. 121-3.

ANÁLISE DO CONHECIMENTO

eventualmente de uma apresentação de condições necessárias; mas ela não basta para definir o conhecimento proposicional, posto que para tal precisaria constituir uma condição suficiente. É importante discutirmos os contra-exemplos do tipo Gettier, dado que para a maioria dos epistemólogos eles constituem um desafio real à definição tradicional de conhecimento. Em vez de expor os próprios exemplos de Gettier, que são um tanto artificiais, apresentarei três exemplos equivalentes, retirados e adaptados de diferentes autores[14]:

E1: Suponhamos que Lia olhe para o seu relógio de pulso, cujos ponteiros mostram ser 11 horas. De fato, são realmente 11 horas. Mas o relógio está parado e mostra apenas por acaso a hora certa. As condições da definição tradicional são satisfeitas: é verdade que são 11 horas, Lia crê nisso e tem uma boa justificação para isso no fato de ter acabado de consultar o seu relógio; mas ela não sabe realmente que horas são[15].

E2: Imagine-se que estejamos no ano de 1996, e que um adulto pergunte a uma criança qual a letra inicial do nome do atual presidente do Brasil. Ela responde: "O nome inicia-se com F." No entanto, quando se pede para ela justificar, ela responde dizendo: "Porque ele se chama Fernando Collor de Melo." Tam-

---

14. Os primeiros dois exemplos foram adaptados de B. Russell: *Human Knowledge: its Scope and Limits*, New York, 1948, pp. 154-5. O terceiro exemplo encontra-se exposto em J. Dancy: *An Introduction to Contemporary Epistemology*, Oxford, 1985, p. 25, devendo-se a Brian Garrett. Exemplos do gênero foram sugeridos na verdade bem antes do artigo de Gettier. A novidade do artigo de Gettier consiste no fato de ele ter se utilizado de tais exemplos em um desafio explícito à definição tradicional de conhecimento (ver R. M. Chisholm: *Theory of Knowledge*, Englewood Cliffs, 1977, 2.ª ed., cap. VI).

15. Contra esse exemplo já se objetou que não é razoável a justificação baseada em um relógio parado (ver exposição da discussão em R. K. Shope: *The Analysis of Knowing*, Princeton, 1983, pp. 19-20). Mas isso dependerá do contexto em questão. Se se trata de um relógio de parede cujo tique-taque deve se fazer ouvir, a posição dos ponteiros não significa grande coisa. Se o relógio é de pulso e marca 6 horas, mas o sol está alto, aqui também a posição dos ponteiros não contará como evidência suficiente. Mas normalmente, quando olhamos rapidamente a posição dos ponteiros para saber as horas, não costumamos colocar o relógio no ouvido, e a posição dos ponteiros poderá contar para nós como evidência suficiente.

bém aqui constatamos: é verdade que o nome do presidente começa com F, que a criança acredita no que está dizendo, que ela tem uma justificação para o que diz. Mesmo assim, como em 1996 o nome do presidente era Fernando Henrique Cardoso, devemos admitir que a criança realmente não sabe que o nome do presidente começa com F, e que respondeu corretamente por pura coincidência.

E3: Um caso algo mais complicado, mas que segue o mesmo padrão dos demais. Alfonso liga a televisão para ver os momentos finais do jogo decisivo do Campeonato Brasileiro deste ano. Ele vê o Grêmio vencer o jogo. Com base nessa evidência, ele conclui *p*: "O Grêmio venceu o Campeonato Brasileiro deste ano." Essa conclusão se baseia, contudo, em uma evidência falsa: o que Alfonso realmente viu foi apenas uma reprise do último jogo do Campeonato Brasileiro do ano passado, também vencido pelo Grêmio. Enquanto isso, porém, o Grêmio realmente vence o último jogo do Campeonato Brasileiro deste ano, tornando-se novamente campeão. Nesse exemplo, mais uma vez as três condições da definição clássica são satisfeitas: é verdade que o Grêmio tornou-se campeão, Alfonso acredita nisso, e ele justifica razoavelmente *p* através da evidência *e*, ou seja, recorrendo ao fato de que ele viu pela TV o Grêmio vencer a final do campeonato. Mas ninguém diria que Alfonso realmente *sabe* disso. Afinal, sabemos que a sua evidência é falsa e que é por mera coincidência que através dela ele chegou a uma conclusão verdadeira. Mesmo assim, a justificação não deixa de valer como tal, uma vez que é baseada em um erro razoável.

Como reação a contra-exemplos como esses, um bom número de filósofos concluiu que a definição tripartite de conhecimento é insuficiente, sugerindo complementá-la com uma quarta condição; já outros preferiram tentar uma definição alternativa, que a substituísse. Meu objetivo aqui será mostrar que as intuições que estão por trás da definição tripartite são corretas, que a definição tripartite não precisa ser modificada nem abandonada, mas melhor compreendida e analisada. Antes, porém, quero considerar algumas tentativas de complementar a definição tradicional pela adição de uma quarta condição, dado que elas nos são capazes de ensinar alguma coisa.

5. Algumas tentativas de complementar a definição tradicional

As respostas mais influentes ao problema de Gettier propõem a adição de uma quarta condição. A primeira e quase imediata resposta consiste em notar que, em todos os exemplos até aqui considerados, *a* justifica a sua crença na verdade de *p* com base em uma proposição evidencial falsa. Em E1, a evidência é o relógio marcando as 11 horas, embora seja a rigor falso dizer que um relógio parado *marca* as horas; em E2, a evidência é que o nome do presidente brasileiro em 1996 é Fernando Collor, o que também é falso, assim como é falsa a suposição de que Alfonso viu pela TV o Grêmio vencer a final deste ano em E3. Em todas essas justificações há uma proposição evidencial *e*, a qual, caso verdadeira, deve tornar a proposição *p* verdadeira; só que *e* é falsa. Isso sugere que uma quarta condição, dizendo que a proposição evidencial deve ser verdadeira, seja adicionada:

(iv) Para que *a* esteja justificado em sua crença na verdade de *p* através de uma inferência baseada na proposição evidencial *e*, esta última *não pode ser falsa*.

Com efeito, seria ridículo se alguém dissesse: "Eu justifico a minha crença na verdade de *p* com base na evidência atestada por *e*, embora saiba que essa evidência não existe."

Contudo, a adição da condição (iv) logo mostrou-se insuficiente[16], pois não é difícil construir exemplos nos quais a proposição evidencial fundamentadora da justificação seja verdadeira, mas que mesmo assim não constituem casos de conhecimento. Considere o seguinte:

---

16. M. Clark: "Knowledge on Grounds: a Comment on Mr. Gettier's Paper", *Analysis* 24, 1963, p. 46.

E4: Digamos que Carlos tenha um funcionário em sua firma chamado Arthur, e que este tenha se mostrado sempre uma pessoa inteiramente confiável. Arthur conta a Carlos que Marta, uma sobrinha sua, acaba de ganhar um carro em uma loteria. Com base nisso Carlos conclui que Marta ganhou um carro na loteria. Acontece, porém, que Arthur está entrando em um surto psicótico, sendo essa informação resultado de um delírio seu: tudo o que ele realmente sabe é que Marta apostou na loteria desta semana. Não obstante, a afirmação de Arthur é casualmente verdadeira: sem que ele realmente tenha sabido disso, Marta realmente acabou de ganhar um carro pela loteria. Nesse exemplo a proposição *p* é: "Marta ganhou nesta semana um carro pela loteria." Carlos pensa saber que *p* é uma proposição verdadeira. Se pedirmos a Carlos para justificar a sua crença em *p*, ele o fará com base em *e*: "Arthur me disse que a sua sobrinha Marta ganhou nesta semana um carro pela loteria e Arthur sempre se mostrou confiável." Vemos que *e* é uma conjunção de duas proposições verdadeiras, mas apesar disso não diríamos que Carlos sabe que *p*. As quatro condições para o conhecimento até aqui consideradas estão sendo satisfeitas e mesmo isso não basta.

Uma maneira de remediar a dificuldade consiste em exigir que as possíveis evidências para as evidências *também não sejam falsas*, e assim por diante[17]. Mas isso é vago, além do que sempre temos evidências falsas associadas a nossas evidências, as quais, no entanto, não chegam a desempenhar papel relevante. Sei, por exemplo, que Napoleão foi um grande estrategista, mesmo que algumas informações nas quais me baseio para chegar a essa conclusão possam ser falsas. Seria preciso mostrar sob que circunstâncias uma falsidade ligada a uma evidência chega a ser relevante para torná-la inadequada[18]. Mais ainda, a exigência de eliminarmos quaisquer evidências falsas importantemente ligadas à justificação parece exigir de nós

---

17. M. Clark: "Knowledge on Grounds: a Comment on Mr. Gettier's Paper", *ibid.*, p. 47.

18. Ver J. Dancy: *Introduction to Contemporary Epistemology*, Oxford, 1985, p. 28.

um conhecimento indefinidamente superior ao que realmente temos. Essa é uma objeção crucial, à qual ainda voltaremos.

Uma outra espécie de solução provém da observação de que em um exemplo como o acima exposto a justificação de *p* por *e* é destruída pelas informações contidas em um outro enunciado, no caso, *r*: "Arthur está entrando em um surto psicótico e ele não foi informado de que Marta ganhou na loteria." Com base nessa espécie de constatação foram sugeridas soluções mais sofisticadas, que chamaremos aqui de condições de *não-refutação* das evidências justificadoras (*undefeating evidence*)[19]. Uma primeira sugestão é a de que seja introduzida uma quarta condição, exigindo que não haja nenhuma proposição verdadeira que refute ou destrua a justificação considerada. Sem maiores especificações, podemos formular essa condição como se segue:

(iv') A justificação que *a* tem para crer na verdade de *p* baseada na evidência *e* não pode ser refutada pela conjunção de *e* com uma verdade *t* qualquer.

Segundo essa proposta, conhecimento é crença verdadeira justificada e não destruída por uma refutação. Com efeito, em todos os exemplos apresentados até agora, sempre encontramos proposições verdadeiras que, em conjunção com a proposição que serve como evidência, desfazem a sua função justificatória. Esse é o caso das informações de que o relógio estava parado, de que o verdadeiro presidente em 1996 era Fernando Henrique Cardoso, de que a transmissão na TV era apenas de uma reprise do jogo do ano anterior e de que Arthur está entrando em um surto psicótico.

Mas há um problema: *refutações sempre podem ser refutadas*! Uma refutação pode ser refutada por outra, que pode ser

---

19. Uso o verbo "refutar" na tentativa de encontrar um equivalente do verbo inglês *defeat* (literalmente: "frustrar", "vencer") no sentido técnico em que ele é usado aqui. Ver K. Lehrer & T. Paxson Jr.: "Knowledge: Undefeated, Justified True Belief", *The Journal of Philosophy* 66, 1969, pp. 225-37.

refutada por outra, e assim por diante. O seguinte exemplo mostra como uma justificação refutada pode ser restaurada por uma nova evidência:

E5: Suponhamos que Mário creia na verdade da proposição p, segundo a qual a sua esposa se encontra no trabalho. Sua crença em p é justificada pela proposição evidencial e, segundo a qual é horário de trabalho e hoje é dia útil. Mas ele não está a par da evidência expressa por r, ou seja, do fato de que ela havia marcado uma consulta com o médico para hoje e nesse exato horário. Se Mário soubesse disso, ele concluiria obviamente que ela não se encontra no trabalho. Assim, vemos que r destrói a sua justificação. No entanto, ele também não está a par da verdade t, segundo a qual a sua esposa recebeu esta manhã um telefonema do médico adiando a consulta. Com isso ficamos outra vez inclinados a dizer que Mário sabe que p, e isso acontece porque t restaura a validade da justificação de p por e, que fora destruída por r.

A refutação da refutação da justificação é sempre possível, podendo ser imaginada também para outros casos: considerando E3, suponhamos que o aparelho de TV de Alfonso esteja desregulado, e que, embora ele tenha ligado o canal 11, no qual passava a reprise, o que ele realmente assistiu foi a transmissão do jogo atual feita por alguma outra emissora... O que precisa ser encontrado passa a ser por isso uma condição que estabeleça em termos precisos que a evidência justificacional adequada não é refutada por um balanceamento das evidências resultante da consideração do *conjunto total de verdades*.

P. K. Moser[20], em uma tentativa de precisar tal concepção, introduziu uma quarta condição exigindo que sempre que a evidência for refutada, deva existir uma proposição verdadeira capaz de, conjugada à proposição refutadora da evidência, restabelecer a força justificacional desta última. Essa exigência foi assim formulada:

---

20. P. K. Moser: *Knowledge and Evidence*, ibid., pp. 242-55.

(iv") A evidência *e* para uma conclusão *p* deve ser *veritativamente sustentada* no seguinte sentido: para toda proposição verdadeira *t* que, conjugada a *e*, destrói a justificação que *a* tem para *p* com base em *e*, há uma proposição verdadeira *t'* que, quando conjugada a *e* & *t*, restaura a justificação de *p* para *a* do modo como *a* está efetivamente justificado em crer que p^{21}.

O conhecimento proposicional define-se, pois, como a crença verdadeira justificada que é veritativamente sustentada pelo conjunto total de evidências. Assim, em E5, a crença de Mário em *p* com base em *e* é refutada por *r* (*t*); mas há uma verdade *s* (*t'*), de que a consulta foi desmarcada, a qual, conjugada a *r*, restaura a justificação de *p*. No exemplo do carro ganho por Marta, temos as proposições *r* e *s*, que refutam a justificação que Carlos tem para *p*; como falta nesse caso uma verdade *t'* que restabeleça a justificação de *p* com base em *q*, esse deixa de ser um caso de conhecimento. Essa última solução responde aos contra-exemplos do tipo Gettier até aqui considerados. Mas não é difícil imaginar contra-exemplos que ela falha em explicar. Suponha-se que ao E3 seja adicionada a informação *t'*: "O televisor de Alfonso está desregulado, embora ele não saiba: ele ligou o canal 11, sim, mas o programa que ele viu foi o do canal 21, que realmente apresentou o jogo atual do Grêmio." Nesse caso a refutação foi refutada, e devemos concluir que Alfonso sabe que *p*. Mas suponha-se que, em adição a isso, se venha a acrescentar a seguinte (não importa o quão implausível) informação *t"*: "No momento em que Alfonso ligou a TV havia uma interferência X, através da qual, apesar do defeito no aparelho, a transmissão por ele vista foi a do canal 11." Nesse caso, devemos concluir outra vez que Alfonso não sabe que *p*. Mas, como a condição (iv") acima considerada não leva em conta nenhuma evidência relevante ulterior à expressa por *t'*, deveríamos, segundo ela (sendo que *p* é verdadeira), ter

---

21. P. K. Moser: "Gettier Problem", em J. Dancy & E. Sosa: *A Companion to Epistemology, ibid.*, p. 158.

aqui um caso de conhecimento. Conclusão: a quarta condição proposta por Moser falha em resolver certos casos nos quais outras evidências refutadoras além de *t'* são adicionadas... Ainda que seja possível encontrar uma solução não-refutacional capaz de dar conta de forma precisa de todos os contra-exemplos do tipo Gettier, restará uma dificuldade intrínseca e incontornável[22]. Essa dificuldade decorre da seguinte consideração. Como a adição de novas verdades sempre poderá desequilibrar novamente o balanceamento das crenças, para que se possa justificar uma crença, torna-se necessário levar em conta *o conjunto total de verdades ou evidências*. Essa exigência da consideração do conjunto total das verdades vale tanto para soluções que exigem justificações não-refutadas ou veritativamente sustentadas, como também para soluções que exigem que a justificação não seja relevantemente fundada em evidência falsa. Ora, uma tal exigência é uma ficção que desconsidera o *atualismo* de nossas intuições sobre o conhecimento: se admitimos que alguém sabe que *p*, somos sensíveis *às verdades ou evidências de que realmente dispomos*, não ao que ocorreria se novas verdades viessem a entrar em questão. Além disso, essa é uma exigência forte demais: como nunca chegamos a ter acesso a todas as verdades, o conhecimento parece tornar-se impossível. A dificuldade é séria, sugerindo que estejam faltando peças importantes à nossa abordagem do problema.

No que se segue quero elaborar uma solução muito diversa, que nos permite lidar de forma genérica com todos os exemplos e que não exige o insustentável recurso ao conjunto total de evidências.

6. Uma solução conservadora: a relação interna entre as condições de verdade e justificação

A solução que quero desenvolver aqui não parte de uma tentativa de responder diretamente aos contra-exemplos do tipo

---

22. J. Dancy, *ibid.*, p. 31.

Gettier, mas de uma análise explicitadora de certos *elementos pragmáticos* ou *dialógico-contextuais* implicitamente envolvidos na concepção tripartite, os quais relacionam entre si a condição de justificação à condição de verdade. Na definição tripartite de conhecimento, tal como ela costuma ser formalmente apresentada, não se explicita nenhuma dependência entre essas condições. Isso é, porém, uma falha em expor parte do que é *intuitivamente* considerado em nossa idéia do conhecimento como crença verdadeira justificada, uma falha cuja implicação mais séria é permitir o surgimento do problema de Gettier. Há de fato uma *relação lógica* implícita entre a condição (i), de que *p* seja verdadeira, e a condição (iii), de que *a* tenha uma justificação adequada para a sua crença em *p*; tal relação deixa-se formular pelo que chamaremos de *requisito de adequação justificacional*, ou:

> *RAJ* A justificação dada por *a* para a sua crença em *p* deve ser tal que ela seja considerada, pelo sujeito ajuizador da pretensão de conhecimento de *a*, como capaz de estabelecer a verdade de *p*.

Como vários autores já notaram, nós – como sujeitos ajuizadores das pretensões de conhecimento de *a* – só ajuizamos que *a* sabe que *p* nos casos em que a justificação que *a* oferece para a sua crença fizer parte daquilo que estamos em condições de reconhecer como constituindo uma *razão suficiente* para o estabelecimento da verdade de p^{23}. É a não-explicitação

---

23. Essa me pareceu, desde que me defrontei pela primeira vez com os exemplos de Gettier, a resposta intuitivamente correta. Procurando por algo semelhante na literatura deparei-me com essa mesma idéia, de que a justificação epistêmica deve implicar a verdade, insistentemente defendida nos artigos de Robert Almeder (ver principalmente "Truth and Evidence", *Philosophical Quarterly*, 34, 1974, pp. 365-468). Essa idéia não obteve, porém, aceitação pela grande maioria dos epistemólogos, tendo sido ao final abandonada pelo próprio Almeder. Penso que há duas razões para isso. Uma delas foi o apelo representado por concepções alternativas inovadoras, como a teoria causal do conhecimento e a tese da não-refutabilidade. Mas a principal razão foi o fato de faltar a essa idéia um adequado desenvolvimento teórico, no qual se torna imprescindível incluir uma análise dos

dessa relação que faz com que surja o problema de Gettier, que consiste na apresentação de exemplos nos quais a justificação dada para a crença em *p nada tem a ver com as razões que estamos dispostos a admitir para o reconhecimento da verdade de p*. A solução do problema não consiste, sob essa perspectiva, em propor uma quarta condição, mas em notar que se a concepção tradicional for corretamente compreendida, então os contra-exemplos realmente *não* a satisfazem, por isso mesmo não constituindo casos de conhecimento.

    No intuito de tornar essa sugestão irretorquível, quero começar explicitando aquilo que se encontra encoberto nas formulações usuais das condições de verdade e de justificação constitutivas da concepção tradicional de conhecimento.

    Comecemos com a condição (i): a de que p seja uma proposição verdadeira. O que temos em mente quando dizemos que o conhecimento implica em verdade? Essa questão não costuma ser tematizada nas respostas ao problema de Gettier. Se considerarmos o que é chamado de a condição da verdade de p, a primeira impressão pode ser a de que se trata da verdade de p em si mesma, para todo o sempre: do valor de verdade *absoluto* de p, isto é, do valor de verdade de p na independência de sua atribuição por sujeitos conhecedores falíveis. A própria forma gramatical da sentença "p é verdadeira" (sem falar na abreviação "p"), desconsiderando por que sujeito a verdade está sendo atribuída, favorece essa interpretação. Contudo, é claro que não é assim. Se fosse assim, considerando a falibilidade de nossas atribuições de verdade, ao menos no caso de proposições empíricas, nunca poderíamos saber se p é, no sentido indicado, uma proposição verdadeira e, por conseguinte, nunca poderíamos saber se a pessoa a sabe p; só divindades oniscientes e infalíveis seriam capazes de conhecimento.

---

pressupostos *dialógico-contextuais* da avaliação de conhecimento por um sujeito ajuizador. É essa análise que pretendo realizar na seqüência deste capítulo, esperando assim dar cabo de uma vez por todas do insidioso problema de Gettier (ver meu artigo, "The Tripartite Definition Without Gettier's Problem", em *Prima Philosophia*, 14, 2001, pp. 147-163.)

De fato, quando, ao avaliarmos a existência de conhecimento, admitimos que uma proposição *p* é verdadeira, a atribuição de verdade é sempre feita por nós *atualmente*, como sujeitos avaliadores de pretensões de conhecimento, na medida em que julgamos que *p* satisfaz as condições de verdade até agora disponíveis e que consideramos pertinentes. Isso é tornado bastante claro pelo fato de que, com muita freqüência, aquilo que foi considerado verdadeiro no passado já deixou de sê-lo, deixando com isso de ser considerado objeto de conhecimento, também podendo ocorrer o contrário. Eis um caso hipotético para ilustrar brevemente esse ponto:

E6: Suponha-se que Carlos nos faça a afirmação *p*: "Os irmãos Wright fizeram voar o primeiro veículo auto-sustentado em 1903", e que ele justifique isso por alusão às fotos tiradas na ocasião, ao relato de testemunhas etc. Diremos que Carlos sabe disso, afinal, a sua crença foi justificada e é incontestavelmente verdadeira. Suponhamos, porém, que descobertas históricas completamente inesperadas venham a nos provar que as informações sobre os feitos dos irmãos Wright foram forjadas, que as fotos foram tiradas posteriormente e que essa data foi inventada por razões que até agora nos eram completamente desconhecidas. Nesse caso, concluiremos que Carlos realmente não sabia. Ele não sabia, não só porque a justificação por ele apresentada foi refutada, mas também porque junto a isso a primeira condição, a de que a proposição *p* seja verdadeira, deixa de ser satisfeita. O que consideramos, na definição tradicional, como sendo o valor de verdade de *p* é, assim, relativo às evidências de que *atualmente* dispomos e sempre passível de ser alterado.

Casos como esse deixam claro que a primeira condição, da verdade de *p*, não é a da verdade *absoluta* de *p* na independência de qualquer contexto no qual se tenha acesso a ela. Se a exigência de acesso contextualmente independente fosse feita, dado que um valor de verdade absoluto de proposições inferenciais, na suposição de que exista, não poderia ser por nós como tal conhecido, seríamos inevitavelmente conduzidos ao ceticismo. Também não pode ser admitido que a verdade de *p* seja estabelecida pela própria pessoa *a* como candidato a conhecedor de *p*, pois, nesse caso, qualquer coisa que *a* decidisse estabelecer como verdadeira seria verdadeira, o que nos conduziria ao relativismo do *homo mensura*. Trata-se, de fato, da verdade da proposição *p para nós*, enquanto não a tivermos refutado. O que queremos dizer ao estabelecermos que *p* deve ser verdadeira é que, em face daquelas evidências de que *atualmente dispomos*, devemos considerá-la verdadeira. E, se nós consideramos *p* verdadeira, é com base na satisfação das suas *condições de verdade*, isto é, com base no fato de que tal satisfação nos proporciona justificações até agora irrefutadas. A atribuição de verdade a *p* evidencia-se, assim, como sendo *atualista* e *perspectivista*. Atualista, no sentido de que é feita com base em justificações que presentemente aceitamos; e é perspectivista no sentido de que isso é assim considerado do ponto de vista de *quem julga* se *a* sabe ou não sabe que *p*. Normalmente usamos aqui o pronome pessoal "nós". É *para nós* que *p* é ou não é verdadeira, assim como é *para nós* que *a* sabe ou não sabe *p*. Mas a quem se refere o pronome "nós"? Primeiramente, àquele que julga se *a* sabe que *p*: o sujeito que atualmente ajuíza, que chamarei de *sujeito ajuizador*, o qual eventualmente profere o juízo sobre o conhecimento/não-conhecimento que *a* tem de *p*. Por isso o pronome pessoal aparece na primeira pessoa. O fato de esse pronome geralmente vir no plural, e não no singular, mostra que ele alude também a uma conclusão à qual o sujeito ajuizador supõe que deveria chegar *qualquer pessoa razoável*, de posse das informações relevantes por ele possuídas, incluindo o freqüente caso em que a conclusão é efetivamente compartilhada por outras pessoas possuidoras das mesmas informações.

Essas considerações têm repercussão em nosso entendimento do que está por trás do próprio *definiendum* da definição de conhecimento: a fórmula *aSp* pode ser enganosa, na medida em que não explicita que se trata da definição do conhecimento pretendido por *a* segundo a perspectiva de quem ajuíza essa pretensão.

7. Explicitação e complementação da versão formal da definição tripartite sob uma perspectiva dialógica

Ante as considerações feitas anteriormente, é aconselhável a realização de uma explicitação formal mais adequada da concepção tradicional de conhecimento, ou seja, daquilo que o senso comum realmente concebe quando considera o conhecimento como crença verdadeira justificada. O que vale a pena explicitar melhor são os pressupostos pragmáticos associados, especialmente os associados ao próprio *definiendum*, e, quanto ao *definiens*, a primeira e a terceira condição.

Comecemos com o *definiendum*. Devemos aqui introduzir s para designar o sujeito ajuizador do conhecimento, ou seja, aquele que ajuíza ou exprime em um proferimento seu juízo concernente às pretensões de conhecimento proposicional manifestadas por a. Com isso, em vez de aSp, a fórmula do *definiendum* toma a forma de

$$sS(aSp) \equiv,$$

ou seja: o sujeito s ajuíza ou afirma saber que a sabe que p se e somente se...[24]

Também é importante nos recordarmos aqui do que já foi notado, que o sujeito ajuizador s pressupõe que o seu juízo será compartilhado por todos os outros sujeitos ajuizadores que disponham das mesmas informações que ele, o que inclui um auditório e inclusive geralmente o próprio a; isso é atestado pelo uso costumeiro da palavra "nós" em nossas avaliações de co-

---

24. Pode-se perguntar se não se impõe aqui um regresso, posto que queremos a definição do saber de a com base no saber de s. Não precisará então ser questionado se $sS(sS(aSp))$... ou seja, se s sabe que s sabe (se sabemos que sabemos) que aSp, e assim *ad infinitum*? A resposta seria que tal regressão não se impõe, posto que é a nossa *praxis* epistêmica que sugere onde a adição de 'sS' deixa de ter função corretiva e torna-se redundante. Todavia, um caso muito freqüente e algo semelhante é o de uma pessoa que auto-avalia as suas pretensões de conhecimento. Nesse caso, no lugar de a temos o próprio s, como s', e o *definiens* aparecerá como $sS(s'Sp)$...

nhecimento. Exemplificando: se, como sujeito ajuizador, digo que nós consideramos ser falsa a pretensão de Cristóvão Colombo de saber que havia chegado às Índias, pressuponho que você, de posse das mesmas informações, concordará comigo, mesmo porque é matéria de consenso que é falso que ele tenha chegado às Índias; até o próprio Colombo, como sujeito ajuizador potencial, não teria dificuldade em concordar conosco que era injustificada a sua pretensão de haver chegado às Índias, caso estivesse de posse de nossos conhecimentos atuais.

Passemos agora às condições do *definiens*. Para explicitar adequadamente o que a condição de verdade (i) envolve, devemos começar introduzindo o conjunto J^* para designar o *corpo de razões ou justificações* que s, no momento de sua avaliação, está em condições de admitir como sendo capazes de individualmente justificar a verdade ou falsidade de p. J^* define-se como um *conjunto* cujos constituintes são razões ou justificações que s está disposto a considerar, no momento de sua avaliação, como sendo *individualmente suficientes para garantir a verdade ou falsidade de p*. Há geralmente um indeterminado número de razões que nos podem levar à conclusão de que algo é verdadeiro ou que é falso, e J^* é constituído apenas por aquelas razões que s em um dado momento efetivamente admite levar em consideração como sendo individualmente capazes de tornar p uma proposição verdadeira ou falsa. Há aqui três possibilidades. A primeira é que J^* seja um conjunto vazio. Dizer isso significa admitir que s não possui razões que o levem a crer nem na verdade nem na falsidade de p. Há obviamente muitas ocasiões em que isso ocorre. A segunda possibilidade é a de que J^* seja constituído de uma ou mais de uma justificação considerada capaz de tornar p verdadeira. Nesse caso s sabe que p é verdadeira. Finalmente há a possibilidade de que J^* seja constituído de uma ou mais de uma justificação considerada capaz de tornar p falsa, caso no qual s sabe que p é falsa. Uma quarta possibilidade, de que J^* fosse constituído de justificações capazes de tornar p verdadeira e outras capazes de tornar p falsa, é inaceitável, pois nesse caso s teria de aceitar justificações *inconsistentes* umas com as outras, o que não é possível sob a admissão de que *s* é um sujeito racional. Assim, *J** constitui-se tipicamente de uma série de justificações que individualmente tornam *p* verdadeira ou que individualmente tornam *p* falsa, mas não de ambas as coisas.

Eis um exemplo que torna evidente o que acabo de expor. Digamos que eu, como possível sujeito avaliador de pretensões de conhecimento, deva considerar a pretensão de verdade envolvida na proposição *p*, "A Terra é redonda". Eu considero *p* verdadeira, e minha admissão dessa verdade se deve a um corpo de justificações *J**, constituído pelo conjunto {*J*1, *J*2, *J*3...} onde:

*J*1 = "*p* é verdadeira por causa das fotos da Terra tiradas do espaço",

*J*2 = "*p* é verdadeira devido às viagens de circunavegação da Terra",

*J*3 = "*p* é verdadeira devido ao fato de que os navios que se afastam da terra desaparecem no oceano, a começar da parte de baixo".

Certamente, cada justificação é vista por mim como suficiente para tornar *p* uma proposição verdadeira.

Podemos agora reformular a condição de que *p* seja uma proposição verdadeira sob a perspectiva de *s*. Primeiro, formulamos $s_{tj}SJ^*$, para indicar que o sujeito ajuizador *s*, no tempo de julgamento "*tj*", ou seja, no momento em que avalia as pretensões de conhecimento de *a*, tem acesso cognitivo ao corpo justificacional *J**. Como *J** pode implicar tanto a verdade como a falsidade de *p*, só isso não nos diz se *p* é verdadeiro ou não. É, pois, necessário adicionarmos que *s* sabe que *J** implica a verdade de *p*, ou seja: $s_{tj}S(J^* \to p)$. Unindo as duas exigências obtemos uma formalização explicitada de tudo o que a primeira condição, a condição de verdade de *p*, envolve e pressupõe, como: "$s_{tj}SJ^*$ & $s_{tj}S(J^*p \to p)$", ou, o que vem a dar no mesmo:

(i-e) $s_{tj}S(J^* \ \& \ (J^* \to p))$.

Note-se que "*J** & (*J** → *J*)" só será uma conjunção verdadeira se ambos os membros dela forem verdadeiros, ou seja, se *s* tiver acesso cognitivo a *J** e se *J** incluir como membro ao menos uma condição suficiente para a verdade de *p*. Isso significa ao final dizer o mesmo que a afirmação "*p* é verdadeira" da condição (i) da formalização tradicional, posto que da verdade de ambos os membros de (i-e) se deixa derivar, pelo *modus ponens*, que *p* é uma proposição verdadeira. A diferença é que a formulação atual explicita claramente o que queremos dizer ao afirmar que *p* é verdadeiro "para nós": para o sujeito ajuizador *s* e para todos os que tiverem acesso às mesmas informações.

Explicitemos agora a terceira condição da definição, para evidenciar a sua relação com a primeira. A condição (iii), *aJCp*, está ligada à condição (i), não só por *p*, mas também por *J*, pois a evidência justificacional que *a* oferece para a sua crença em *p* deve ser um *elemento constituinte* do corpo de justificações que podemos admitir para a verdade de *p* (*RAJ*). Se, por exemplo, Carlos diz que os irmãos Wright fizeram voar o primeiro avião e justifica isso por alusão às fotos, aos testemunhos históricos, é porque isso pode ser por nós aceito como constituinte do conjunto de evidências que sujeitos ajuizadores podem admitir como sendo individualmente capazes de justificar suficientemente a verdade de *p*. É também isso o que queremos dizer quando requeremos que a justificação para a crença de *a* na verdade de *p* seja *adequada*. A terceira condição deve, pois, incorporar *RAJ*, o requisito de adequação justificacional, tornando-se relativa ao que se deixa abranger no domínio das condições capazes de tornar *p* verdadeira para *s* no momento em que este avalia as pretensões de conhecimento de *a*.

Simbolizando a relação considerada entre *J* e *J** como *J* ∈ *J** (*J* pertence à classe *J**), podemos dizer que a pessoa *a* está justificada em crer em *p* somente quando a sua justificação for aceita por *s* como um membro do corpo de justificações *J** para a verdade de *p*, sendo pois uma condição suficiente para a verdade de *p*. Formalmente, a terceira condição pode ser explicitada como envolvendo (iii-e) $s_{tj}S(aJCp\ \&\ (J \in J^*))$,

o que, para ser verdadeiro, exige não somente que *a* tenha uma justificação para a sua crença em *p*, mas que *s* admita *J* como sendo parte de *J**. Nessa formulação, o primeiro membro da definição é exatamente a condição (iii) da formalização usual, enquanto o segundo membro constitui-se da adição de *RAJ*: o requisito de adequação justificacional. Com isso, as condições constitutivas da definição tradicional podem ser formalizadas para fazer possível o estabelecimento de uma versão suficientemente explicitada do que o senso comum percebe como sendo intuitivamente correto na definição de conhecimento como crença verdadeira justificada e naquilo que ela pressupõe. Podemos chegar a essa definição através da seguinte equivalência:

Eq. E: $stjS(aSp) \equiv s_{tj}S(J^*\ \&\ (J^* \to p))\ \&$
$s_{tj}S(aCp)\ \&$
$s_{tj}S(aJCp\ \&\ (J \in J^*))$.

Nessa equivalência torna-se evidente a relação entre a primeira e a última condição da definição, que antes apareciam como se fossem independentes uma da outra: não só *p*, mas também *J*, precisam ser elementos comuns. Só não chamo a equivalência E de definição por causa da redundante repetição de $s_{tj}S$ nos dois lados do sinal de equivalência. Nós só chegamos a uma formulação adequadamente explicitada da definição tripartite quando tornamos $s_{tj}S$ outra vez implícito. Aqui está ela:

     (i)   (ii)   (iii)
Df. Ce: $aSp \equiv (J^*\ \&\ (J^* \to p))\ \&\ aCp\ \&\ (aJCp\ \&\ (J \in J^*))$.

Essa é o que penso ser uma explicitação simbólica suficientemente adequada da concepção intuitiva que todos nós fazemos do conhecimento proposicional como crença verdadeira justificada. Ela deixa claro o vínculo lógico entre as condições

(i) e (iii). E, muito embora $s_{tj}S$ seja eliminado na formulação final da definição, é essencial notar que não devemos perdê-lo de vista quando formos examinar os exemplos, pois veremos que isso nos impedirá de nos desviarmos do uso adequado da definição, que afinal o pressupõe.

Eis um breve exemplo para mostrar como a definição explicitada funciona. Suponhamos que, diante da questão "Como você sabe que a Terra é redonda?", uma criança (a) responda: "Por ter visto fotos da Terra tiradas do espaço" (J). O sujeito ajuizador s dirá que a criança (a) sabe p ("A Terra é redonda"), pois s considera que a justificação J para a pretensão de conhecimento de p pertence ao conjunto J^*, de maneira que $J^* \to p$.

No que se segue quero mostrar que a admissão da definição explicitada sob o pressuposto da equivalência E faz o problema de Gettier desaparecer sem deixar rastros.

8. Aplicando a definição tripartite explicitada

Antes de considerarmos a aplicação da definição explicitada a exemplos concretos, quero considerar um possível mal-entendido que ilustra o quanto a correta aplicação da definição depende de não perdermos de vista a equivalência E. Esse mal-entendido pode ser evidenciado quando consideramos a seguinte objeção à fórmula acima exposta: suponha-se que a justificação J apresentada por a nunca fora antes considerada por s; nesse caso, J não pertence a J^*, pois J^* consiste apenas no conjunto de justificações que *já foram* pensadas por s, devendo s concluir, independentemente de J ser uma justificação legítima ou não, que a não sabe. Por exemplo: suponhamos que uma pessoa altamente confiável me diga que existem vulcões ativos em Kamchatka, pois ela os viu em um filme; como eu mal sei onde se situa Kamchatka, sua justificação não pertence a nenhum corpo de justificações que eu tenha, o que me deveria fazer concluir erroneamente que ela não sabe.

Uma tal objeção resultaria de um evidente mal-entendido, que consiste em não se atentar para o fato de que o corpo de justificações *J** mantido por *s* é o que ele considera em *tj*, ou seja, *no momento em que ajuíza se* a *sabe*, sendo que nesse momento *s* necessariamente *já conhece* a justificação *J* e já a incorporou (ou não) a *J**. A necessária posterioridade da constituição de *J** em relação a *J* exclui de vez a possibilidade da objeção considerada. Assim, se a razoabilidade da justificação da pessoa para a existência de vulcões ativos em Kamchatka me faz incorporá-la a *J**, devo admitir que ela sabe.

Se considerarmos agora a aplicação da versão explicitada da definição tradicional aos exemplos do tipo Gettier torna-se evidente que eles na verdade não satisfazem a concepção de conhecimento como crença verdadeira justificada, posto que não satisfazem *RAJ*. Essa tentativa de aplicar a definição evidencia que esses contra-exemplos apenas parecem satisfazer a nossa concepção de conhecimento como crença verdadeira justificada. De fato, em *todos* os contra-exemplos do tipo Gettier, recusamo-nos, com *s*, a admitir a justificação que *a* fornece para crer em *p* como constituinte do corpo de razões *J**, que somos capazes de admitir como tornando *p* verdadeira ao avaliarmos se *a* sabe, daí concluindo que a definição de conhecimento não está sendo satisfeita. Para tornar isso claro, reconsiderarei alguns contra-exemplos do tipo Gettier.

No E3, posso imaginar que *s* é Sérgio, um amigo de Alfonso, que sabe que Alfonso justifica o seu conhecimento de *p* por meio de uma proposição falsa, digamos, porque ao fazê-lo ele lhe contou ter ligado o canal 11(*e*), no qual Sérgio sabe ter sido transmitida apenas uma reprise do jogo do ano passado (*r*). Como Sérgio está de posse desse conhecimento, isso falseia (*e*), tornando essa evidência inadequada para justificar *p* aos olhos de Sérgio, pois ele não pode admiti-la como pertencente a *J**. Pode ser que Sérgio mesmo diga isso a Alfonso para mostrar-lhe que ele na verdade não sabia; de posse dessas informações Alfonso tenderá a concordar com Sérgio, posto que mesmo ele pertence à classe dos sujeitos ajuizadores potenciais.

Note-se que aquele que ajuíza se *a* sabe *p* é alguém que está ciente da justificação dada por *a* para a sua pretensão de conhecimento, à qual se adicionam geralmente outras informações. Mas pode ser que não haja nenhuma informação a ser adicionada à justificação apresentada por *a*, ou seja, que *J* seja idêntico ao que o sujeito ajuizador sabe das justificações possíveis, ou mesmo que as justificações dadas por *a* incluam tudo o que pode ser contado como pertencendo a *J**. O primeiro caso é freqüente quando o próprio *a* quer certificar-se, para si mesmo, que está sabendo *p*, recordando-se da justificação; o segundo caso poderia ser o de alguém querendo testar a competência de *a*, como especialista no assunto que inclui *p*.

Consideremos agora E1. Nele *s*, ajuizando que *a* não sabia, é a própria pessoa *a*, em um momento posterior. Lia vê que o seu relógio de pulso mostra 11 horas (*e*); disso ela conclui que são 11 horas (*p*). Que isso é verdade, ela própria confirma a seguir, digamos, ao ver que o relógio da praça marca 11 horas (*r*). Mas então ela mesma constata, com surpresa, que o seu relógio está parado (*s*). Nesse caso, a verdade de *p* é inicialmente justificada por *e* e por *r*. Lia, como um sujeito ajuizador que se autocorrige, crê inicialmente que *e* forma base para uma justificação pertencente a *J**; mas a adição da informação *s*, formando a conjunção "*s* & *e*", exclui a justificação com base em *e* do corpo de justificações aceitáveis para a verdade de *p*: *J* não pertence a *J**.

Passemos agora ao E5: Mário tem a evidência *e* para *p*, para a proposição de que a sua esposa está no trabalho. Aqui *J* não deveria pertencer ao corpo de justificações *J** que eu, como sujeito ajuizador, aceito, se estivesse de posse apenas do conhecimento de *r*, a proposição segundo a qual a esposa de Mário marcou uma consulta para este horário. Mas, como eu também estou de posse da informação *t* afirmando o adiamento dessa consulta, isso neutraliza a suposta refutação da justificação por *r*, de modo que passo a admitir *J* como pertencente a *J** e, por conseguinte, que Mário sabe que *p*, na medida em que não estou de posse de nenhuma outra informação que refute *e*, e que suponho que ela não exista.

Suponhamos agora uma situação algo diversa: Mário me diz que a sua esposa se encontra no trabalho, justificando isso com a informação de que acabou de falar com ela pelo telefone. Nesse caso, mesmo que eu, como sujeito ajuizador, não tenha nenhuma informação sobre o assunto, é provável que aceite que Mário sabe p, por não ter razões para duvidar do que Mário diz, admitindo a justificação dada como suficiente para tornar p uma proposição verdadeira. Nesse caso $J = J^*$, sendo que o acesso cognitivo que s tem a J^* é proporcionado pela própria informação dada por a. (O exemplo não é propriamente o de uma avaliação de pretensões de conhecimento, pois não julgo se Mário sabe, mas admito isso por confiar no que ele diz.)

Consideremos agora um novo exemplo, que poderia ser elaborado no intuito de contradizer a definição revisada[25].

E7 (semelhante a E4): Carlos tem um funcionário, Alfonso, que sempre se mostrou uma pessoa confiável e lhe dá boas evidências de possuir um BMW (r). Com base nisso Carlos conclui p: "Alguém em meu escritório possui um BMW." Embora isso seja verdade, Carlos realmente não sabe disso, pois Alfonso está apenas querendo impressioná-lo, seu BMW é emprestado etc. Não obstante, p é verdadeira, pois o Sr. Campos, que também é funcionário do escritório de Carlos, realmente possui um BMW. Isso qualifica esse exemplo como sendo do tipo Gettier. Se Carlos justificasse p com base em r, isso não seria tão problemático para a nossa forma de análise, posto que, sabendo ser a enunciação de r falsa, podemos então aceitar r como evidência justificacional. Porém, Carlos justifica p dizendo e: "Há alguém em meu escritório que me deu evidência suficiente de que possui um BMW." Se admitimos essa justificação como suficiente para a verdade de p, então devemos admitir que Carlos sabe p, e nossa versão da definição tradicional é falseada por um contra-exemplo.

Para encontrarmos a resposta, basta considerarmos com mais atenção as circunstâncias reais da avaliação da pretensão de conhecimento. Se s crê no que Carlos diz, então é porque ele

---

25. Essa é uma exposição modificada da versão de R. Feldman em "An Alleged Defect in Gettier Counter-Examples", *Australasian Journal of Philosophy*, 57, 1974, pp. 68-9.

aceita a sua justificação, admitindo que Carlos sabe. No exemplo, porém, *s* sabe que Carlos não sabe. Mas como? Ora, por várias razões possíveis, as quais tornam sempre a justificação dada por Carlos, aos olhos de *s*, como não fazendo parte das razões que para ele tornam *p* uma proposição verdadeira! Suponhamos: *s* é Sérgio, um funcionário antigo no escritório que sabe tudo sobre os seus colegas. Ele sabe que o Sr. Campos possui um BMW e também sabe que Alfonso anda com um BMW de sua irmã como se pertencesse a ele. Como ele desconfia do equívoco, não fica satisfeito com a justificação dada por Carlos, que considera incompleta. Ele pede a Carlos para dizer-lhe, afinal, quem lhe deu as evidências de possuir um BMW, recebendo como resposta o nome de Alfonso. Como a resposta de Carlos não torna *p* verdadeiro para *s*, não se incluindo em *J**, ele conclui, tal como a definição revisada prevê, que Carlos não sabe.

Há muitos outros contra-exemplos do tipo Gettier, mas seria tedioso examiná-los um a um, mostrando que a forma explicitada da definição tripartite de conhecimento é capaz de responder a todos eles, sem exceção. Esses exercícios de aplicação da definição nos preparam para responder ao que tem sido considerada a grande objeção contra a idéia de que a justificação deve implicar a verdade da proposição: que a noção de implicação é *forte demais*, dando resultados contra-intuitivos. O seguinte exemplo de W. E. Hoffmann[26] parece demonstrar esse ponto. Ele considera dois casos. No primeiro, João encontra-se sentado à saída de um hotel e pergunta-se se o chão em um certo local irá suportar o peso de sua pessoa. Como ele não tem nada a fazer, observa pessoas mais pesadas entrarem e saírem do hotel com suas malas por várias horas; vai então até o local, examina-o cuidadosamente e, tendo concluído que o local obviamente suporta o seu peso, confiante anda sobre ele. Na segunda situação Jaime, em um outro hotel, faz exatamente a mesma coisa sob as mesmas condições, só que quando ele

---

26. W. E. Hoffmann: "Almeder on Truth and Evidence", *The Philosophical Quarterly* 25, 1975, pp. 59-61.

resolve caminhar sobre o local o chão desaba sob os seus pés. Hoffmann quer mostrar com isso que nos dois casos é dada uma mesma evidência justificatória indutiva para a conclusão de que o chão irá suportar uma pessoa, sendo essa evidência perfeitamente razoável e adequada para o conhecimento; mas, enquanto no primeiro caso a conclusão é verdadeira, no segundo ela é falsa, donde é contra-intuitivo pensarmos que a justificação deve implicar a verdade da proposição (pois "$(e \rightarrow p) \equiv \neg (e \;\&\; \neg p)$").

Essa espécie de objeção ignora a complexidade revelada pela forma explicitada da definição tripartite. Ela perde a força quando nos recordamos que em nossa definição a justificação deve implicar a verdade de *p* sempre na dependência de um *contexto*, isto é, para um sujeito *s* (que pode ser a própria pessoa que pretende conhecer) em um determinado tempo *tj*, o tempo de sua avaliação da pretensão de conhecimento de *a*. Supondo que a avaliação da pretensão de conhecimento se dê depois dos acontecimentos, no caso em que *a* é João, *s* dirá que ele sabe, pois como o chão não desabou ele concluirá que sua justificação implica a verdade de *p*; já no caso em que *a* é Jaime, *s* dirá que ele não sabia, pois em *tj* está a par do fato de que o chão desabou e de que a justificação indutiva dada revelou-se incapaz de implicar a verdade de *p*. Mas *s* teria toda a razão para concluir com Jaime que ele sabia que o chão o suportaria e que a justificação indutiva implica a verdade de *p*, se *tj*, o tempo de sua avaliação da pretensão de conhecimento de Jaime, fosse um pouco antes de o chão ter desabado sob os pés de Jaime. A implicação da verdade de *p* por uma justificação *varia*, pois, de acordo com o contexto de nossas avaliações de conhecimento. É só quando não nos apercebemos dessa relatividade contextual que somos levados à perplexidade e tentados a assimilar a força da justificação no caso de João à sua força no caso de Jaime, uma força que, além disso, nesse último caso demonstrou ter variado com o tempo.

Um último ponto a ser considerado é que, em todos os exemplos analisados, *aquele que ajuíza não precisa conhecer todas as verdades*. Ele estabelece quais as razões que podem pertencer ao corpo de justificações com base nas informações que *atualmente* possui, ainda que essas informações – e conseqüentemente o corpo de justificações suposto – sejam em geral passíveis de alteração e ampliação. A avaliação do conhecimento de *a* é, como notamos no início, atualista e perspectivista – ela é relativa à informação atual daquele que atualmente ajuíza o conhecimento. Assim, uma vantagem da definição explicitada em termos de atribuições de conhecimento é que ela resolve o problema que havíamos deixado sem solução ao final da discussão das definições alternativas de conhecimento: ela não exige a consideração do conjunto total de verdades. A existência de um conjunto J^* não-vazio, ou seja, capaz de implicar p ou $\sim p$, é reconhecida por quem ajuíza se *a* sabe que p, com base no conjunto de informações e evidências de que ele *atualmente* dispõe, cujo assentimento da parte de outros sujeitos ajuizadores potenciais é por ele presumido; e J é admitido sem discussão como constituindo justificação adequada somente no caso em que aquele que ajuíza for capaz de admiti-lo como pertencendo a um J^* que implica a verdade de p. Essa maneira de ver faz jus ao *atualismo* de nosso conceito de conhecimento, pois não exige que conheçamos mais do que uma pequena parcela do conjunto total de verdades. Algo bem diverso ocorreria se a verdade a ser exigida fosse *absoluta*: nesse caso, ao menos para o conhecimento empírico, não parece que teríamos outra opção para estabelecer se J pertence a J^* tal que J^* implique p, que não fosse a de levar em consideração uma totalidade ilimitada de verdades.

Qual é, em tal contexto, o lugar de soluções que introduzem uma quarta condição, como a de que a justificação não pode em sua fundamentação pressupor uma proposição falsa para ela relevante, ou a de que uma justificação não pode ser refutada por uma verdade que, no balanceamento da totalidade das verdades, permanece irrefutada? Ora, elas podem ser admitidas como *subcondições* da condição de justificação adequada, necessárias para que uma justificação J possa pertencer a J^*. Assim, a condição de que uma proposição evidencial adequada não possa ser falsamente fundamentada pode ser introduzida como uma subcondição para que *J* possa pertencer a *J** na equivalência E. E a condição de não-refutação da evidência justificatória também pode ser incorporada à equivalência E como uma subcondição para que *J* possa pertencer a *J**, perdendo nisso aquilo que tornava essa condição metafísica e irrazoável: o apelo à totalidade das verdades. Tudo o que se passa a exigir nesse domínio é que uma justificação adequada seja tal que a sua evidência não seja refutada à luz da totalidade das evidências disponíveis ao sujeito ajuizador *atual*, de maneira que possa pertencer a *J** tal que *J** implique a verdade de *p*.

Não obstante, a elucidação dessas subcondições parece servir menos como uma contribuição para uma definição geral de conhecimento proposicional, do que como uma contribuição para uma teoria da justificação epistêmica; pois exigir que a definição de conhecimento proposicional contenha uma teoria da justificação epistêmica relativa à condição (iii) seria tão pouco razoável quanto exigir que tal definição contivesse uma teoria da crença para a condição (ii) ou uma teoria da verdade para a condição (i). Essa exigência deriva de uma confusão entre diferentes planos de análise, possibilitada, aliás, pela ausência de uma adequada análise das relações internas entre as condições (i) e (iii).

A solução dialógica para o problema de Gettier é a meu ver convincente, resolvendo-o de uma vez para sempre. Ela talvez pareça insatisfatória para quem esperava mais de uma definição de conhecimento proposicional. De fato, o seu rendimento é limitado: a concepção tradicional de conhecimento proposicional não só é vaga, mas não nos oferece nenhuma análise mais detalhada das condições que uma justificação pode precisar satisfazer para poder ser aceita como pertencente ao corpo de justificações *J**, especialmente em âmbitos mais particulares. Contudo, pedir isso é ir além de uma definição geral de conhecimento proposicional e passar ao domínio de teorias da justificação epistêmica, sendo realmente para esta última que muita discussão equivocada em torno do problema de Gettier tem contribuído.

6. O problema da realidade objetiva: como ser um fenomenalista sem trair o senso comum

O problema da realidade objetiva, também chamado de problema do mundo externo ou, mais vulgarmente, de problema da percepção, está no cerne da epistemologia da percepção. Ele nasce da seguinte dificuldade. Todo o conhecimento que temos do mundo físico é adquirido através dos sentidos. Ora, o que os sentidos nos apresentam não pode ser mais do que as nossas próprias sensações, as quais não passam de conteúdos de consciência cuja natureza é mental, interna. Mas, se é assim, como é possível que sejamos capazes de adquirir conhecimento de um mundo físico externo? Como é que a mente, só podendo ter acesso a conteúdos mentais, pode conhecer um mundo que lhe é essencialmente heterogêneo?

Esse foi o problema central da filosofia moderna, de Descartes a Kant. E, apesar de haver uma legião de teorias conflitantes que buscam respondê-lo, não parece que estejamos hoje menos distantes de uma solução de consenso do que sempre estivemos.

1. Classificação dos grupos de teorias

A questão de como podemos conhecer um mundo exterior pode ser respondida no âmbito de duas concepções gerais do mundo: a realista e a idealista.

Para o *realismo*, tanto a existência quanto a natureza do mundo exterior são concebidas como independentes das mentes que o apreendem. Já segundo a concepção *idealista*, o mundo dito "externo" é dependente do mental, ou tem a mesma natureza. A posição do realista está em pleno acordo com o nosso senso comum, sendo por isso facilmente aceitável; ela é, porém, muito difícil de ser desenvolvida de modo adequado, pois parece cavar um abismo intransponível entre a mente e o mundo externo. Já a posição idealista pode ser mais fácil de ser desenvolvida, na medida em que cancela as dificuldades: para ela, conhecermos o mundo externo é em certo sentido uma maneira de conhecermos a nós mesmos, o que não pressupõe nenhum abismo a ser transposto. Em compensação, a solução idealista é antiintuitiva e dificilmente aceitável.

As múltiplas teorias que tentam explicar o conhecimento perceptual costumam ser agrupadas em três famílias, geralmente chamadas de *realismo direto*, *representacionalismo* (ou *realismo indireto*) e *fenomenalismo*. As primeiras duas famílias são constituídas de teorias realistas; a terceira é historicamente associada a teorias comprometidas com o idealismo, embora não o seja necessariamente.

O realismo direto é a concepção mais próxima do senso comum. Segundo essa concepção, temos acesso ao mundo externo *diretamente*, isto é, sem intermediários. Podemos resumir a idéia de que temos acesso direto aos objetos físicos, com suas características constitutivas, através do seguinte diagrama:

Sujeito percipiente ⟵⎯⎯⎯⎯⟵ Objetos físicos ou suas características

O filósofo grego Aristóteles é apontado como um primeiro defensor do realismo direto, por ter escrito em seu livro *De Anima* que na percepção a mente toma a *forma* do objeto percebido, mas sem a sua *matéria*; o que a mente apreende, escreveu ele, é comparável a um anel de sinete feito de cera, que copia exatamente a forma do anel real, mas sem possuir ferro nem ouro[1].

---

1. Livro II, sec. 12. Aristóteles também sugeriu que as propriedades perceptuais, como cor, odor, textura, forma etc., são diretamente percebidas, ao contrário dos objetos físicos, que possuem tais propriedades e que só podem ser percebidos incidentalmente, através da percepção dessas propriedades.

Hoje em dia a maioria dos epistemólogos dá preferência a alguma forma de realismo direto.

O segundo grupo de teorias a ser considerado constitui o representacionalismo, também chamado de realismo representativo ou indireto. Segundo o realista indireto, nós nunca percebemos os objetos diretamente. Todo ato perceptual é indireto, feito pela intermediação de impressões sensíveis ou sensações. Tais sensações constituem o assim chamado "véu da sensação", a interpor-se inevitavelmente entre nós e o mundo. Eis como podemos representar graficamente o ponto de vista defendido pelo representacionalista:

Sujeito percipiente ←—< sensações ←—< Características
                                (impressões,   dos objetos
                                representa-   físicos
                                ções, idéias,
                                fenômenos,
                                sense-data,
                                qualia etc.)

Essa concepção ganhou importância na filosofia moderna pela influência de René Descartes. Esse filósofo adotou o representacionalismo admitindo a possibilidade de que continuemos a existir, mesmo que todas as nossas idéias – as nossas representações – de coisas existentes em um mundo exterior a nós sejam ilusórias, não correspondendo a nada no mundo real[2]. Influenciado por Descartes, John Locke desenvolveu mais tarde uma teoria do conhecimento que é historicamente apontada como envolvendo uma apresentação paradigmática do realismo representativo[3].

Uma razão pela qual o realismo representativo tomou o lugar do realismo direto na epistemologia moderna foi, certamente, o desenvolvimento de ciências como a física e a fisiologia,

---

2. R. Descartes: *Meditações metafísicas*, Ed. Martins Fontes, São Paulo, 2000.
3. Esse não chega a ser um ponto de consenso entre os intérpretes, mas aceitá-lo-ei por razões de argumento (ver E. J. Lowe: *Locke on Human Understanding*, London, 1995, cap. 3).

que tornaram claro que a nossa percepção ocorre sempre por intermédio de impressões sensíveis de caráter inevitavelmente interno, que aparecem como elo resultante de uma complexa cadeia causal.

Há, finalmente, um terceiro grupo de teorias, que reduz o mundo físico a sensações. Para o *fenomenalista* os objetos físicos nada mais são do que feixes de impressões sensíveis, atuais ou possíveis. Também a proposta fenomenalista pode ser graficamente representada:

Sujeito percipiente ←————→ sensações atuais
e/ou possíveis...
(impressões,
idéias, fenômenos,
*sense-data, qualia,
sensa, sensibilia* etc.)

Para o fenomenalismo o objeto físico independente da mente costuma ser eliminado. A razão para isso foi apresentada por George Berkeley em seu argumento clássico a favor do fenomenalismo[4]: se temos acesso apenas a idéias (fenômenos, representações...), cuja natureza é mental, não temos nenhum meio de inferir que essas idéias representem algo fora delas mesmas, a saber, objetos cuja natureza não é mental. Se considerarmos aquilo que percebemos e formos retirando as impressões sensíveis, uma após a outra, pensou Berkeley, no final nada mais restará; como conseqüência, a existência das coisas não pode depender de nada mais, além das impressões sensíveis que as constituem. Ser, concluiu Berkeley, é ser percebido (*esse est percipi*). Essa convicção não lhe impediu de distinguir entre coisas que têm existência exterior às nossas mentes e os meros produtos de nossa imaginação, pois para ele as primeiras se distinguem das segundas por serem impressões sensíveis (idéias) mais claras e vivazes e por não depen-

---

4. G. Berkeley: *A Treatise Concerning the Principles of Human Knowledge*, em *Philosophical Works* (Ed. M. Ayers), London, 1975 (1709), par. 20.

derem de nossa vontade. O fenomenalismo de Berkeley é, pois, uma forma de idealismo, por ele mesmo chamada de imaterialismo: o que existe são as mentes e suas idéias – a matéria não existe.

Como a percepção é fragmentária e o mundo físico é permanente, o fenomenalismo de Berkeley encontrou-se desde o início aberto a uma objeção muito óbvia. Como é possível que as coisas continuem existindo, mesmo quando não estamos presentes para percebê-las? A resposta oficial de Berkeley é a de que as coisas permanecem existindo pelo fato de continuarem sendo percebidas por Deus, que é o fundamento último de suas existências. Uma outra resposta, que por vezes emerge de seus escritos, consiste em sugerir que as coisas permanecem existindo, mesmo em nossa ausência, no sentido de que sabemos *poder* percebê-las. "Existência é *percipi* ou *percipere* (ou *velle i.e., agere*). O cavalo está na estrebaria, os livros estão no estúdio, como *antes*", anotou Berkeley em um de seus cadernos[5]. Nesses casos, o existir não é só a percepção presente como também a percepção possível. Foi essa última espécie de fenomenalismo que John Stuart Mill mais tarde tentou resgatar, e que sobreviveu sob formas melhores e piores (principalmente piores) até os dias de hoje.

Tendo introduzido os diferentes grupos de teorias, passo agora ao exame de algumas teorias particulares mais importantes, tentando avaliá-las comparativamente, em busca daquilo que se afigure mais resistente ao exame crítico.

2. O realismo direto ingênuo e o argumento da ilusão

Para o realista direto, conhecemos através dos sentidos as coisas tal como elas são; os sentidos nos permitem perceber diretamente os objetos físicos a partir das características que os constituem.

O realismo direto admite variações de grau. Em sua forma mais extremada ele defende que *qualquer coisa que seja per-*

---

5. G. Berkeley: *Philosophical Commentaries*, par. 429.

cebida pertence realmente ao mundo externo. Formas mais suaves e mais verossímeis de realismo direto afirmam que apenas *parte* das características percebidas é real. Reservarei a expressão "realismo direto ingênuo" para as formas mais extremadas de realismo direto, segundo as quais tudo ou quase tudo o que percebemos é real.

O realismo direto ingênuo é facilmente refutado pelo assim chamado *argumento da ilusão*. Esse argumento (em cuja denominação a palavra "ilusão" recebe um sentido ampliado) pode aparecer sob duas formas, que podemos chamar de *fenomenológica* e *causal*. Considerarei no momento a forma fenomenológica. Nela, o argumento da ilusão começa com a apresentação de exemplos de percepções de coisas diversamente do que elas são na realidade, como nos casos de distorções perceptuais (ilusões, delusões), ou mesmo na percepção sem objeto (pós-imagens, alucinações).

Os erros perceptuais abrangidos pelo argumento da ilusão são muitos, e podem ter sua fonte no objeto, no sujeito ou nos variados elos intermediários entre ambos. Um exemplo no qual a fonte de distorção perceptual está nas circunstâncias do objeto é o caso dos trilhos da estrada de ferro que, afastando-se do observador, parecem convergir, embora sejam realmente paralelos. Geralmente a fonte da ilusão está em elementos intermediários, como no caso de um objeto branco que iluminado por uma luz vermelha parece vermelho, ou no caso de alguém que usa óculos verdes, que fazem com que uma parede branca pareça esverdeada. Há casos mais dependentes do sujeito, em que a fonte da ilusão está no ajuste do órgão receptor, como no caso em que alguém olha com ambos os olhos para a ponta do próprio nariz, parecendo ver então dois narizes, ou quando alguém fecha um olho e aperta a córnea do outro olho, fazendo com que o que é visto pareça mudar de posição. A fonte da ilusão pode estar ainda no interior do órgão receptor, na retina, no caso de pós-imagens ou no caso de alguém que, sofrendo de hepatite, vê as coisas amarelas. Além disso, as percepções envolvidas não precisam ser visuais: é comum pessoas que sofreram amputação sentirem dor no membro que não mais existe;

ao lavar a mão enregelada em água corrente a pessoa sente a água como se ela estivesse quente; e alguém que come um chocolate e depois chupa uma laranja tem a impressão de que ela não é doce. Finalmente, há o caso de fonte mais propriamente subjetiva, que é o das alucinações. Nos casos de alucinose alcoólica, por exemplo, o paciente costuma ser acometido de visões muito reais de animais, sem que haja nenhum objeto real para corresponder a essas visões.

Uma primeira conclusão que tais exemplos nos fazem tirar é a seguinte. No caso de ilusões e distorções sensoperceptivas, não é possível que um objeto tenha as características *incompatíveis* X e Y. Se nós podemos perceber ambas, então ao menos uma delas não é própria do objeto, não existindo realmente. Assim, no caso do objeto branco iluminado por uma luz vermelha, não pode ser que ele seja branco e vermelho, e, no caso das alucinações, não é possível que um objeto esteja e não esteja presente ao mesmo tempo. A conclusão óbvia é que *nem tudo* aquilo que percebemos são características reais dos objetos; nem todos os objetos experienciados precisam ser reais, nem os modos como experienciamos objetos precisam refletir sempre o modo como eles realmente são. Muito do que percebemos deve-se a outros fatores, que vão desde as circunstâncias do objeto às condições de nossos órgãos sensoriais e de nosso sistema nervoso. O argumento torna com isso absurda a posição do realismo direto extremado, a exigir que todas as propriedades percebidas sejam propriedades reais, merecendo este de fato o título de ingênuo.

O argumento da ilusão pode ser tornado mais efetivo se atentarmos para o fato de que no caso das percepções visuais são mais comuns as que *não são verídicas*, isto é, percepções que consideramos como não sendo de como as coisas realmente são. Considerem-se os diversos tamanhos que as coisas aparentam ter de acordo com a distância que se encontram de nós; considerem-se, ainda, as diferentes formas adotadas por uma moeda circular: raramente ela não é vista como se fosse elíptica.

Com considerações como essas em mente, Bertrand Russell sugeriu que o argumento da ilusão refuta, não só o realismo direto ingênuo, mas o realismo direto em geral: se algumas percepções nos parecem verídicas e outras não, e se todas têm o mesmo direito, ele observa, "por que não sermos imparciais e deixarmos de privilegiar algumas delas como sendo verídicas?"[6]. Que a força desse argumento é meramente retórica torna-se claro quando percebemos que não é nada evidente que todas as percepções têm o mesmo direito. Ao contrário, nós sistematicamente privilegiamos umas percepções sobre outras de um modo que nos parece perfeitamente razoável e natural; e se fazemos isso é porque deve haver *razões* para procedermos assim; e se há razões para procedermos assim, então seremos imparciais precisamente quando privilegiarmos umas percepções sobre outras.

O defensor do argumento da ilusão pode ainda, contra o realismo direto em geral, valer-se do seguinte raciocínio: as percepções deceptivas ou ilusórias não diferem *qualitativamente* – intrinsecamente – das percepções verídicas; ora, disso se infere que não há razão para considerar a percepção verídica mais confiável, como pretende o realista direto. A isso o defensor do realismo direto poderá responder que não é o caráter qualitativo da percepção que a torna verídica ou enganosa, mas algo que lhe é extrínseco, a saber, a sua relação com todo um *contexto* que envolve também outras percepções[7]. Assim, se em um circo vejo uma mulher sem cabeça, eu sei, pela relação dessa percepção com todo o contexto formado por outros conjuntos de percepções e crenças, que não se pode tratar de uma percepção verídica, ainda que a percepção seja qualitativamente indistinguível da de uma mulher realmente sem cabeça.

Parece que podemos concluir que a forma fenomenológica do argumento da ilusão tem o poder de destruir a forma

---

6. B. Russell: *The Problems of Philosophy*, Oxford, 1980 (1912), p. 3.

7. John Searle diz isso de forma mais refinada recorrendo aos seus conceitos de rede e pano de fundo: "minha experiência singular só tem um sentido típico para mim porque é parte da rede (*network*) das outras experiências, e funciona sobre o pano de fundo (*background*) das capacidades de representação do mundo" (J. R. Searle: *Mind, Language and Society: Philosophy in the Real World*, New York, 1998, pp. 31-2).

ingênua e radical de realismo direto, mas que isso não autoriza estendermos essa mesma conclusão para as suas formas mais moderadas.

3. Realismo direto científico

Uma outra forma de realismo direto é o realismo direto científico, como o sugerido por D. M. Armstrong[8]. Nele a experiência perceptual verídica – em contraste com a enganosa – é aquela que é *causada de modo apropriado*. E o critério para decidirmos a causação apropriada é que as propriedades físicas dos objetos sejam as mesmas propriedades que afetam os nossos órgãos sensíveis. Um exemplo é o da cor. Se as ondas refletidas pela superfície de uma caneta vermelha são do mesmo comprimento daquelas que afetam minha retina, então o que vejo é o vermelho real. Se, no entanto, uso óculos com um filtro azul, que faz chegar à minha retina a cor violeta, o que chega à minha retina são ondas de luz cujo comprimento não corresponde ao comprimento das ondas refletidas pelo objeto. Isso explica por que a cor que vejo não é a cor real do objeto. O mesmo também pode ocorrer com o som. Se um carro passa por mim a alta velocidade, devido ao efeito Doppler o som é mais agudo enquanto ele se aproxima e torna-se mais grave quando se afasta. O que chega aos meus ouvidos não é, em ambos os casos, o som próprio do carro. Mas se eu estivesse, por exemplo, viajando ao lado do carro em movimento, ouviria o som real, uma vez que a causação seria apropriada.

O realismo direto científico limita o que pode ser considerado diretamente percebido e fornece um critério para a percepção direta ou verídica. Mas há nele o que me parece uma dificuldade incontornável: o critério científico simplesmente não é o que normalmente usamos para distinguir percepção verídica de ilusão. Certamente, falamos do mundo externo e de percepções reais e ilusórias muito antes de termos aprendido

---

8. D. M. Armstrong: *A Materialist Theory of Mind*, London, 1968, pp. 283 ss.

qualquer noção de física. E, se nada soubéssemos dessa ciência, isso em nada afetaria as nossas distinções entre percepção verídica e enganosa. Parece indiscutível que os critérios cotidianos para a identificação de entidades diretamente percebidas como pertencentes ao mundo físico real são provenientes do sistema conceitual subjacente à nossa linguagem ordinária, das convenções constitutivas de nosso saber comum acerca do mundo. Na verdade, é o fato de certos fenômenos físicos corresponderem à aplicação dos critérios do senso comum que os justifica como sintomas da percepção verídica. O que o recurso aos fenômenos físico-causais geralmente fornece é uma *explicação*, na linguagem da física, da aplicação de nossas convenções ordinárias para o que chamamos de percepção verídica. (O que não impede, porém, que a descoberta de mecanismos causais de ordem física eventualmente conduza a alterações no próprio sistema de convenções estabelecedor do que admitimos como sendo real.)

4. Realismo direto natural

As últimas considerações nos sugerem a exploração de formas mais moderadas de realismo direto. Usarei a expressão realismo direto *natural* ou realismo de *senso comum* para designar uma forma de realismo direto que selecione o que é veridicamente percebido com base nas intuições oferecidas pelo nosso senso comum, pela espécie de conhecimento que ele envolve, a qual também se revela na estrutura conceitual de nossa linguagem natural. Esse não é o caso das formas extremadas ou ingênuas de realismo direto, pois essas evidentemente contradizem o senso comum. Certamente não dizemos que a mesa redonda, que vemos como sendo oval, é realmente oval, ou que ela é ambas as coisas, redonda e oval; nós diremos antes que vemos uma mesa redonda como se fosse oval. E eu não digo, ao olhar para o meu próprio nariz, que vejo dois narizes reais, mas antes que vejo o meu nariz real duplicado.

Essas considerações nos levam a inquirir sobre as razões que o senso comum oferece para dizermos que algo é realmente o que parece. Qual a razão pela qual posso dizer, por exemplo, que uma mesa é realmente marrom? A. J. Ayer sugeriu o que me parece a resposta certa: "Designamos como sendo a cor real de um objeto físico aquela cor que ele aparenta ou que aparentaria ter a um observador normal sob as condições que consideramos padrão."[9] Assim, em resposta à objeção de Russell de que não há razões para privilegiarmos uma aparência sobre outra, Ayer considera que aquilo que queremos dizer ao afirmarmos que uma mesa é marrom é simplesmente que ela parece marrom sob tais e tais condições favoráveis, e que *se ela parece marrom sob tais e tais condições é porque ela é realmente marrom*[10].

Quero fazer alguns acréscimos à sugestão de Ayer, visando melhor elucidar a posição do realismo direto natural. O ponto fundamental é que a razão para afirmarmos que algo é real é, aqui, uma certa experiência feita sob a presença de *condições perceptuais adequadas*, sendo estas últimas estabelecidas de maneira implicitamente consensual pelos esquemas conceituais de nossa linguagem e entendimento comuns. O que consideramos naturalmente como situação padrão ou adequada para a percepção verídica é algo de natureza múltipla e variável, incluindo coisas que são evidentes como, no caso da mesa marrom, iluminação adequada, distância adequada do sujeito percipiente, normalidade no funcionamento de seu sistema nervoso e órgãos sensoriais, além da ausência de um número indeterminado de possíveis *fatores de inadequação*, como o uso de lentes coloridas etc. Quando alguma dessas condições de adequação perceptual se salienta como particularmente importante, podemos falar dela como um *critério* para que certa percepção seja verídica, para a percepção da coisa tal como ela é. Esse é o caso, por exemplo, do critério pelo qual dizemos que uma moeda é redonda: dependendo da perspectiva pela qual a vemos, nós a vemos sob diferentes formas, geralmente elípti-

---

9. A. J. Ayer: *As questões centrais da filosofia* (*The Central Questions of Philosophy*, trad. bras. Ed. Zahar), Rio de Janeiro, 1975, p. 99.

10. A. J. Ayer: *ibid*, p. 102.

cas; mas há uma perspectiva pela qual nós a vemos como sendo redonda, que é quando a observamos de um ângulo perpendicular à sua superfície de maior extensão. É a observação sob essa perspectiva que nos permite identificar o que decidimos chamar – com base em uma convenção implícita da linguagem – da forma que a moeda *realmente* tem. Em muitos casos, o critério pelo qual identificamos o que chamamos de a forma própria do objeto é a forma que ele ganha quando visto de uma perspectiva da qual adquire uma extensão maior. Esse é o caso de moedas, pratos e mesas em geral. Mas o critério para a forma *real* é coisa variável e convencional, estabelecida por razões pragmáticas. O critério para determinarmos a forma de uma montanha, por exemplo, é a forma mais típica pela qual ela é vista a uma distância considerável, geralmente à altura de sua base. E a forma que dizemos ter uma pedra é geralmente baseada em sua semelhança com sólidos geométricos mais comuns. Os casos de percepção táctil são mais fundamentais e menos problemáticos. Quando tenho percepção verídica de que algo é doce, está quente, é sólido? Ora, quando sob condições adequadas – ou seja, onde faltam fatores de inadequação – respectivamente sinto algo como sendo doce, sinto calor, percebo resistência à pressão. Para que a percepção táctil seja verídica parece bastar que as condições de percepção não sejam inadequadas.

O que esses exemplos sugerem é que aquilo que dispomos para organizar e distinguir sob bases comuns quando experienciamos as coisas diretamente como elas *realmente* são é:

(i) a presença de *condições de adequação* envolvendo *critérios de adequação*;
(ii) a ausência de um número indeterminado de possíveis *fatores de inadequação*, que são elementos capazes de tornar a percepção inferencial e indireta.

Essa presença e essa ausência estabelecem o que fazemos valer como *situações adequadas*, aquelas nas quais a percepção é direta e verídica, ou seja, das coisas como elas realmente são. Por exemplo: se, como fator de inadequação, eu estiver usando óculos azuis, verei uma parede branca como se ela fosse azul e, com base em uma comparação que faço com as outras coisas que estou vendo, infiro que ela é branca; se eu tirar os óculos (removendo o fator de inadequação), vejo-a, pressupondo uma situação adequada, da cor que ela realmente é. É verdade que os fatores de inadequação são em número indeterminado, não podendo ser antecipados. Mas não precisamos conhecê-los por antecipação: tudo o que precisamos é *sermos capazes de reconhecê-los quando eles aparecem*. Essa é, eu proponho, a maneira genérica pela qual o sistema conceitual constitutivo de nossa maneira de categorizar a experiência nos possibilita distinguir entre percepção direta do que é real e percepção indireta e inferencial com base em aparências.

Ao que parece, o realismo direto natural sobrevive bem às objeções provenientes da forma clássica do argumento da ilusão. Mas o mesmo não parece suceder quando é aplicado a ele o que poderíamos chamar de forma causal ou científica do argumento da ilusão. Essa forma do argumento tomou força com o desenvolvimento da física e da biologia, tendo sido em grande medida devido a ela que o realismo indireto tem tido seu apelo renovado. Segundo tal argumento, toda experiência perceptual depende de uma complexa cadeia causal, que deve transpor o espaço físico existente entre o objeto e os receptores sensoriais, seguindo pelos feixes nervosos periféricos até chegar ao nosso sistema nervoso central. Só a esse último estágio do processo causal é que chegamos a ter acesso direto. Com base nessa consideração nasceu a sugestão de Russell, de que tudo o que conhecemos são acontecimentos em nosso próprio cérebro, causados, supõe-se, por objetos externos, mas não mais idênticos a eles do que, digamos, o trovão é idêntico ao raio. Com efeito, um cirurgião pode, estimulando diretamente certas áreas de nossos cérebros, produzir sensações idênticas às que temos ao perceber coisas reais. Com isso parece ficar claro que a percepção é sempre indireta e nunca das coisas como elas realmente são.

Há razões para considerar esse argumento falacioso. Mas, antes de considerar a resposta que o realista do senso comum poderia dar a ele, quero considerar a teoria da percepção historicamente apresentada como alternativa por aqueles que o consideram válido.

5. Representacionalismo ou realismo indireto

Com a filosofia moderna o seguinte modo de pensar tornou-se freqüente. O argumento da ilusão mostra que em muitos casos nós não percebemos os objetos como eles realmente são; ora, mas nós percebemos algo; logo, o que percebemos é distinto dos objetos; logo, o que percebemos diretamente são, ao menos nesses casos, as nossas impressões sensíveis. Se adicionarmos a isso a forma causal do argumento da ilusão, então parecerá lícito concluir que em todos os casos o objeto *imediato* de nossas percepções são as nossas *impressões sensíveis*. Essas impressões sensíveis são o que os filósofos modernos desde Descartes chamaram de *sensações, impressões, idéias, fenômenos, representações*, e o que os filósofos analíticos chamaram de *perceptos, sense-data, sensa* ou *qualia*. Por questão de clareza usarei de preferência a palavra "sensação", que é a mais natural, ou ainda a expressão "impressão sensível", cuja vantagem é a de não ter a ambigüidade ato/objeto da palavra "sensação".

O realismo indireto ou representativo tem, pois, uma outra espécie de resposta ao argumento da ilusão. A percepção não se dá sem impressões sensíveis. Na percepção verídica temos impressões sensíveis que de fato *correspondem* às propriedades constitutivas dos objetos físicos; na percepção enganosa essas impressões correspondem a algo diverso do que parecem corresponder; e em certos casos, como o das alucinações, as pretensas percepções não correspondem a nada. O objeto imediato de nossa percepção seriam, em qualquer dos casos, nossas impressões sensíveis ou sensações.

Os problemas do realismo indireto começam a surgir quando nos perguntamos sobre a relação entre as impressões sensíveis e as propriedades reais dos objetos; entre a impressão de azul e o azul do céu, por exemplo. Como é essa relação?

Aqui, à semelhança do caso do realismo direto, temos diferentes gradações possíveis. Em um extremo temos a idéia de que todos ou a grande maioria dos tipos de impressões sensíveis assemelham-se ao que realmente existe. Uma posição intermediária é a defendida por Locke, que admite, para certos tipos de sensações, semelhança com a realidade, e para a maioria não. No extremo oposto temos uma posição como a de Kant, segundo a qual não podemos saber se há qualquer semelhança entre as sensações (representações) e as coisas, tal como elas são em si mesmas, precisando postular no lugar delas a existência de um *algo* incognoscível que ele chamou de a "coisa em si", ainda que isso pareça e certamente seja uma suposição arbitrária, cuja função *ad hoc* é a de salvaguardar o realismo empírico.

Discutirei brevemente o realismo indireto de Locke, que introduz a discussão clássica. Locke distinguiu entre qualidades primárias e secundárias[11]. As *qualidades primárias* são, para ele, as de extensão, volume, movimento ou repouso, número e solidez. Elas existem necessariamente em qualquer objeto físico, e as nossas idéias delas (as nossas sensações delas) são *semelhantes* a elas mesmas. O mesmo não ocorre com as *qualidades secundárias*, como as cores, sons, odores. Elas não existem essencialmente nos objetos físicos e nossas idéias delas não têm nenhuma semelhança com elas. Assim, ao ver e apalpar uma flor, eu tenho sensações de forma e de solidez, que se assemelham às qualidades reais da própria flor; mas o odor que sinto, as cores que vejo, não pertencem realmente à flor. Um cão ou uma abelha os perceberão de modo muito diverso.

Uma objeção importante a essa distinção foi feita por Berkeley. Segundo ele, não podemos imaginar como seria o mundo com as qualidades primárias, mas sem qualidades secundárias. Não podemos conceber, por exemplo, uma forma sem cor. Por isso é um erro querer privilegiar umas qualidades sobre as outras. Não obstante, o defensor do realismo indireto

---

11. J. Locke: *An Essay Concerning Human Understanding*, Oxford, 1979 (1690), cap. III, par. 9 ss.

poderia responder que o fato de não sermos sempre capazes de fazer tal dissociação não implica que as qualidades primárias e secundárias não tenham as diferenças sugeridas; tal fato implica, no máximo, que elas possam vir indissociavelmente interligadas.

Se a objeção acima não for capaz de derrubar o realismo indireto, há uma outra, também desenvolvida por Berkeley, que tem excelentes chances de fazê-lo[12]. Trata-se da consideração já mencionada de que falta uma base inferencial adequada às afirmações do realismo indireto. Locke defendeu que temos acesso ao mundo externo sempre por intermédio de sensações (idéias), não sendo possível termos acesso ao mundo externo, tal como ele é em si mesmo; embora não haja semelhança entre as qualidades secundárias e as idéias ou sensações a elas correspondentes, ao menos as qualidades primárias produzem sensações idênticas a elas mesmas. Ora, mas o que nos dá o direito de pretender que quaisquer impressões sensíveis, sejam elas de qualidades primárias ou secundárias, possam assemelhar-se às propriedades dos objetos externos, ou mesmo que existam objetos externos correspondentes a elas? A questão é antes de tudo lógica. Se tudo o que nos é dado são impressões sensíveis, não podemos checar a hipótese de que elas são idênticas às coisas, ou mesmo se correspondem a algo pela comparação com as coisas mesmas. A questão é um pouco como a hipótese de que o Moisés esculpido por Michelangelo tem alguma semelhança com o Moisés real, quando não sabemos como Moisés era, caso tenha mesmo existido. Mas essa é uma má comparação: no caso do Moisés de Michelangelo, podemos conceber que alguma descoberta futura permita conferir a hipótese; já no caso de nossas impressões sensoriais é *logicamente impossível*, pela nossa constituição como sujeitos cognoscentes, conferir a hipótese[13]. Essa impossibilidade lógica traz con-

---

12. G. Berkeley: *A Treatise Concerning the Principles of Human Knowledge*, em *Philosophical Works, ibid.*, sec. 18 ss.

13. Pode-se argumentar, por exemplo, que a hipótese da existência de partículas subatômicas também não pode ser verificada por meio de observação. Mas, em tal caso, a hipótese tem conseqüências empíricas verificáveis. Já a hipótese de que o

sigo também uma impossibilidade semântica: não faz sentido dizer que uma coisa é *idêntica* a uma outra que de modo algum pode ser conhecida.

Uma sugestão com o propósito de salvar o realismo representativo seria considerá-lo a melhor hipótese explicativa de nosso conhecimento do mundo externo, aplicando-lhe a assim chamada inferência pela melhor explicação (*inference to the best explanation*) de nosso conhecimento de um mundo externo[14]. Mas essa sugestão não parece ser de muita valia, pois as concepções alternativas (como o realismo direto) também são propostas como oferecendo a melhor explicação, e para admitirmos que o realismo representativo é a melhor explicação é necessário termos razões para considerá-lo uma concepção melhor do que as outras; ora, como é uma tal razão o que o argumento de Berkeley está colocando em questão, justificar o realismo representativo como contendo a melhor explicação é pressupor o que se pretende provar. Parece forçoso concluirmos que o argumento de Berkeley conduz o realismo representativo a um beco sem saída epistêmico.

Apesar de todas essas objeções, o balanço de nossas considerações não é de todo negativo. Mesmo que o realismo indireto seja falso como teoria da percepção, parece fora de dúvida que nós só percebemos *através* de impressões sensíveis. E também parece certo que podemos distinguir entre qualidades primárias, que são essenciais e necessárias à existência de qualquer entidade física, e qualidades secundárias, que a física demonstra poderem ser reduzidas às primeiras. Isso nos habilita a dizer, por exemplo, que a extensão de um objeto é uma qualidade *mais real* que a sua cor, no sentido de ser mais fundamental que ela, mas não no sentido de dar-se à percepção como sendo algo mais idêntico ao que objetivamente existe. De um ponto

---

mundo fenomenal é (em parte) duplicado em um mundo dito real, em si mesmo incognoscível, não possui nenhuma conseqüência empírica verificável.

14. F. Jackson: *Perception: a Representative Theory*, Cambridge, 1977, cap. 6.

de vista ontológico, ao menos, a distinção entre qualidades primárias e secundárias se sustenta; mas do ponto de vista epistemológico, que nos interessa aqui, ela carece de justificação. A incorreção básica do realismo indireto consiste em pretender, explicitamente ou não, que o que *percebemos* são as nossas impressões sensíveis das coisas e não as coisas mesmas. Mesmo gramaticalmente isso é falso: não dizemos que percebemos nossas sensações, mas que as *sentimos*, que as *temos*. Quando dizemos que percebemos objetos físicos indiretamente, o que queremos dizer é que isso é feito pela percepção direta de outras entidades físicas (ex: pode-se, muito indiretamente, perceber que houve a liberação de um próton de um núcleo atômico em uma câmara de névoa). Isso não sugere que ao percebermos não tenhamos *também* impressões sensíveis, mas que elas não fazem parte do que geralmente consideramos como o ato de perceber. Ainda que, em um nível físico-causal, se deva admitir que percebemos através de sensações ou representações, no nível da descrição do que vivenciamos como experiência perceptiva elas costumam ser excluídas como não-participantes, o que nos permite dizer – pressupondo situações adequadas – que percebemos *diretamente* as propriedades físicas. Podemos comparar o uso da palavra "direto" aqui ao seu uso quando falamos da remessa direta de uma mercadoria do fabricante para o consumidor. Dizemos que a remessa é direta, mesmo que a mercadoria tenha ido da fábrica para um aeroporto, de lá para um avião, do avião para um depósito e ao final levada em um veículo até o consumidor. Nenhum desses intermediários desempenha um papel no sentido de transformar a remessa em indireta, pois eles não fazem parte do que está sendo considerado. O mesmo se dá com a percepção. A percepção não deixa de ser direta por ser intermediada por impressões sensíveis, posto que as últimas não contam na avaliação da "direticidade" do processo. Nem as impressões sensíveis psicológicas, nem os elos causais, físicos e fisiológicos costumam ter influência em nossa avaliação do caráter direto da percepção. Esse é simplesmente um fato de nossa gramática conceitual, e desconsiderá-lo conduz-nos à incoerência.

O PROBLEMA DA REALIDADE OBJETIVA 143

Uma espécie semelhante de consideração pode ser feita em resposta a uma outra conhecida objeção que o representacionalista faz ao realismo direto: a de que o intervalo temporal inevitavelmente existente entre o fenômeno físico observado e o ato perceptual torna a percepção sempre indireta. Isso é tornado evidente pelo caso da estrela cuja luz vemos, mas que há muito deixou de existir, ou pelo som do trovão, que é escutado alguns segundos após a queda do raio. Considerando que há sempre algum infinitesimal intervalo de tempo envolvido entre o fenômeno físico e a sua experiência pelos sentidos, conclui-se que a experiência é sempre indireta. Que esse argumento é inadequado torna-se claro quando notamos que a palavra "direto" não inclui aqui, em seu significado, uma exigência de *contemporaneidade* entre o ato de percepção e o seu objeto.

Diante do que me parece caracterizável como o colapso do realismo indireto, observamos duas alternativas: ou aceitamos esse resultado como uma evidência de que o realismo direto é correto, ou então fazemos como Berkeley, concluindo pelo fenomenalismo: tudo o que existe são mesmo sensações atuais e possíveis. Pretendo reavaliar o fenomenalismo, mas antes quero oferecer mais evidências de que o realismo direto natural é uma posição defensável, ao responder à questão que havia sido deixada em suspenso sobre a suposta efetividade da forma causal do argumento da ilusão.

6. Um equívoco cientificista

O argumento da ilusão em sua forma causal ou cientificista nos diz que a física e a biologia nos mostraram que não percebemos as coisas diretamente, mas por meio de sucessivos elos intermediários de natureza físico-biológica, como acontece com a reflexão de certas ondas de luz e a excitação das células retinianas no caso da visão. No que se segue quero reforçar o argumento da última seção, mostrando que a forma causal do argumento da ilusão confunde critérios de "direticidade" do que é percebido, os quais são fornecidos pela linguagem do senso comum, com critérios de "direticidade" usados pelas linguagens introduzidas pelas ciências[15].

Quero começar pela exposição comparativa do conhecido problema das duas mesas proposto por Arthur Eddington[16]. Segundo esse autor, uma mesa como esta sobre a qual escrevo são, na verdade, duas. Uma é a mesa do senso comum, que é marrom, lisa e bastante substancial e sólida. Outra é a mesa revelada pela microfísica que, por ser feita de numerosas partículas atômicas em rápido movimento e muito distantes umas das outras, é constituída principalmente de espaço vazio, não possuindo nem substância, nem solidez, nem, certamente, cores. A questão é: qual dessas duas é a mesa real? Sob o suposto de que é a ciência física que nos informa como as coisas realmente são, Eddington não teve dúvidas em concluir que real é a mesa da física, e que não é verdadeiramente correto dizer que a mesa sobre a qual escrevo é algo sólido e substancial, posto que ela é formada principalmente de espaço vazio, muito menos que ela é marrom e lisa.

O que há de errado com esse argumento? A resposta consiste em admitir que estamos diante de duas linguagens diversas, com vocabulários parcialmente idênticos, que se aplicam a um mesmo objeto. Essas duas linguagens são A, a *linguagem ordinária*, que o *senso comum* utiliza na descrição de objetos físicos; B, a *linguagem da microfísica*. Palavras como "marrom" e "liso" só são utilizáveis na linguagem ordinária. Também as palavras "sólido" e "substancial" só são propriamente usadas na linguagem ordinária. "Sólido", por exemplo, é geralmente entendido como aquilo que é resistente à penetração, sendo inadequado aplicar essa palavra ao mundo da microfísica. Se usamos tais palavras, próprias da linguagem A, na linguagem B, concluímos com Eddington que a mesa, por ser consti-

---

15. Ver meu livro *A linguagem factual* (Ed. Tempo Brasileiro), Rio de Janeiro, 1996, pp. 153 ss.

16. Ver A. S. Eddington: *The Nature of the Physical World*, New York, 1929, pp. ix-xii. Meu tratamento do problema é influenciado por Wittgenstein.

tuída principalmente de vazio, não pode ser nem sólida nem substancial, e muito menos marrom e lisa. Mas esse é um equívoco no qual se tenta utilizar uma palavra pertencente a uma linguagem em uma outra linguagem, relativa aos mesmos objetos físicos, mas imprópria para essa palavra, concluindo da impossibilidade de fazê-lo que a palavra não pode ser adequadamente usada em linguagem alguma. Um equívoco semelhante a esse é o do microscopista que conclui que o sangue é na verdade praticamente incolor, posto que essa é a cor que ele tem ao ser visto ao microscópio...

Ora, é um equívoco semelhante aos acima descritos o que se dá quando resolvemos dizer que os objetos de nossa experiência não podem ser diretamente experienciados, pois a experiência não é deles mesmos, dado que ela é explicável em termos neurofisiológicos e físicos. Há também aqui duas linguagens: A, a *linguagem ordinária sustentada pelo senso comum*, na qual falamos da percepção de objetos físicos e suas propriedades físicas; B, a *linguagem físico-neurofisiológica da ciência*, na qual explicamos o processo perceptual em termos de processos biofísicos de descarga neuronal e neurofisiológicos de excitação cortical. Só na linguagem A faz sentido perguntar se a experiência é direta ou indireta, pois *experiência* é um conceito próprio da linguagem ordinária. Por isso, embora seja possível uma explicação científica do que acontece quando do experiencio uma esfera de chumbo como um objeto sólido, arredondado, frio, não faz sentido dizer que o que diretamente experiencio são movimentos de átomos ou modificações químico-físicas por eles produzidas em meus terminais nervosos, pois precisamente isso é o que eu não posso diretamente experienciar. A descrição neurofisiológica não torna sem sentido minha descrição fenomenal da experiência perceptual; ela apenas a confirma em outro plano. Temos, pois, duas linguagens, uma do senso comum e outra da ciência, uma não devendo intervir nos afazeres da outra, particularmente na qualificação da experiência fenomenal como direta. Dizer que a experiência perceptual não é realmente direta porque a física e a neurofisiologia o provam é incorrer em um equívoco semelhante ao de Eddington, quando este pretendeu ter a física provado que a mesa do senso comum não pode ser sólida.

Um outro equívoco pertinente é o resultante da confusão entre a linguagem fisicalista do senso comum e a linguagem mentalista ou fenomenalista, geralmente também a ele pertencente. É quando se diz que não podemos perceber diretamente os objetos físicos, porque tudo o que percebemos é percebido *através* de sensações, por intermédio delas. Isso conduz ao realismo representativo quando a palavra "através" é interpretada como denotando um objeto do ato perceptivo que é um meio intermediário entre o ato perceptivo e o seu verdadeiro objeto. No entanto, o que a palavra "através" pode aqui denotar é apenas um componente do próprio ato perceptivo. Suponhamos, por exemplo, que eu segure em minha mão uma esfera de chumbo. Percebo que ela é redonda, sólida, pesada, fria. Ao mesmo tempo estou autorizado a dizer que sinto a frieza, o peso, a solidez. Mas essas sensações não são entendidas como um meio intermediário através do qual percebo a esfera, e sim como um componente do ato pelo qual a percebo.

Com isso parece que podemos recuperar o que havia de verdadeiro no realismo representativo. O véu da sensação existe, certamente, mas não desempenha o papel que o realista indireto dele espera, pois ele não pertence geralmente ao *objeto* da percepção, mas *ao próprio ato de percepção*; no caso da experiência verídica ele é como os vidros de óculos cujas lentes só são vistas quando já deixamos de ver os objetos através delas. Pelo fato de as sensações, de as impressões sensíveis não serem levadas em conta como intermediadores do que é veridicamente experienciado, mas como parte do ato perceptual, dizemos que na experiência perceptual observamos as coisas diretamente. Apenas no caso de certas experiências distorcidas ou enganosas, quando elas se devem às condições do sujeito, o véu pode aparecer e tornar-se espesso. Mas note-se que mesmo nesse caso não é correto dizer que experienciamos as coisas indiretamente, posto que através de impressões sensíveis; o correto será dizer que nós ainda as experienciamos diretamente, apesar de alteradas ou deformadas.

7. O fenomenalismo realista

O fenomenalista afirma que todas as proposições sobre o mundo externo podem ser de algum modo traduzidas em proposições sobre impressões sensíveis ou sensações. Paralela à admissão do fenomenalismo está a rejeição da hipótese do realismo representativo, segundo a qual percebemos o mundo externo indiretamente, através do véu das sensações. A tarefa de construir nosso conhecimento do mundo externo completamente a partir de sensações tornar-se-ia razoável se pudesse ser realizada sem que se abandonasse o realismo natural. Com efeito, isso parece possível se quando falamos de objetos físicos nos referimos, não a conjuntos atuais, mas a conjuntos meramente *possíveis* de sensações, ao que já foi chamado de *sensibilia*. Como já foi notado, há indícios dessa sugestão em Berkeley, quando ele sugeriu que saber que a sua escrivaninha está no seu escritório quer dizer não só que ele a vê, mas que ela *pode* ser vista por ele ou por outrem; mas Berkeley não deu a essa intuição a necessária atenção, posto que ela não se encaixava em sua metafísica fideísta. Foi John Stuart Mill quem a formulou explicitamente, sugerindo que a *matéria* nada mais é do que *a garantida, certa ou permanente possibilidade de sensação*[17]. E o mesmo foi tentado de modo mais sofisticado por fenomenalistas contemporâneos como A. J. Ayer e C. I. Lewis, a meu ver sem conseguir manter a penetração do *insight* original de Mill[18]. No que se segue quero esboçar uma versão de fenomenalismo compatível com o realismo e inspirada nas sugestões de Mill.

A tarefa primária consiste no estabelecimento de um *esquema de tradução*, que indique a possibilidade de tradução de proposições sobre objetos físicos externos em proposições so-

---

17. J. S. Mill: *An Examination of Sir William Hamilton's Philosophy*, London, 1867, cap. 11 e apêndice do cap. 12.

18. Ver A. J. Ayer: *The Foundations of Empirical Knowledge*, London, 1947, cap. V. Ver também C. I. Lewis: *An Analysis of Knowledge and Valuation*, La Salle, 1946.

bre sensações e vice-versa. Para tal, devemos começar distinguindo as condições que uma proposição deve satisfazer para que possamos considerá-la como sendo sobre um objeto físico no mundo externo. Há duas condições relevantes a serem aqui satisfeitas:

(i) a determinação do que seja o *objeto físico* em bases conceituais,
(ii) a atribuição de *existência* ao objeto físico conceitualmente determinado.

A condição (i) é evidente. Mas ela sozinha não bastaria, pois podemos considerar conceitualmente um objeto físico sem assentir a sua existência fora de nós. Já ao falarmos de um objeto físico externo, estamos falando do objeto físico mais a atribuição de existência que fazemos a ele, ou seja, falamos de um objeto físico que realmente existe, e isso é possível por juntarmos à nossa consideração conceitual do objeto o assentimento de sua existência, ou seja, pela satisfação mútua das condições (i) e (ii). Ao referente dessa conjunção chamarei de *objeto físico existente*, correspondendo ao que Mill chamava de *matéria* ou *substância*.

O esquema de tradução que buscamos diz respeito ao objeto físico existente, devendo levar em consideração a satisfação das duas condições acima enunciadas. Tal esquema objetiva traduzir nosso discurso sobre objetos físicos existentes em uma linguagem que mencione apenas impressões sensíveis. De que maneira?

Para tornar essa idéia mais compreensível quero usar uma proposição existencial como exemplo. Suponhamos que eu tenha aberto a janela de meu quarto e avistado uma garça no quintal. Voltando à sala eu enuncio *p*: "Há uma garça no quintal." Com esse proferimento estou afirmando a existência de um certo objeto físico – a garça – que perambula em um certo local do mundo externo – o quintal de minha casa. Como traduzir isso em termos fenomenais? Em primeiro lugar, é necessário traduzir a noção de garça em termos de uma regra capaz de unificar uma multiplicidade de possíveis complexos de sensações, que constituem as múltiplas maneiras pelas quais o bicho pode ser experienciado. Chamarei a essa multiplicidade de complexos de sensações de *multicomplexo* de sensações do tipo garça. Algo semelhante poderia ser dito sobre o meu quintal, pois também a sua experiência é traduzível em variáveis complexas de sensações. O proferimento de *p* faz, contudo, mais do que considerar uma garça no meu quintal. Com ele eu afirmo que o objeto físico do tipo garça é um objeto *existente*, que ele se encontra *realmente* em meu quintal. Como afirmar a existência sem sair da descrição fenomenal? Ora, se a garça realmente se encontra – existe – em meu quintal, isso significa que o multicomplexo de sensações do tipo garça *pode* ser experienciado não só por mim mas por qualquer outra pessoa; além disso, essa possibilidade de experiência ou experienciabilidade é *garantida*, ou seja, não estou dizendo que é apenas *possível* que meu vizinho, ao olhar pela janela nesse meio tempo, venha a experienciar partes de um multicomplexo de sensações do tipo garça, mas que é bastante certo que se ele olhar pela janela ele o irá experienciar. E a experienciabilidade é garantida pelo fato de eu próprio ter tido a experiência do multicomplexo de sensações do tipo garça, a saber, por um *ato de verificação* por mim realizado, o qual sei por experiência que também pode vir a ser realizado por qualquer outra pessoa. O que tenho em mente ao dizer

1. "*Há* uma garça no quintal"

pode ser fenomenalmente traduzido, de maneira que satisfaça as condições (i) e (ii), como:

2. Está sendo dada uma *garantida possibilidade* de que um percipiente qualquer, em certas circunstâncias (que envolvem a descrição do meu quintal, a especificação do momento do proferimento etc.), tenha a experiência visual de partes de um multicomplexo de sensações do tipo garça em partes do multicomplexo de sensações do tipo meu quintal.

Note-se que 1 e 2 são enunciados existenciais, que enfatizam a satisfação da condição (ii). Se eu dissesse "Penso em uma garça no meu quintal", considerando a garça em abstração de sua existência, a tradução poderia ser:

3. Penso na experiência sensorial de partes de um multicomplexo de sensações do tipo garça em partes do multicomplexo de sensações de meu quintal.

Quando considero abstratamente um *objeto físico* falo, pois, apenas de um multicomplexo de impressões sensíveis. Mas quando falo da *existência* do objeto físico, a qual é independente de mim mesmo ou de qualquer outra pessoa, falo de uma *possibilidade* de experiência de partes de multicomplexos de sensações, possibilidade esta que julgo *permanente, garantida* ou *certa*, nas palavras de Mill. Isso quer dizer que, em circunstâncias apropriadas, partes de multicomplexos de sensações podem ser objeto de experiência sensorial, tendo sido essa possibilidade de algum modo *comprovada, garantida* através de *procedimentos verificacionais*. Tais procedimentos e a experiência sensorial precisam ser também *virtualmente interpessoais*, ou seja: embora freqüentemente conduzidos por uma só pessoa, a possibilidade de sua experienciação interpessoal precisa ser logicamente pressuposta, posto que é a intersubjetividade que traz garantia para a objetividade. Finalmente, quando falo do *objeto físico existente*, devo inverter correspondentemente a última definição e falar de partes de multicomplexos de sensações que são garantidamente experienciáveis de um modo que é em princípio interpessoalmente acessível.

Repetindo, podemos caracterizar abreviadamente um objeto físico meramente concebido como

(1) *Objeto* físico ≡ um certo *multicomplexo de sensações*, concebido

e podemos caracterizar a existência do objeto físico como:

(2) Existência do ≡ *garantida possibilidade* de que sujei-
    objeto físico   tos perceptores quaisquer, em *circuns-*
    concebido   *cunstâncias apropriadas*, experimen-
                       tem parcialmente um certo multicom-
                       plexo de sensações.

Por sua vez, o esquema de tradução que permite falarmos em termos fenomenais de objetos físicos externamente dados (matéria ou substância para Mill) fica sendo:

(3) *Objeto físico* ≡ multicomplexo de sensações, cuja pos-
    existente   sibilidade de ser parcialmente expe-
                        rienciado por perceptores em circuns-
                        tâncias apropriadas é garantida.

É essa, sobretudo, a caracterização mais aproximada que buscávamos[19]. Objetos físicos existentes são multicomplexos de sensações cuja experienciabilidade parcial é garantida por procedimentos verificacionais virtualmente interpessoais.

Assim, um objeto físico como a garça, o multicomplexo de sensações do tipo garça, existe por si mesmo no sentido de que a possibilidade de sua experiência é verificacionalmente comprovada. E é claro que tudo o mais, o jardim, a janela, minha pessoa, as outras pessoas... nada mais são do que multicomplexos de sensações cuja possibilidade de serem experienciados é aceita como garantida. O próprio mundo que nos envolve nada mais é do que um imensurável complexo de sensações cuja experienciabilidade é permanente, e dizer que o mundo *existe* independentemente de nós é dizer que a garantida possibilidade

---

19. Penso que Mill confunde-se ao definir matéria ou substância (o objeto físico existente) como a permanente ou garantida possibilidade de sensações, pois o que ele está definindo dessa maneira é a *existência* da matéria ou substância em um sentido similar ao que chamo de existência do objeto físico. Uma coisa é a existência do objeto físico; outra é o objeto físico existente. O objeto físico existente, a matéria ou substância para Mill, é antes um multicomplexo de sensações cuja possibilidade de experiência é, sob certas circunstâncias, permanente ou garantida.

de experienciação sensível de partes desse imensurável complexo em nada depende de nossa existência; apenas a nossa consciência dessas partes como garantidamente experienciáveis, como existentes, irá exigir a nossa existência física, a ser definida em termos semelhantes.

8. A razão fundamental pela qual defendo o fenomenalismo realista

Você talvez se admire de que eu me empenhe em defender uma posição distante do senso comum e muito pouco apreciada pela maioria dos conhecedores do assunto[20]. Mas é que considero uma prova decisiva da coerência e retidão do fenomenalismo realista o fato de que não só a experiência se dá toda ela através de sensações, mas de que *somos capazes de reproduzir a realidade em sonhos, em alucinações e através de simulações computacionais*. Podemos até mesmo conceber que sejamos

---

20. Uma coisa é uma idéia que se opõe ao senso comum: algo antiintuitivo. Outra coisa é uma idéia que lhe seja alheia, não confirmada nem rejeitada por ele; esse é o caso do fenomenalismo que estamos considerando. Ele não contradiz o senso comum, mas lhe escapa – a não ser, é claro, que cedamos à tentação de estender o senso comum para além de sua esfera, o que é a mais comum das tentações.

Diversamente do que se costuma pensar, as idéias da ciência muito freqüentemente não se opõem ao senso comum, mas *limitam-no*. Por exemplo: o senso comum nos diz que o Sol tem a largura de um pé humano e se movimenta diariamente de um lado ao outro do firmamento. Mas se por Sol entendemos o disco luminoso tal como o vemos – e o senso comum nunca pretendeu muito mais do que isso – é indiscutível que o Sol tem a largura de um pé humano (basta deitar-se ao chão e levantar o pé contra o sol) e que se movimenta de um lado ao outro do firmamento (coisa que qualquer criança percebe). Claro que, se o Sol for entendido como uma estrela a mais de dois milhões de quilômetros da Terra, passamos a entender por Sol algo diverso do que o senso comum entende, e as afirmações do senso comum, como as duas feitas acima, deixam de aplicar-se a ele. Mas trata-se, certamente, de um conceito de Sol muito diferente do originariamente legado pelo senso comum. O mesmo pode ser considerado com relação às idéias dos físicos sobre o que acontece a corpos que se movimentam a velocidades próximas à da luz. O que as descobertas da ciência freqüentemente contrariam não é o senso comum, mas generalizações impróprias que a mente científica ou especulativa naturalmente faz com base nele.

cérebros em cubas, com nossas fibras nervosas aferentes e eferentes ligadas a um supercomputador que simula tudo aquilo que pensamos constituir o mundo em que vivemos. Ora, se essas realidades ficcionais não precisam obrigatoriamente diferir da realidade atual, se não há – como não parece haver – nenhum limite lógico para a simulação da realidade a que temos acesso através dos sentidos, a coerência da hipótese fenomenalista torna-se forçosa.

A isso alguém objetará: mas por isso mesmo se trata de uma realidade simulada; por trás do cenário há um supercomputador que produz as alucinações, os insensíveis cientistas que o programaram, o próprio cérebro na cuba... donde o fenomenalismo só dá conta da aparência e nunca do real que precisa estar por detrás da aparência, de algum modo fundamentando-a.

Todavia, essa objeção requer do argumento mais do que ele pretende provar: *a suposição de que toda a realidade possa estar sendo simulada serve apenas para mostrar que qualquer estado de coisas concebível pode ser completamente resgatado a partir de descrições fenomenais, posto que essa suposição mostra ser possível que qualquer estado de coisas se revele, afinal, um produto ficcional.* Além do mais, também o supercomputador, os cientistas que o controlam e o cérebro na cuba poderão vir a ser descritos em termos de conjuntos de sensações cuja possibilidade é garantida. E a evidência disso é que podemos conceber que o cérebro na cuba seja aparentemente transplantado para o crânio de um ser vivo, acordando assim em um outro mundo no qual é calorosamente recebido pelos cientistas que produziram a experiência, mas que esse outro mundo seja também ficcional, pura sacanagem dos verdadeiros cientistas com o pobre cérebro na cuba.

9. Objeções geralmente feitas ao fenomenalismo realista

A maior parte das objeções ao fenomenalismo realista provém, em meu juízo, de uma compreensão insuficiente do alcance algo vertiginoso de sua intuição básica. No que se segue quero mostrar como é possível, ao menos em princípio, com base em um adequado entendimento do esquema de tradução proposto, responder às objeções mais relevantes.

1. Uma primeira objeção – resultado de insuficiente compreensão – é a de que falta o *fundamento*: se a permanente possibilidade de percepção existe é porque há um objeto físico permanente, que é a causa dela.

Contudo, como vimos no capítulo sobre ceticismo, é uma extensão supersticiosa do senso comum pensarmos que faz sentido a idéia de que a permanência de um objeto físico signifique alguma coisa na independência da idéia de sua observabilidade. Se a idéia de um objeto físico que permanece existindo significa alguma coisa, ela significa apenas que a sua experienciabilidade interpessoal permanece garantida. E a exigência de uma *causa* da possibilidade de percepção é uma outra superstição, que conduz à idéia primitiva de substância como um "não sei o quê" subjacente ao que se dá à experiência, à maneira de Locke.

2. Pode-se também objetar que há um resquício de idealismo na variedade de fenomenalismo aqui adotada, posto que ela torna a existência do mundo, em última análise, dependente da existência de mentes. Poderia existir o planeta Marte se nunca tivesse existido ser vivo algum no universo? Se Marte é um conjunto de sensações cuja experienciabilidade é interpessoalmente garantida através de atos verificacionais, então Marte não poderia existir se ninguém tivesse verificado a sua existência. Como essa conclusão é absurda, o fenomenalismo é falso.

Essa objeção resulta de uma incompreensão elementar da variedade realista de fenomenalismo aqui adotada. Mesmo que nenhuma verificação tenha sido efetuada de modo que nos dê a garantia da contínua possibilidade de alguém experienciar certos multicomplexos de sensações (a existência de objetos), nada faz com que tal garantia não exista. Assim, Marte existiria mesmo na inexistência de mentes para percebê-lo, pois "Marte" é apenas o nome vulgar de um multicomplexo de sensações cuja experienciabilidade é garantida; se ele é ou não experienciado, se sabermos ou não disso, é algo perfeitamente dispensável.

3. Uma terceira objeção é a de que a tradução de enunciados sobre objetos físicos em termos de enunciados sobre complexos de sensações cuja experienciabilidade é garantida resulta em um número indeterminado, supostamente infinito de tais complexos, o que é implausível.

A resposta é que mesmo sendo os complexos de sensações em número indefinidamente grande, isso não é uma impossibilidade de princípio, pois os diferentes complexos de sensações não são conjuntos desorganizados: eles podem ser identificados com base em *regras* capazes de gerar, por força de nossa imaginação, *esquemas sensoriais* que se assemelhem aos complexos de sensações dados, permitindo assim o seu reconhecimento. Assim, devo ter uma regra para a identificação de garças, outra para a identificação de meu quintal, sendo cada qual capaz de gerar esquemas que me permitam identificar um número indeterminado de complexos de sensações pertencentes a esses multicomplexos (isto é, a garça, o quintal, experienciados das mais diversas perspectivas e formas). Mostrar como isso funciona em detalhes parece trabalhoso à dignidade da filosofia, mas não à da ciência, a qual tenta algo semelhante ao produzir realidade virtual.

4. Uma outra objeção é a de que ninguém traduziu até hoje de maneira completa sentenças sobre objetos físicos em sentenças fenomenais.

Isso é correto, mas ninguém até hoje demonstrou conclusivamente a teoria da evolução das espécies, ou que eventos mentais são eventos cerebrais. Essas são hipóteses talvez impossíveis de serem exaustivamente comprovadas, mas que são coerentes com nosso corpo de conhecimentos científicos e podem ser mais e mais probabilizadas.

5. Objeta-se também que com o apelo à modalidade explicamos o certo pelo possível, o categórico pelo hipotético.

Mas isso resulta de uma outra incompreensão elementar da noção de *possibilidade* no contexto da concepção fenomenalista de objeto físico existente. O que essa concepção sugere é que em certas *circunstâncias apropriadas* a *possibilidade* da experiência sensível em questão é *garantida*; ou seja: é *certo* que, dadas as circunstâncias apropriadas, a experiência ocorrerá. O mal-entendido consiste em pensar que o fenomenalista está se referindo a possibilidades *tout court*, como a de que venha a chover na próxima semana.

6. Também objetou-se que o fenomenalismo nos condena ao subjetivismo, pois sensações não são passíveis de acesso interpessoal.

Mill defende que, embora as sensações presentes sejam subjetivas, as garantidas possibilidades de sensações são objetivas, a saber, interpessoalmente acessíveis. Como, diferentemente de Mill, identifico o objeto físico real a multicomplexos de sensações garantidamente possíveis e não simplesmente às suas garantidas possibilidades, minha resposta deve ser algo diversa. Minha hipótese é a de que, quando observamos um objeto físico, temos a experiência psicológica de impressões sensíveis subjetivas, as quais também podem ser *interpretadas* em termos de impressões sensíveis cuja experiência é garantidamente possível, as quais são objetivas. O que as faz objetivas, ou seja, interpessoalmente acessíveis? Ora, o fato de que essas impressões são situadas dentro de um *arranjo contextual* constituído ele próprio especialmente de outras impressões sensíveis garantidamente possíveis, sendo que como esse arranjo contextual pode ser identificado como sendo o mesmo por vários sujeitos, dizemos que a sua experiência é interpessoal.

Essa distinção também responde à objeção de que o fenomenalismo obstrui a distinção entre o real e o meramente imaginário. Não o fenomenalismo aqui proposto, pois objetos físicos imaginários são também multicomplexos de impressões sensíveis, como os objetos físicos existentes, faltando, no caso dos primeiros, a existência, isto é, eles são conjuntos de sensações cuja experienciabilidade interpessoal não é garantida, o que os torna constituídos de sensações subjetivas.

7. Há também a objeção de que a solução fenomenalista deixa de fora os sujeitos da percepção; eles não são percepção. Pior ainda, o fenomenalismo conduz ao solipsismo, posto que outras mentes, portadoras de outras sensações, não podem ser por mim experienciadas.

Ora, nada disso se impõe necessariamente. Meu *eu* não pode ser reduzido a sensações apenas no caso de ele ser um eu elusivo ou transcendental, que sempre escapa à experiência. Mas é bastante provável que essa idéia seja uma ilusão metafísica. E se o único eu admissível for um eu fenomenal, caracterizável e identificável através de um certo conjunto de eventos mentais recorrentes, os quais, em circunstâncias apropriadas, podem ser garantidamente experienciados, ainda que não todos de uma vez, então é possível definir tais eus como constituídos por garantidas possibilidades de auto-experiência[21]. É verdade que não haveria aqui possibilidade de comprovação interpessoal, mas, como veremos na próxima seção, ao contrário do que se possa pensar, tal verificação não parece ser logicamente impossível. Mais além, se o sujeito pode traduzir-se fenomenalmente a si mesmo, então isso também pode ser feito com outros sujeitos; posso descrever o eu da pessoa A como um conjunto de garantidas possibilidades de certos estados mentais que eu próprio sou capaz de me conceber como experienciando no caso em que estivesse no lugar de A.

Uma objeção associada a essa é a de que para admitir a existência de outros sujeitos precisamos recorrer a complexos de sensações intersubjetivamente garantidas, caindo, pois, em circularidade[22]. Podemos responder sugerindo que esse aprendizado ocorre em um movimento de báscula, em que o reconhecimento de outros sujeitos é inicialmente rudimentar, embora permita um reconhecimento intersubjetivo do mundo físico, e que através disso acabaremos sendo levados a um conhecimento melhor de nós mesmos e em seguida de outros sujeitos e assim por diante. Não pretendo esclarecer isso aqui, mas apenas indicar o caminho que a resposta deve seguir.

8. Outra objeção é a de que o esquema fenomenalista deixa de fora aquilo que é inobservável pelos sentidos, como é o caso de partículas subatômicas e forças físicas.

---

21. C. F. Costa: *Estudos filosóficos* (Ed. Tempo Brasileiro), Rio de Janeiro, 1999, pp. 49-54.

22. Ver objeção em B. Aune: *Knowledge of the External World*, London, 1991, p. 111.

Essa objeção seria justificada se entendêssemos o fenomenalismo como um puro sensacionismo. Partículas subatômicas, forças físicas e mesmo outras mentes não são diretamente observáveis através dos sentidos, mas indiretamente observáveis ou inferíveis através deles. Trata-se de complexos de sensações (ex.: rastros de partículas subatômicas deixados em câmaras de névoas, quedas de corpos, comportamentos etc.) cuja possibilidade de experienciação é, sob certas condições, garantida, permitindo-nos *construir* entidades que não podemos diretamente experienciar. Para compreendermos que isso não destrói o fenomenalismo, basta considerarmos a hipótese de sermos cérebros em cubas, devidamente "plugados" em um supercomputador, que produz em nós a ilusão de interagirmos com um mundo real, com outras pessoas etc.; nesse caso o mundo inteiro ao qual temos acesso não passa de um feixe mutável de sensações completamente ilusórias, atuais e garantidamente possíveis; não obstante, mesmo nesse caso nada nos impede de *apenas com base em tais sensações sem fundo real* construir conceitos como o de partículas subatômicas ou de outras mentes, ou seja, de coisas só indiretamente experienciáveis![23]

9. Objeta-se também que o fenomenalismo não explica a *causalidade*. Isso também é falso.

A causalidade pode ser explicada em termos de conjunções constantes de conjuntos de *sensa*. "A viga causa a sustentação do piso" pode ser traduzido como "Se o complexo de garantidas sensações tipo viga não for experienciado abaixo do complexo de garantidas sensações tipo piso, teremos logo um complexo de garantidas sensações tipo afundamento de piso." É preciso ape-

---

23. Deve ser notado que garantidas possibilidades de sensações são em muitos casos *indiretamente* obtidas. Se ao telefonar para alguém ouço nitidamente o barulho de um caminhão que passa, eu posso concluir pela existência de um multicomplexo de garantidas possibilidades de sensações do tipo caminhão-que-passa. Aqui a passagem do modo indireto ao modo direto de observação é logicamente possível. Que no caso de uma partícula subatômica a passagem de um modo indireto de percepção para um modo direto não seja logicamente possível, faz-nos pensar que elas não podem ser concebidas em um universo fenomenalista, mas as considerações anteriores sugerem que sim.

nas a paciência de ir aos detalhes para mostrar que em cada caso é possível uma tradução intuitivamente correta.

Nesse contexto aparece ainda a conhecida, mas em meu juízo relativamente sem importância, objeção de Roderick Chisholm, segundo a qual relações como "Se tenho as sensações visuais de um trinco de porta diante de mim, então devo ter também uma sensação tátil ao tentar segurá-lo" não são garantidas, sendo, quando falham, revisáveis somente por referência a *condições físicas*, como (por exemplo) a de que a minha mão está anestesiada[24]. Uma resposta a essa objeção é que semelhante condicional só é válido em *situações adequadas* que podem ser aqui fenomenalmente analisadas, e quando fatores de inadequação aparecem (como o fato de a minha mão estar anestesiada), invalidando a inferência, também eles podem ser analisados em termos fenomenais, não exigindo o menor apelo a condições físicas.

10. O fenomenalismo e a privacidade do mental (Wittgenstein)

A crítica feita por filósofos analíticos à introspecção foi condensada em um único argumento excepcionalmente influente: a crítica de Wittgenstein à possibilidade de falarmos de estados mentais verdadeiramente privados[25]. Para filósofos como Wittgenstein, quando falamos de sensações e estados mentais em geral, falamos de algo que depende de critérios mentais interpessoalmente estabelecidos, e não de acontecimentos internos e privados. Aplicando-se tal conclusão ao problema da percepção, parece evidente que o fenomenalismo, que intenta construir todo o nosso conhecimento do mundo real a partir do conhecimento de sensações originariamente atuais e privadas, deve ser um contra-senso.

---

24. R. Chisholm: "The Problem of Empiricism", *Journal of Philosophy* 45, 1948.

25. L. Wittgenstein: *Philosophische Untersuchungen* (*Investigações filosóficas*), parte I, sec. 258 ss.

Começarei resumindo o argumento de Wittgenstein, mostrando a seguir que ele intenta demonstrar mais do que efetivamente consegue. O cerne do argumento é o seguinte. A linguagem é um sistema de regras. Imagine-se que alguém, diante de um evento mental privado (digamos, uma sensação de dor), invente uma palavra para designá-lo. Suponha-se que o mesmo evento se repita, e que a pessoa tente reidentificá-lo. Isso não será, segundo Wittgenstein, possível, quando se trata de um evento mental privado, posto que a pessoa não possui nenhum critério *independente* para saber se o evento mental é *idêntico* ao que ocorreu inicialmente. Ela pode ter a *impressão* de que é idêntico, mas uma mera impressão não vale como critério. Um tal critério só poderia ser oferecido se *outras pessoas* pudessem confirmar ou não a reidentificação do evento como sendo correta, tal como ocorre na reidentificação de objetos físicos. Mas essa possibilidade de correção interpessoal é aqui impossível, posto que o estado mental é privado. Não podemos, portanto, construir uma linguagem com a qual falamos de estados mentais subjetivos, verdadeiramente privados. E se falamos de estados mentais, se possuímos uma linguagem fenomenalista, ela deve resumir-se a algo meramente adventício à linguagem fisicalista, cujas regras são interpessoalmente corrigíveis. Como exatamente isso seria possível nem Wittgenstein nem seus seguidores conseguiram mostrar[26].

Eis como penso poder demonstrar a insuficiência básica do argumento de Wittgenstein. Os estados mentais podem ser privados, de modo que a sua identificação seja interpessoalmente incorrigível por dois tipos de razões: lógicas ou empíricas. Se essa incorrigibilidade se der apenas por razões empíricas, a correção interpessoal permanecerá logicamente possível, mesmo que talvez nunca venha a ser feita. Em tal caso, o argumento de Wittgenstein seria demasiado fraco para o que pretende provar, pois é um fato *indiscutível* que freqüentemente estabelecemos regras para nós mesmos, sem nenhuma necessidade do teste-

---

26. Ver Guido A. de Almeida, "'Consciência' e 'consciência de si' (uma exposição crítica da teoria de E. Tugendhat)", em *Síntese Nova Fase*, Belo Horizonte, vol. 21, n. 65, 1994.

munho de outras pessoas para sabermos se elas são ou não são corretamente seguidas. Assim, um motorista obsessivo pode estabelecer para si mesmo a regra de ler todas as placas dos carros que passem adiante do seu na estrada, sem que outras pessoas saibam disso ou venham a conferir se ele está aplicando a regra corretamente. Importante é a possibilidade empírica de a regra ser publicamente corrigida, mesmo que isso eventualmente nunca ocorra. Sendo assim, se os estados mentais são apenas empiricamente privados, então é ao menos *possível* que estabeleçamos regras para a identificação de estados mentais; o que não podemos, por razões empíricas, é ter a *certeza* de que as estamos seguindo corretamente, de que elas efetivamente são regras. Daí que podemos realmente dispor de uma linguagem fenomenalista-mentalista, apenas que ela não é de modo algum tão garantida quanto a linguagem fisicalista, o que é plenamente confirmado por nossas intuições.

O pressuposto de Wittgenstein, bem como o de vários outros filósofos (G. Frege, A. J. Ayer, P. F. Strawson), é, no entanto, o de que estados mentais são interpessoalmente incorrigíveis por razões lógicas; eles são *logicamente* privados[27]. Há um raciocínio de origem fregeana que parece justificar esse pressuposto[28]. Suponha-se que um outro sujeito pudesse penetrar em minha mente para verificar diretamente se estou experienciando corretamente meu estado mental; ora, isso não parece ser possível, dado que a sua suposta experiência de meu estado mental seria a experiência do estado mental nele produzido, o qual *seria sempre um outro que não o meu próprio!* A identidade dos estados mentais é, sob esse raciocínio, logicamente dependente da identidade do sujeito que os experiencia. Admitido isso, a conclusão que se segue é que as pretensas regras da linguagem privada são logicamente incorrigíveis, ou

---

27. Ver a interpretação clássica de Norman Malcolm em seu "Wittgenstein's Philosophical Investigations", em G. Pitcher (ed.): *Wittgenstein: The Philosophical Investigations*, London, 1968, pp. 68 ss.

28. G. Frege: "Sinn und Bedeutung" ("Sentido e referência"), em *Kleine Schriften* (Ed. I. Angelelli), Darmstadt, 1967 (1882), p. 30 (paginação original).

seja, incorrigíveis em todos os mundos possíveis. Mas supor a existência de *regras* cuja verificação interpessoal é tão radicalmente impossível não faz sentido. Conclusão: uma linguagem mentalista baseada em tais regras não pode existir.

Acontece que o pressuposto da conclusão acima, que chamarei de *tese da incompartilhabilidade do mental*, não é tão garantido quanto se supõe. Na identificação de objetos externos distinguimos sempre o objeto da experiência (o objeto físico real) da própria experiência. Se também no domínio da identificação de estados mentais uma distinção equivalente for possível, se pudermos distinguir sempre, mesmo que só virtualmente e não em nossa prática real e intuitiva, entre *a experiência do estado mental* e *o próprio estado mental*, como objeto desta, o pressuposto deixa de ser válido pela seguinte razão. No caso da identificação de objetos físicos, tais objetos são como tais interpessoalmente experienciáveis, mas não as experiências que deles temos, posto que cada um de nós tem a sua própria; mesmo assim dizemos que eles são interpessoalmente compartilháveis, posto que não é a experiência, mas o seu objeto, que está em questão. No caso da identificação de meus estados mentais por alguém que penetrasse em minha mente, poderia ser válida uma consideração similar. O objeto de sua experiência, o mesmo estado mental de minha própria experiência, seria perfeitamente compartilhado e interpessoalmente corrigível; apenas as experiências sua e minha desse objeto é que permaneceriam subjetivas e incorrigíveis. Mas essa incorrigibilidade da experiência seria tão pouco necessária para a corrigibilidade interpessoal da identificação do estado mental quanto no caso fora de discussão da experiência de nossa identificação de objetos físicos.

A plausibilidade de minha hipótese pode ser evidenciada. Imagine um autômato A que identifique os esquemas de ação de um autômato B pelo registro que seus sensores ópticos fazem das ações de B. Posteriormente, o autômato A confirma essa identificação ao ser conectado ao autômato B, ao fazer uma leitura direta do programa que havia dirigido as ações de B. Ora, podemos dizer que o acesso que tanto A quanto B têm a esse mesmo programa é "interpessoal", pois a menos que façamos confusão entre a "experiência" de A de sua leitura do programa de B e o programa ao qual B está tendo acesso, não teremos dúvida de que A e B estão compartilhando "interpessoalmente" do *mesmo objeto de experiência*. Certamente, isso vale para qualquer estado interno de B ao qual A possa ter acesso da mesma forma que B tem acesso. Ora, se em um nível tão elementar isso é algo não só concebível como também bastante natural, por que insistir que em nosso caso as coisas precisariam ser em princípio diferentes?

Concluo, pois, que a identificação de estados mentais é ao menos logicamente corrigível, o que significa que *podemos* estabelecer supostas regras para a sua identificação, ainda que, por razões empíricas, não possamos adquirir certeza de que essas regras estão sendo corretamente seguidas. Mas não é assim mesmo? Não possuímos uma incerteza resistente e inevitável acerca da identidade de muitas de nossas experiências internas? Tais hipóteses e tais incertezas são um fato que precisamos admitir, como muitos outros que constituem o nosso sistema ordinário de crenças[29].

11. Conclusão: o realismo direto natural como "versão abreviadora" do fenomenalismo realista

Duas posições sobre o problema da realidade foram defendidas como as mais plausíveis: o realismo direto natural e o fenomenalismo realista. Qual delas é a verdadeira? Minha sugestão é: ambas. Se concebermos o fenomenalismo em sua ingênua forma metafísica, como uma espécie de idealismo, se começarmos com pseudoquestões acerca do *status* ontológico de sensações meramente possíveis, ele parecerá naturalmente incompatível com o realismo, quando não oposto a este. Minha tese é a de que o realismo direto natural que apresentei na seção 4 e a espécie de fenomenalismo realista que esbocei na

---

29. Uma defesa detalhada do argumento aqui esboçado encontra-se em meu artigo *Das Paradox der Privaten Erfahrung*, Prima Philosophia, vol. 10, 1997.

seção 7 são *complementares*: o que temos são na verdade duas linguagens, que configuram dois sistemas conceituais diversos; um deles constitui a linguagem *fenomenalista*, com a qual podemos formular o fenomenalismo realista, e o outro constitui uma linguagem *fisicalista*, na qual formulamos o realismo natural ou de senso comum. Tudo o que for dito na linguagem fisicalista poderá ser ao menos em princípio traduzido na linguagem fenomenalista, posto que nada de empírico é conhecível que não seja *via* sensações. Ora, como tudo o que é expresso na linguagem fisicalista parece ser em princípio traduzível na linguagem fenomenalista e *vice-versa*, devemos concluir que a própria formulação do realismo direto natural, caracterizadora do modo fisicalista de compreensão de nosso acesso ao mundo externo, deve ser traduzível em termos de um esclarecimento do acesso ao mundo através da linguagem fenomenalista, ou seja, em termos do fenomenalismo realista, e que a formulação desse último também deve ser traduzível em termos do realismo direto natural.

Diante disso pode-se perguntar a razão de usarmos o tempo todo uma linguagem fisicalista para falarmos do mundo externo e nunca ou quase nunca recorrermos a sensações cuja possibilidade de ocorrência é garantida. A resposta é que precisamos disso por uma necessidade de *abreviação lingüístico-conceitual*, que traduz uma necessidade mais profunda de *abreviação cognitiva*. Explicando o que quero dizer: seria *economicamente proibitivo* fazermos uso da linguagem fenomenalista para falarmos do mundo externo e por conseguinte pensarmos e ajuizarmos sobre ele; daí termos desde o início, de uma forma não-consciente, desenvolvido, com base no material sensível dado à experiência, a linguagem abreviada do realismo direto, a única realmente viabilizadora de um adequado acesso epistêmico ao mundo externo.

Para apreciarmos o imenso ganho em termos de abreviação lingüístico-conceitual e cognitiva possibilitado pela linguagem fisicalista do realismo direto, basta considerarmos um exemplo muito simples, como a afirmação de que o meu exemplar do *Fausto* de Goethe se encontra na estante, lá onde o deixei muitos meses atrás. Posso dizer que ele lá se encontra, mesmo em minha ausência, usando a linguagem abreviada do senso comum. Mas o que quero dizer é que o variavelmente experienciável multicomplexo de sensações intitulado *Fausto* é garantidamente experienciável contra o pano de fundo do garantidamente experienciável multicomplexo de sensações que é a estante de literatura de minha biblioteca, por sua vez garantidamente experienciável sobre o pano de fundo do multicomplexo de sensações garantidamente experienciáveis que denomino minha casa e assim por diante. Isso é só o começo, pois nada foi dito sobre a formação desses multicomplexos e as maneiras como eles se relacionam uns com os outros. Falar, pois, do *Fausto* em minha estante é realizar uma extrema e absolutamente indispensável simplificação, cuja ausência seria impeditiva para o pensamento e a comunicação. Mesmo atualmente, quando olho para o exemplar do *Fausto* em minha estante, o que digo perceber lá na estante só pode ser um conjunto de impressões sensíveis em sua garantida possibilidade de experiência: faces objetuais. Posso inclusive dizer que o complexo de sensações garantidamente experienciáveis está causando minhas sensações atuais subjetivas, e isso também é correto. O que não posso fazer é confundir o complexo de sensações garantidamente possíveis e objetivas com as sensações presentes e subjetivas, de idêntico conteúdo, perguntando pela causa disso tudo, pois nesse caso eu terei cavado um abismo intransponível entre minha experiência e os seus objetos, tornando-me vítima do realismo representativo ou sendo forçado a postular uma coisa em si (que Berkeley pensava ser Deus) que determina a existência das sensações. A possibilidade de tradução fenomenalista corrobora a tese de que tal abismo é uma ilusão provocada pela confusão entre a relação de conhecimento perceptual, que é *semântica* e *direta*, e uma análise de processos físico-fisiológico-psicológicos do ato perceptivo nos quais são consideradas relações *causais* e *indiretas*.

7. Epistemologia da memória: reavaliando a teoria imagista

Memória é a capacidade de *reter* e *atualizar* conhecimentos adquiridos no passado. Há uma variedade de classificações de espécies de memória. Como onde há conhecimento deve haver memória, podemos utilizar as três formas de conhecimento consideradas no capítulo 5 (seção 1) como fio condutor para uma distinção entre as principais formas de memória. Naquele capítulo vimos que há ao menos três formas de conhecimento: conhecimento de particulares, conhecimento como habilidade e conhecimento proposicional. Assim, correspondendo ao conhecimento de particulares, há uma *memória de particulares* ou *pessoal*, que entendida de maneira ampla envolve a capacidade de lembrar de objetos, eventos, episódios e situações experienciadas por uma pessoa no passado. Correspondendo ao conhecimento proposicional (*knowing that*), há uma *memória de proposições*, que é a capacidade de reter e manifestar o conhecimento proposicional. E correspondendo ao conhecimento como habilidade (*knowing how*) há uma memória de como fazer, uma memória de habilidade, que é a capacidade de reter e manifestar o conhecimento como hábito.

Comecemos com a memória pessoal ou de particulares. Poderíamos chamá-la de "memória do passado", pois ela se deixa definir como *a recordação que uma pessoa tem daquilo que ela mesma experienciou em seu passado*. Se uma pessoa se recorda de um evento que testemunhou no passado, digamos, de ter quando criança presenciado um incêndio em uma casa da rua onde morava, trata-se de uma memória pessoal ou de particulares. A memória de particulares é, pois, a capacidade de reter e atualizar o conhecimento do que foi objeto de experiências pessoais (o que pode incluir estados internos). Essa forma de memória – diversamente das outras – pode ser considerada uma *fonte* de conhecimento, no sentido de que recorremos a ela para justificar pretensões de conhecimento: uma pessoa pode afirmar que houve um incêndio em uma casa da rua onde morava quando criança com base em sua recordação, sendo essa a fonte de sua pretensão de saber desse fato. O objeto da experiência de que nos recordamos pode não sê-lo em um sentido meramente passivo: é freqüente que nos recordemos de uma experiência sensório-motora, digamos, quando alguém se recorda de ter participado de uma maratona. Além disso, a memória de particulares não precisa ser episódica, referindo-se a uma experiência que nunca mais se repetiu, como no caso da recordação do incêndio: é freqüente termos recordações experienciais de eventos-tipo que se repetem, por exemplo, a recordação de um local freqüentado no passado ou do rosto de um amigo.

Em contraste com a memória de particulares temos as memórias proposicionais e de habilidade (memória-hábito). A memória é tipicamente proposicional quando alguém se lembra do teorema de Pitágoras ou de sua demonstração, quando alguém se lembra *de que* o aumento da velocidade de um corpo é proporcional à força a ele aplicada ou *de que* o estrôncio é um elemento da tabela periódica. Em tais casos a enunciação do conteúdo mnêmico costuma vir tipicamente precedida da preposição "que". Quanto à memória de habilidade, ela se evidencia, por exemplo, quando alguém demonstra – através da ação – que sabe andar de bicicleta, nadar ou falar português.

A memória de fatos passados pode vir sob a forma de memória proposicional no proferimento: "Lembro-me *de que* presenciei um incêndio quando criança"; mas posso reverter essa forma eliminando a frase complementar com o proferimento "Lembro-me *do* incêndio que presenciei quando criança". Há aqui uma diferença: no segundo proferimento refiro-me a um evento particular do qual guardo memória (memória de particulares); no primeiro proferimento pode ser que eu não guarde memória do evento particular, pois as imagens do evento já se perderam, mas que eu ainda assim saiba que presenciei tal evento. Em tal caso trata-se de uma memória proposicional de um fato particular pessoal (do saber do fato) e não mais de memória de particulares. Mais adiante veremos que essa diferença não é irrelevante.

O ponto onde as memórias proposicional e de habilidade mais diferem da memória experiencial é que elas não são propriamente memórias do passado. Elas são, em um sentido, memórias do presente, pois o que é relevante é que certos conhecimentos ou habilidades existentes como disposições sejam atualizados. Mesmo que em uma época passada eu tenha aprendido que o estrôncio é um elemento da tabela periódica e que eu tenha uma vez aprendido a andar de bicicleta, se me recordo ou não dessas experiências é algo completamente irrelevante para as respectivas memórias proposicional e de habilidade que tenho dessas coisas.

Certamente, todas as três memórias recém-consideradas são importantes. Mas os problemas epistemológicos que incidem sobre a memória proposicional e a memória-hábito não chegam a ser independentemente relevantes. A memória só se torna uma fonte autônoma de perplexidades quando é memória de particulares, memória do passado, pois é aí que aparece o problema da relação entre a memória e os particulares que a originaram. A essa memória Russell chamou, seguindo Bergson, de *memória verdadeira*. Por isso, no que se segue, a nossa discussão ficará restringida à memória de particulares.

1. A teoria imagista da memória

Assim como há três concepções gerais sobre a percepção: realismo direto, representacionalismo e fenomenalismo (ver capítulo 5), pode haver paralelamente três espécies gerais de teorias da memória. A primeira delas é o realismo direto. Segundo o realismo direto, quando nos recordamos de algo, recordamo-nos da *própria coisa* que causou a recordação. Se me recordo de ter presenciado um incêndio, o objeto de minha recordação é o próprio incêndio, diretamente, com sua fumaça e labaredas reais. Tomada de forma tão crua, essa é uma concepção altamente inverossímil, visto que o incêndio pertence ao passado, não existindo mais; e se ele não existe, como pode ser objeto da memória? Além disso, se o realismo direto, assim entendido, fosse admitido, então poderíamos escrutinar o passado da mesma forma que podemos escrutinar as nossas percepções atuais, aumentando sempre mais o que sabemos acerca dele. Também inverossímeis são as aproximações toscamente fenomenalistas; um fenomenalista poderá sustentar que a memória do passado não existe, posto que o passado não existe: o que chamamos de memória de particulares são apenas certas experiências atuais específicas... Resta, pois, o representacionalismo, que ao menos no que diz respeito à memória de particulares passa a desempenhar um papel cabível. Essa foi a posição proeminente na tradição filosófica, disso não se seguindo que uma concepção representacional da memória nos comprometa com o representacionalismo em filosofia da percepção.

A primeira concepção representacionalista da memória de que se teve notícia foi a teoria imagista sugerida por Aristóteles em *Da memória*. Nesse breve texto ele escreve que a memória ou o recordar (ele tem em mente a memória de particulares) consiste na posse de uma imagem, que é como um molde impresso na alma pela percepção sensível dos movimentos de coisas físicas, sendo essa imagem relacionada por semelhança àquilo de que é imagem[1].

Essa concepção imagista da memória conduz Aristóteles ao seguinte dilema: Quando uma pessoa se recorda, do que ela se recorda? Se ela se recorda da imagem, então parece que não pode haver memória, pois ela não se lembra de nada que está ausente. Se, por outro lado, aquilo de que a pessoa se recorda é

---

1. Aristóteles: *The Complete Works of Aristoteles* (Ed. J. Barnes), Princeton, 1984, vol. 1, 450ª1-451ª1, pp. 714-6.

a coisa da qual a imagem deriva, como é possível que, nos sendo dada só uma imagem, nos recordemos da coisa que não está presente e que talvez já nem sequer exista?[2]. A resposta que Aristóteles dá a esse dilema é que – do mesmo modo que uma pintura destinada a retratar uma pessoa – a imagem pode ser considerada de dois modos: primeiro em si mesma, sob abstração do que ela representa; segundo, como representação, como símile de alguma outra coisa. Quando nos recordamos de alguma coisa, utilizamos a imagem como símile de alguma outra coisa, recordando-nos da coisa *através* da imagem, da mesma forma que vemos como alguém é através do seu retrato.

Mesmo que Aristóteles tenha respondido ao seu dilema, há para além disso uma questão mais importante que ele não considera. Ele não nos diz o que assegura que uma imagem mnêmica representa efetivamente um fato ou evento passado; ele não nos diz qual é o *critério* da memória autêntica ou verídica.

Respostas para essa questão foram tentadas por dois outros defensores de versões da teoria imagista da memória: Hume e Russell. Hume distingue entre duas espécies de idéias (imagens, em um sentido amplo): idéias da *imaginação* e idéias da *memória*. As idéias da imaginação são combinações de idéias que não exigem correspondência com o que realmente existe; já as idéias da memória são reproduções das impressões sensíveis que nos foram causadas no passado, exigindo tal correspondência. Hume sugeriu então duas marcas ou critérios distintivos das idéias da memória: primeiro, elas devem ter maior *vivacidade* e *vitalidade* do que as idéias da imaginação; segundo, enquanto as idéias da imaginação não ficam restritas à mesma ordem e forma das impressões originais, as idéias da memória estão restritas à mesma *forma* e *ordem* das impressões originais, sem nenhum poder de variação[3].

Os dois critérios propostos por Hume são, porém, claramente inadequados. O critério de intensidade falha porque há

---

2. Aristóteles, *ibid.*, 450^{b}1, p. 716.
3. D. Hume: *A Treatise of Human Nature* (Ed. P. H. Nidditch), Oxford, 1978, livro I, sec. III, p. 9.

muitos casos de imagens mnêmicas tênues, por exemplo, de um passado distante, certamente menos fortes do que produtos mais vívidos da imaginação (segundo relatos, Flaubert chegou a adoecer e a sentir o gosto amargo do arsênico ao descrever o suicídio de Madame Bovary, e na psicose alcoólica a imaginação produz alucinações que são tão intensas quanto as imagens reais). Quanto ao critério de identidade de forma e de ordem com a impressão original, o próprio Hume admite a sua inutilidade: para conferir a validade do critério precisaríamos comparar a imagem mnêmica com a impressão passada, o que é impossível.

Bertrand Russell sugeriu uma teoria representacional segundo a qual a memória depende não só de uma imagem, mas também de uma crença associada a ela: a crença de que tal imagem é de um determinado acontecimento passado. E para ele o que torna essa imagem confiável são essencialmente dois critérios de veridicidade mnêmica, que são o *sentimento de familiaridade* e o *sentimento do passado*, ao que ele adiciona o *contexto*, dado que as imagens "são lembradas sucessivamente ou em um processo total simultâneo"[4]. Uma objeção que tem sido feita aos critérios de Russell é a de que sentimentos como o de familiaridade ou de passado dizem respeito simplesmente à nossa *crença* de que as representações mnêmicas são verídicas; mas isso é justamente o que os critérios de confiabilidade da memória devem garantir, o que faz com que a sua explicação pressuponha o que pretende explicar.

Apesar disso, penso que Russell tocou no cerne da questão, ainda que de modo equívoco. Primeiro: quando ele menciona o contexto, chega casualmente ao que me parece o critério central da veridicidade mnêmica. Como sei, por exemplo, que na semana passada fui à reunião do Departamento? Há, certamente, imagens que guardo de minha participação na reunião. Mas o que me garante que essas imagens são verídicas e não um mero produto de minha imaginação? Ora, basicamente porque elas são coerentes com um contexto que envolve outras

---

4. B. Russell: *The Analysis of Mind*, London, 1989 (1921), p. 162.

crenças e recordações que guardo de minha história pessoal... Sei que a imagem é verídica porque sei que sou professor dessa Universidade, porque sei que a reunião ocorre na última segunda-feira de cada mês, porque relaciono a imagem à minha recordação de ter ido ao Departamento naquela manhã e ao documento que preparei para ser votado, porque localizo tais imagens na seqüência de minhas memórias como referindo-se a coisas experienciadas por mim na semana passada, localizando-as dentro de todo um conjunto de crenças. Nada disso posso fazer com respeito à imagem fantasiosa que faço de mim mesmo escalando o monte Everest na segunda-feira passada. Nesse caso, a crença relacionada à imagem fica desconectada de outras crenças que tenho com respeito às circunstâncias de minha própria existência. Dessas considerações concluo que o critério distintivo da memória verídica de particulares deve centrar-se na *coerência pela qual as imagens que a constituem* (que podem ser visuais, auditivas, tácteis...) *se inserem na história pessoal de quem as evoca*. Uma ilustração favorável a essa conclusão está na hipótese de uma pessoa que a cada noite tem um sonho no qual ela se vê como habitante de um certo lugar no qual havia vivido muitos anos atrás; se supusermos ainda que além de muito vívido esse sonho seja perfeitamente coerente, continuando-se a cada noite como os capítulos de uma tediosa novela, ao final tornar-se-á compreensível que a pessoa comece a suspeitar se os episódios que ela recorda ter vivido no sonho não teriam sido de fato reais.

Mas não é só a menção ao contexto que na formulação de Russell merece ser resgatada. É verdade que as expressões "sentimento de familiaridade" e "sentimento do passado" designam estados psicológicos subjetivos que são inúteis como critérios. Em casos de *déjà vu*, temos uma impressão de já termos estado em um lugar onde com certeza nunca havíamos estado antes. Podemos sonhar que nos recordamos de algo que nunca ocorreu, sentindo-nos familiares com tal evento. E podemos ainda conceber que seja inventada uma droga que uma vez ingerida faça com que a pessoa tenha um sentimento de familiaridade e passado com respeito às suas mais absurdas fantasias:

se ingiro a droga e imagino que escalei o Everest na semana passada, minhas imagens vêm acompanhadas de um profundo sentimento de intimidade com algo passado... Tal situação é concebível, mas não faria das fantasias que envolvem meus sentimentos memórias verídicas. Com isso não quero dizer que os sentimentos de familiaridade e de passado são coisas sem importância. Pois, embora eles não possam ser considerados critérios de memória verídica, quero sugerir que possam ser sintomas psicológicos resultantes da aplicação desses critérios. Em outras palavras: os sentimentos de familiaridade e de passado são originados pelo que eu gostaria de chamar respectivamente de *localização contextual sincrônica* e *localização contextual diacrônica*. Vou explicar o que quero dizer com essas expressões.

Considere o sentimento que tenho quando me lembro da casa onde moro. Ao me lembrar, eu insiro imagens de minha casa em um contexto temporalmente sincrônico de eventos e estados de coisas: a casa é habitada por certas pessoas, situa-se em uma determinada vizinhança, em um certo bairro, há certos sons mais freqüentes, alguns mais incômodos do que outros... Essa localização contextual sincrônica do que é lembrado, que se estende a tudo o que lhe é copresente, ocasiona em mim um sentimento de familiaridade. Mas é a localização contextual, não o sentimento de familiaridade, que realmente funciona como critério de veridicidade. Se me imagino escalando o Everest, posso vagamente me ver martelando pinos em suas paredes de gelo etc., mas falta uma adequada localização contextual; não posso tornar isso coerente com o contexto de minhas outras memórias – daí faltar também o sentimento de familiaridade.

O segundo critério é o que chamei de localização contextual diacrônica. Quando me lembro de um evento do qual participei, eu o situo no contexto da seqüência de eventos anteriores e posteriores a ele, o que me permite situá-lo no passado e suscita, psicologicamente, o sentimento do passado. Assim, posso lembrar-me da reunião do Departamento como tendo ocorrido no passado porque ela se deu na segunda-feira, após os eventos do final da semana, antes dos eventos da terça-feira e da quarta...

Isso me permite situar o evento da reunião do Departamento em um passado específico, o que produz em mim um sentimento do passado. Mas não me seria nada fácil (embora não seja impossível) inserir de maneira coerente a minha imagem de estar escalando o Everest nessa seqüência de recordações. A inserção contextual de nossas memórias do passado pode ser mais sincrônica ou mais diacrônica, mas é normalmente e constitutivamente ambas as coisas. Assim, se me lembro de um incêndio que presenciei quando tinha nove anos de idade, sei localizá-lo em minha história pessoal, mas sei também que foi de dia, na rua onde eu morava, em uma certa cidade etc. A consideração disso nos permite reapresentar o critério contextual de veridicidade mnêmica de forma mais matizada como a exigência de que a representação mnêmica *se insira coerentemente, tanto no contexto sincrônico quanto no contexto diacrônico da história pessoal de quem possui a recordação*. Parece que satisfeitas certas condições de fundo que mais tarde consideraremos, podemos dizer que:

A pessoa *a* recorda-se veridicamente do particular X (objeto, evento, situação...) é verídica.	≡	A pessoa *a* é capaz de inserir X coerentemente, tanto no contexto sincrônico quanto no contexto diacrônico de sua história pessoal.

Embora isso não nos forneça nenhuma garantia absoluta, sugiro que seja o que podemos *razoavelmente* esperar de um critério de veridicidade mnêmica.

A teoria imagista da memória encontra-se ainda aberta à objeção de que na verdade muitas de nossas memórias do passado não dependem de imagens. Segundo alguns, essa objeção é fatal para a teoria imagista, sugerindo que em substituição seja desenvolvida alguma forma algo impalpável de teoria proposicional da memória[5]. Em favor dessa objeção está o fato de

---

5. C. Ginet: *Knowledge, Perception and Memory*, Reidel, 1975, cap. VII.

que as imagens mentais são geralmente vagas, distorcidas, esquemáticas. Além disso, elas nem sequer estão sempre presentes: sou perfeitamente capaz de nomear as pessoas que estiveram presentes à reunião do Departamento, sem recorrer às suas imagens. E por vezes elas nem sequer ocorrem: lembro-me de que acabo de tossir, mas não recorro a imagem alguma para isso. Além disso, coisas muito distintas podem fazer o papel de representação, não precisando existir nada em comum entre elas. Conseqüentemente, o papel da imagem é auxiliar e contingente[6].

Esses argumentos carecem, contudo, de força persuasiva. Que as imagens mentais possam vagas, esquemáticas etc. não pesa contra elas, conquanto sejam capazes de exercer sua função. Lembro-me de ter visto uma arara e não um papagaio, pois me lembro de que o tamanho do bicho era maior. A imagem que faço é muito vaga e não sou capaz de descrever detalhes, mas ela preserva as diferenças que circunstancialmente importam. Além disso, imagens não precisam ser visuais, podendo ser traços deixados por quaisquer outros sentidos. Também pode ocorrer que esses traços sensíveis, essas imagens, sejam substituídos por representações simbólicas abstratas, acabando então por desaparecer; mas nesse caso a memória de particulares é substituída pela memória proposicional, que não depende de imagens. Não obstante, a imagem sensível parece ser primária e indispensável, pois não parece possível que uma pessoa possa *realmente* se recordar de uma experiência que ela teve sem que se recorde de nenhuma imagem visual, auditiva, táctil... dessa mesma experiência. Se não tenho um traço sensível, algo em que me fiar, isso basta para a conclusão de que não me recordo. Posso, certamente, repetir automaticamente os nomes das pessoas que estiveram na reunião do Departamento sem recorrer mais a imagens; mas o que me assegura a autenticidade dessas lembranças são as imagens em sua inserção contextual. Se me lembro de ter tossido agora mesmo é porque o som como que ainda ressoa em meus ouvidos; e, se realmen-

---

6. A. J. Ayer: *The Problem of Knowledge*, New York, 1956, pp. 140 ss.

te me lembro de ter tossido algumas horas atrás, então preciso, ainda que vagamente, lembrar-me desse ato. Uso palavras sem representações sensíveis da mesma forma que alguém usa um cartão de crédito, fiando-se no fato de haver um depósito em dinheiro[7].

2. Ceticismo sobre a memória

Há algumas objeções céticas a respeito da confiabilidade da memória que vale a pena considerar. A primeira é uma versão da objeção cética *standard* contra nossas pretensões de conhecimento (ver capítulo 4, seção 2). Trata-se da objeção de que, se a memória falha em nos prover de uma *garantia* de que aquilo que parecemos recordar é verdadeiro, então não é razoável confiarmos nela.

De fato, em um sentido absoluto tal garantia não existe. Entretanto, esse argumento contém uma premissa oculta: a de que uma crença, para ser razoável, deve ter uma razão justificacional capaz de *garantir* a sua verdade. Mas essa herança absolutista, reminiscente da tentativa platônica de identificar os *standards* do conhecimento empírico com os do conhecimento matemático, é algo que, como já vimos, não precisa ser aceito.

Uma segunda objeção cética é a de que a veridicidade mnêmica só pode ser confirmada através de argumentos que recorram a outras memórias, não sendo possível confirmar a validade de nossas recordações na independência disso; por conseguinte, a confirmação de nossas recordações é, ao fim e ao

---

7. Ainda uma fonte de confusão parece residir no fato de que memórias experienciais são base de inferências que delas resultam, havendo uma tendência de confundir uma coisa com a outra. Se me lembro de ter visitado Buenos Aires muitos anos atrás, mas nada recordo da viagem que fiz até lá, posso ainda assim inferir que há muitos anos viajei até essa cidade. Mas essa inferência, como tal, também nada tem a ver com a espécie de memória que estamos examinando. Ela não me autoriza a dizer que realmente me recordo de minha viagem para Buenos Aires. Posso apenas dizer que sei que fiz essa viagem, sendo a memória envolvida do tipo proposicional. E a razão pela qual falta aqui a memória de particulares é apenas a de que os traços mnêmicos capazes de representar esse fato se perderam.

cabo, circular. Com efeito, se for necessário confirmar a minha recordação de ter comparecido à reunião do Departamento na última segunda-feira, isso pode ser possível se outras pessoas que lá estiveram forem interrogadas; se elas responderem que me viram lá, isso confirmará minha recordação. Contudo, elas só poderão apresentar essa confirmação recorrendo às suas próprias memórias, que poderão ser por sua vez questionadas... Pode ser que eu tenha assinado algum papel, ou que, digamos, a reunião tenha sido gravada e que a minha voz tenha aparecido na fita. Mas será necessário então que outras pessoas se lembrem de os papéis terem sido assinados, de terem gravado a reunião, de como soa a minha voz etc. Assim, em algum ponto da confirmação recorreremos sempre à memória... Uma resposta plausível para essa objeção seria *coerencial*: a veridicidade de nossa memória não envolve somente a aplicação do critério contextual de veridicidade mnêmica anteriormente proposto, mas para além dele, envolve a sua virtual confirmação interpessoal através de sua coerência com as memórias de outras pessoas e com confirmações empíricas, como estados de coisas deixados por eventos passados recordados.

Finalmente, um argumento cético similar ao referido no capítulo 4 pode ser aqui repetido. Considere primeiro o seguinte *modus ponens*:

(A)
1 Sei que a Revolução Soviética se deu em 1917.
2 Se sei que a Revolução Soviética se deu em 1917, então sei que o mundo existia mais de 5 minutos atrás.
Logo, sei que o mundo existia há mais de 5 minutos.

O argumento parece fazer sentido. Mas o cético está livre para seguir o caminho inverso, começando por duvidar da conclusão. Suponhamos, como fez Bertrand Russell, que o mundo foi criado cinco minutos atrás, e nós dentro dele, com todas as nossas memórias de um passado que na verdade nunca existiu. Essa hipótese é estranha, mas logicamente possível. Não temos evidências contra ela, não podendo, portanto, saber que ela é falsa. Ora, se é assim, então não podemos saber se é verdade que o mundo existia há mais de cinco minutos. Isso torna possível ao cético produzir o seguinte *modus tollens*:

(B)
1 Se sei que a Revolução Soviética se deu em 1917, então sei que o mundo existia há mais de 5 minutos.
2 Não sei se o mundo existia há mais de 5 minutos.
Logo, não sei se a Revolução Soviética se deu em 1917.

Com efeito, se não posso saber que o mundo existia há mais de 5 minutos, então não só não posso saber que a Revolução Soviética se deu em 1917, mas não posso saber de mais nada do que teria ocorrido antes disso!

A resposta que quero sugerir para esse argumento cético segue as mesmas linhas da resposta sugerida para o argumento cético (B) no capítulo 4 (seção 2). Mas, antes de apresentá-la, quero reformular o argumento (B) de modo que revele todo o alcance da dúvida cética. Colocando x no lugar da descrição de qualquer evento, podemos construir o seguinte argumento cético:

(C)
1 Se sei que x ocorreu no passado, então sei que existiu o passado antes do presente.
2 Não sei se existiu o passado antes do presente.
Logo, não sei se x ocorreu no passado.

Penso ser possível demonstrar que esse argumento é inválido mostrando que nele a afirmação de que existiu um passado antes do presente é ambígua, possuindo sentidos diversos na primeira e segunda premissas, e que isso se deve a dois sentidos diversos do conceito de existência. Há, primeiro, um sentido *inerente* da palavra "existir", que é relativo à aplicação dos critérios de existência passada sob o pressuposto da aceitação do sistema estruturador de crenças acerca da história do mundo em que vivemos. Que existiu um passado antes do presente é algo que ao menos nesse sentido dependente posso afirmar que sei, mesmo que se venha a provar que na verdade não existiu passado algum antes do presente. Mas há também um sentido *aderente* da palavra "existência", que temos em mente quando dizemos que em última instância *não* podemos realmente saber se existiu um passado antes do presente, posto que é logicamente possível que venhamos a descobrir que aquilo que consideramos passado é meramente ilusório, no caso em que nosso sistema estruturador de crenças acerca da história do mundo venha a perder a sua validade ao ser contrastado com algum outro sistema que passamos a ter por verdadeiro.

Aplicando essa distinção ao argumento (C) vemos que o sentido da palavra "existência" na segunda premissa é aderente, enquanto o sentido da palavra "existência" no conseqüente da primeira premissa é inerente, visto que é só sob a admissão da validade de nosso sistema de crenças atual acerca da história que posso concluir, de minha memória de algo ocorrente no passado, que existiu um passado antes do presente. Assim, o argumento (C) é inválido, posto que equívoco.

O mesmo se aplica ao argumento (B), que deve ser entendido como uma forma entimemática do seguinte argumento:

(D)
1 Se sei que a Revolução Soviética se deu em 1917, então sei que existiu um passado antes do presente.
2 Se sei que existiu um passado antes do presente, então sei que o mundo existia há mais de 5 minutos.
3 Não sei se o mundo existia há mais de 5 minutos.
Logo, não sei se a Revolução Soviética se deu em 1917.

O sentido do conceito de existência na primeira premissa é entendido como inerente, posto que relativo à admissão de nosso atual sistema estruturador de nossas crenças acerca da história do mundo, o mesmo se dando com o sentido do conceito de existência na segunda premissa, caso queiramos aplicar coerentemente a ambas as premissas a regra do silogismo hipotético. Mas o uso do conceito de existência na terceira premissa é aderente: nesse sentido a existência não pode ser realmente sabida. (Posso, contudo, ser levado à resolução de aceitar um outro sistema de crenças sobre o passado, dentro do qual nego a existência do mundo há mais de 5 minutos.) Como conseqüência desse uso equívoco do conceito de existência, não é possível aplicar o *modus tollens* à terceira e à segunda premissas de modo que se chegue à conclusão cética, e o argumento é equívoco.

8. O problema da indução e os cursos do mundo

Nosso conhecimento empírico envolve necessariamente inferências indutivas, ou seja, aquelas através das quais passamos do conhecimento do que foi observado para o conhecimento do que não foi observado. O assim chamado problema da indução foi introduzido pelo filósofo inglês David Hume, que construiu um argumento plausível para mostrar que não há justificação racional para a inferência indutiva. Apesar de haver importantes tentativas de resolver ou dissolver o problema, ele tem se revelado um mistério tão refratário a uma solução de consenso quanto o arquiinsolúvel problema do mundo externo.

1. O problema da indução

Se ao homem das cavernas fosse perguntado como ele sabe que após a longa noite virá o dia, ou como ele sabe que da próxima vez que fizer fogo, o fogo aquecerá, o que ele responderia? Ele responderia que sabe disso porque no passado o dia sempre veio após a longa noite e porque no passado o fogo sempre fez calor. Da observação repetida de certas relações entre certos eventos no passado, ele concluiria que elas tendem a permanecer as mesmas também no futuro.

Para formularmos o procedimento inferencial da indução de maneira geral, chamaremos primeiro às propriedades, eventos, objetos ou estados de coisas envolvidos de *elementos* A e B. Suponhamos termos observado que o elemento A está associado de um certo modo ao elemento B em uma proporção m/n, cujo valor será de 1 no caso em que o elemento A *sempre* foi observado em tal associação com o elemento B (como nos casos do calor e do fogo, da noite e do dia). Suponhamos também que a proporção m/n tenha se mantido a mesma sob as mais variadas condições de fundo e que nada contrarie as informações de que dispomos. Nessa situação, uma inferência indutiva enumerativa nos moverá da premissa de que m/n dos As observados associaram-se aos Bs, a conclusões acerca do que não foi observado. Essas conclusões costumam ser: (i) que o *próximo* elemento A observado tenderá a vir associado ao elemento B do modo considerado e na proporção de m/n, ou então, (ii) que há uma tendência de que m/n de *todos* os As associam-se aos Bs do modo considerado[1].

É importante notar que a inferência do observado para o não observado envolvida no procedimento indutivo não diz respeito apenas à inferência de associações de elementos observados no passado para a associação de elementos a serem observados no futuro, como mostram os exemplos tradicionais. Ela também diz respeito a inferências relativas ao que foi observado no passado para o que não foi observado no passado. Por exemplo: acreditamos que fogueiras não observadas no passado também eram quentes. E é igualmente possível construir inferências similares em termos espaciais, quando inferimos do que já foi observado em uma certa região do espaço para como deve ser em uma outra região do espaço não observada. Por exemplo: acreditamos que uma fogueira acendida em Burma arde tanto quanto as fogueiras que já observamos serem acendidas no Brasil.

O problema da indução consiste na questão de saber se inferências dos tipos que acabamos de expor são *racionalmen-*

---

1. Sigo aqui (aproximadamente) a formulação de Laurence Bonjour em "A Reconstruction of the Problem of Induction", *Philosophical Topics* 14, n. 1, 1986, p. 94. Como Bonjour, pressuponho que B não envolve predicados como "grue" e "bleen" do paradoxo de Goodman, o qual não chega a ser relevante para a presente discussão.

te justificáveis e, em caso positivo, o de desenvolver uma justificação racional para elas. Contra a possibilidade de justificação racional da indução, Hume construiu um dilema que se vale da distinção analítico/sintético discutida no capítulo 5 do presente livro e que quero expor da seguinte maneira[2]. Para justificarmos a passagem indutiva das premissas para a conclusão, precisaremos de um argumento dedutivo fundamentado em um princípio *analítico* ("associação de idéias", no dizer de Hume) ou em um princípio *sintético a posteriori*, ou seja, em algo obtido através de inferência indutiva (o que Hume chamava de "matéria de fato"). Mas para Hume um princípio meramente analítico nunca será suficientemente forte para justificar argumentos nos quais as conclusões vão além das premissas, como é o caso dos argumentos indutivos; e princípios sintéticos *a posteriori* precisarão apoiar-se eles próprios na experiência indutiva, tornando o raciocínio circular.

Consideremos melhor a primeira alternativa. Suponha-se que se pretenda justificar racionalmente as inferências indutivas através de um argumento dedutivo. Podemos justificar a validade de uma inferência dedutiva particular como "Se há fogo, há calor; há fogo, logo há calor", dizendo que ela é válida simplesmente por ter uma forma avalizada pela regra lógica do *modus ponens*. O *modus ponens* pode ser aqui considerado o princípio que justifica a inferência em questão, sendo ele *claramente analítico* (uma tautologia). Assim, e só assim, podemos justificar uma inferência dedutiva. Claramente, não podemos fazer a mesma coisa com argumentos indutivos, pois os princípios da lógica dedutiva só se aplicam aos argumentos nos quais a conclusão não excede aquilo que já está contido, ao menos potencialmente, nas premissas, o que nunca é o caso quando nos deparamos com argumentos indutivos: na conclusão do argumento indutivo há referências a associações de fenômenos em

---

2. D. Hume: *An Inquiry Concerning Human Understanding*, Oxford, 1975, seção IV. Para um tratamento mais geral do problema, ver W. Salmon: *The Foundations of Scientific Inference*, Pittsburgh, 1967, cap. 1.

regiões espácio-temporais (isto é, espaciais e/ou temporais) inobservadas; assim, o conteúdo da conclusão excede necessariamente o que está contido nas premissas, impossibilitando-nos de justificar a inferência através das regras da dedução natural. Não parece possível, pois, justificar racionalmente a indução através de um argumento fundamentado em princípios analíticos.

Suponhamos agora que queiramos justificar a indução com base em um argumento fundamentado em algum princípio sintético *a posteriori*, em matéria de fato. Nesse caso, o princípio justificador do procedimento indutivo acabará sendo ele mesmo indutivamente assentado. Ora, se fizermos isso seremos forçados a admitir previamente o procedimento indutivo como certo, de maneira que possamos usá-lo para assentar o princípio justificador da credibilidade dos argumentos indutivos, caindo em um raciocínio claramente circular; não parece possível utilizarmos a própria indução para justificar a indução sem incorrer em petição de princípio.

Quero me deter um pouco nessa última alternativa, considerando dois princípios pelos quais já se tentou justificar indutivamente a indução e mostrando as suas limitações. O primeiro deles é o de que *casos não observados tendem a assemelhar-se a casos já observados*. Esse princípio pode ser mais cuidadosamente formulado como o

PRINCÍPIO DA INDUÇÃO OU PI:
Se um elemento A é observado como estando recorrentemente associado de uma certa maneira ao elemento B na proporção x/y no espaço e tempo conhecidos, então A *tenderá* a repetir a mesma associação com B na proporção x/y ao ocorrer em regiões espácio-temporais não observadas.

O segundo princípio do qual podemos lançar mão, em uma tentativa de justificar a indução, é o assim chamado *princípio da uniformidade da natureza*. Se optarmos por uma formulação mais genérica do princípio da uniformidade, deveremos afirmar que o que se passa em segmentos temporais não observados tende a assemelhar-se ao que se passou em segmentos já observados, o mesmo se dando entre regiões observadas e inobservadas do espaço. Eis como podemos formulá-lo:

PRINCÍPIO DA UNIFORMIDADE DA NATUREZA ou PUN:
Regiões espácio-temporais inobservadas tendem a assemelhar-se a regiões espácio-temporais já observadas.

O PUN pode ser formulado de modo que se restrinja à similaridade entre futuro e passado, afirmando que *o futuro tende a assemelhar-se ao passado*, o que chamarei de princípio da uniformidade-t ou PUN-t. Se restrito à semelhança entre regiões espaciais inobservadas com as já observadas, o princípio afirma que *as regiões espaciais inobservadas tendem a assemelhar-se às já observadas* – o que chamarei de princípio da uniformidade-e ou PUN-e. Certamente, as mesmas restrições podem ser também aplicadas ao PI: PI pode ser transformado em um princípio da indução-t ou PI-t, se restrito à repetição de associações no tempo, ou em PI-e, se restrito à conservação de associações de fenômenos no espaço.

Embora esses dois princípios sejam às vezes tratados como se dissessem coisas diferentes, não parece haver dúvida de que eles são apenas maneiras diferentes de dizer praticamente a mesma coisa, a qual é tratada de maneira algo metafórica no último caso. A razão de eles dizerem quase o mesmo é que, considerando que o que entendemos por elementos abrange tudo o que possa ser empiricamente dado, quando dizemos que regiões espácio-temporais desconhecidas tendem a assemelhar-se às já conhecidas, o que estamos querendo dizer é que as associações entre os elementos que constituem as regiões espácio-temporais que desconhecemos provavelmente serão semelhantes às associações de elementos que constituem as regiões espácio-temporais que já conhecemos. (Os dois princípios não dizem, porém, exatamente o mesmo, dado que PI é uma inferência para o fenômeno B no caso da ocorrência do fenômeno A, enquanto PUN é uma inferência que prevê a repetição da mesma *relação* de A com B.)

Mas como podem princípios indutivistas como PI e PUN ser usados na tentativa de fundamentar a indução? Consideremos PI e um argumento indutivo qualquer, por exemplo, "o fogo sempre foi quente, logo o próximo fogo (provavelmente) será quente". Ambos nos permitem construir o seguinte argumento:

1 Se um elemento A for observado como recorrentemente associado de um certo modo ao elemento B na proporção x/y, no espaço e tempo conhecidos, então A tenderá a repetir a associação com B na mesma proporção x/y ao ocorrer em regiões espácio-temporais não observadas.
2 O calor esteve recorrentemente associado ao fogo na proporção de 1/1 no passado.

Logo: o calor tende a associar-se ao fogo na proporção de 1/1 na próxima vez que o fogo for observado.

Dessa maneira nós transformamos o argumento indutivo inicial em parte de um argumento *dedutivo* que depende de uma instanciação universal e do *modus ponens*. Com efeito, se casos inobservados se assemelham aos observados, se a natureza tende à uniformidade, então podemos esperar que um elemento que temos observado como recorrentemente associado a outro *tenda* a se associar na mesma proporção ao ocorrer em regiões espácio-temporais inobservadas.

Essas considerações nos livram do problema humiano? Ao que parece, não. Apenas o transferimos para a premissa maior. Para que isso fique claro, basta perguntar sobre a natureza do princípio da indução ou do princípio da uniformidade. Eles não parecem ser analíticos. Pois nada parece mais simples do que negá-los dizendo, por exemplo, que o fato de fenômenos terem sido observados como associados entre si em certa região espácio-temporal *não* fornece razão para esperarmos que esses fenômenos tendam a aparecer semelhantemente associados ao ocorrerem em regiões espácio-temporais não observadas. Tais princípios são, portanto, sintéticos, podendo ser falsos.

Um último estratagema de quem pretende justificar a indução por meio de princípios indutivistas é apresentá-los como resultado de inferências indutivas. Eis o procedimento. Às perguntas "Como sabemos que associações de elementos inobservados tendem a repetir os padrões das associações já observados dos mesmos elementos?" ou "Como sabemos que regiões espácio-temporais desconhecidas tendem a se assemelhar a regiões espácio-temporais já conhecidas?", há uma resposta que nos parece natural. É a de que sabemos disso porque, uma vez que muitas regiões espácio-temporais desconhecidas no passado acabaram por revelar-se semelhantes às regiões já conhecidas em um passado anterior a ele, temos razões para inferir o princípio da indução ou da uniformidade da natureza. Eis como esse raciocínio pode ser mais precisamente formulado na obtenção do princípio da indução:

1 Elementos observados como recorrentemente associados na proporção x/y em certas regiões espácio-temporais já observadas continuaram a manter suas associações na proporção x/y ao ocorrerem em regiões espácio-temporais que ainda não haviam sido observadas.

Logo: se associações de elementos são encontradas em uma proporção de x/y em regiões espácio-temporais observadas, essas associações provavelmente tenderão a manter a mesma relação x/y ao ocorrerem em regiões espácio-temporais não observadas.

Em um sentido esse raciocínio parece ser intuitivo e justamente aplicável: não nascemos conhecendo princípios indutivistas; ao que parece, adquirimos confiança nesses princípios na medida em que ampliamos nossa experiência indutiva, o que parece dar uma *medida* à nossa crença nos princípios indutivos. O problema, contudo, é que ainda aqui nos apoiamos em uma inferência indutiva. Podemos, portanto, continuar nos perguntando qual *a razão* que temos para pensar que a continuação das mesmas associações no passado probabiliza que casos ocorrentes em regiões espácio-temporais inobservadas apresentem as mesmas associações. E, quando nos fazemos essa pergunta, o problema retorna com a mesma intensidade.

Como é sabido, a conclusão de Hume era profundamente cética. Ele acreditava que não há meios racionais de justificar a nossa crença em raciocínios indutivos. A causa de nossa crença na indução é para ele meramente psicológica: cremos em nossas inferências indutivas movidos por certas disposições de nossa natureza de formar *hábitos*, os quais nos forçam a esperar que no futuro as correlações entre elementos sejam as mesmas a que já estamos acostumados. Mas essa parece ser uma conclusão desesperadoramente cética. Ela equivale a dizer que não temos mais razão para as nossas crenças e ações delas decorrentes que os insetos ao serem atraídos para a luz, os quais com isso nada mais fazem do que seguir um impulso cego que a natureza lhes deu.

Qual a reação da maioria dos filósofos diante do dilema humiano? É certo que a maioria não se satisfez com a solução cética por ele adotada. No que se segue, quero resumir algumas soluções tentadas, mostrando as dificuldades que elas encontram; no final farei uma breve exposição de minha própria maneira de resolver o problema.

2. Justificativas indutivistas da indução

Uma resposta natural, quando nos perguntam como justificar que os argumentos indutivos que foram até agora bem sucedidos continuarão a ser bem sucedidos no futuro, parece ser: "Porque eles sempre foram bem sucedidos no passado". Justificações indutivistas da indução tentam mostrar que essa resposta não constitui uma petição de princípio[3]. Formulemos, para simplificar, PI como afirmando que regularidades não obser-

---

3. Ver M. Black: *Problems of Analysis*, Ithaca, 1954, cap. 11.

vadas tendem a assemelhar-se a regularidades já observadas. Podemos justificá-lo indutivamente pelo seguinte raciocínio:

1 No passado as regularidades não observadas assemelharam-se às regularidades já observadas.
Logo: as regularidades não observadas tendem a assemelhar-se às regularidades já observadas.

Ora, poderia então ser objetado que para fazermos essa inferência precisamos fazer outra vez uso de PI, o que torna o princípio circular. O defensor da justificação indutivista da indução nega que esse seja o caso. Ele dirá que usamos aqui PI_1, ou seja, o mesmo princípio em um segundo nível. PI_1, ele reconhece, ainda carece de justificação; mas ele poderá ser justificado através de um argumento idêntico em um terceiro nível, que recorre a PI_2, e assim sucessivamente. Como não há um limite superior nessa hierarquia de níveis, a justificação não é circular; e, como para cada nível há uma justificação, o defensor da justificação indutivista conclui que ela existe para todos os níveis.

Há, contudo, razões aparentemente decisivas para rejeitarmos semelhante solução[4]. Uma primeira delas é que outros sistemas diversos do sistema da lógica indutiva, e mesmo opostos a ele, podem ser justificados da mesma maneira. Esse último é o caso de uma suposta lógica *contra-indutiva*: uma lógica que afirma, com base na observação de regularidades, que as regularidades não observadas serão diferentes das regularidades já observadas. Igualmente sério é o fato de que a razão para a distinção epistêmica entre os diversos níveis é obscura: não parece lícito justificarmos um argumento através de uma *mera repetição* desse mesmo argumento em um nível superior. Parece, pois, que a justificação indutiva da indução lança mão de um raciocínio artificioso, que se fosse correto nos permitiria justificar praticamente qualquer coisa.

---

4. B. Skyrms: *Escolha e acaso* (trad. bras. de *Choice and Chance: An Introduction to Inductive Logic*, Ed. Cultrix), São Paulo, 1966, cap. 2.

3. Justificativas dedutivistas da indução (a solução apriorista)

Uma outra maneira de tentar justificar a indução é simplesmente conceber a inferência indutiva como uma peça de raciocínio *dedutivo* cuja conclusão é probabilística, como foi feito quando expusemos o dilema humiano. Para tal será mister utilizarmos como premissa um princípio indutivista, como PI ou PUN, postulando-o como fundamento justificacional. Mas, como vimos, um tal princípio, em qualquer de suas formulações, parece poder ser negado sem contradição. Sendo assim ele não não pode ser uma verdade analítica. E, se ele não é uma verdade analítica, é um princípio sintético. Ora, ele não pode ser um princípio sintético *a posteriori*, pois nesse caso nos defrontaremos com os problemas da justificação indutivista já considerados. É aqui que surge o espaço para a proposta de uma terceira via, que é a de admitir um princípio indutivista entendido como uma proposição sintética *a priori*[5]. Com efeito, se um princípio como o da indução ou da uniformidade da natureza fosse tal que o mundo devesse se conformar ao que ele diz, então teríamos uma garantia para as inferências indutivas. A dificuldade é que a sugestão de que o mundo deve se comportar como um tal princípio ordena parece totalmente injustificada.

4. Uma justificação pragmática da indução

Mais promissoras parecem ser as justificações pragmáticas da indução. Elas seguem o argumento humiano até o ponto onde fica estabelecido que não há meios de justificar dedutivamente ou indutivamente a indução. Mas sugerem uma resposta pragmática.

Hans Reichembach[6] desenvolveu uma justificação pragmática particularmente engenhosa. Ele parte da idéia de que

---

5. B. Russell: *The Problems of Philosophy*, Oxford, 1980 (1912), cap. 6.
6. Ver especialmente H. Reichembach: *The Theory of Probability*, Berkeley, 1971, pp. 472-6.

devemos tratar a indução, não como uma inferência que visa o estabelecimento de crenças, mas como uma *aposta* feita em uma situação na qual não temos opção senão apostar. Sua justificação da indução lembra a aposta de Pascal na existência de Deus: "a razão não vos pode ajudar, mas vale apostar; pois, vencendo, ganhareis tudo, e, perdendo, nada mais tereis a perder". Eis o seu raciocínio. A natureza é uniforme ou não é. Suponhamos que ela seja uniforme. Nesse caso, o procedimento indutivo terá êxito. Já um outro procedimento qualquer, por exemplo, o de consulta à bola de cristal, poderá ter ou não ter êxito. Assim sendo, um ponto para o procedimento indutivo. Imagine-se agora que a natureza não seja uniforme. Nesse caso, procedimento algum poderá ter êxito. Logo, vale mais a pena apostarmos no procedimento indutivo.

O raciocínio é resumido por Brian Skyrms no seguinte silogismo[7]:

1 Ou a natureza é uniforme, ou não é.
2 Se a natureza é uniforme, o procedimento indutivo terá êxito.
3 Se a natureza não é uniforme, nenhum procedimento terá êxito.
Logo: se algum procedimento pode ter êxito, o procedimento indutivo terá êxito.

Embora esse argumento seja dedutivamente válido, podemos questionar se a terceira premissa é verdadeira. Além da indução há outros procedimentos de previsão que podem ser alternativamente aventados, como a sugestão de que o que mostrou ser provável passará a ser no futuro improvável e vice-versa (lógica contra-indutiva), o método de prever o futuro consultando a bola de cristal ou lendo as folhas de chá. Argumentando em favor da verdade da terceira premissa, Reichembach imagina que na tentativa de se orientar em um mundo comple-

---
7. B. Skyrms: *Escolha e acaso*, ibid., pp. 59 ss.

tamente caótico um procedimento qualquer, digamos, o método de consulta da bola de cristal, seja bem sucedido. Ora, se esse método se revela satisfatório, e a partir de premissas verdadeiras probabiliza as conclusões, acabaremos por concluir que, se ele mereceu crédito no passado, deve merecer crédito também no futuro, o que é uma inferência tipicamente indutiva. Assim, o sucesso do método da bola de cristal vindica o método indutivo, mostrando que existe realmente uma uniformidade importante na natureza. Generalizando: se algum outro procedimento der certo, o procedimento indutivo será corroborado; logo, é racional apostarmos no procedimento indutivo.

A principal objeção a justificações pragmáticas da indução é externa: elas parecem fazer concessões demasiadas ao ceticismo. Segundo a justificação de Reichembach, não podemos realmente *saber* nada através da indução; o que chamamos de crenças indutivas são na verdade meras apostas, ainda mais arriscadas que as feitas em uma mesa de jogo, que ao menos têm a sua probabilidade garantida. Somos, no dizer do próprio Reichembach, como cegos perdidos em uma floresta, tateando o que parece ser um caminho, na esperança de sermos por ele conduzidos para fora dela... É difícil imaginar uma situação mais desesperançadamente cética.

5. Tentativas de dissolução do problema por apelo ao senso comum

Filósofos como Paul Edwards[8] e P. F. Strawson[9] rejeitaram o problema da indução, apresentando o que é chamado de uma solução (dissolução) de senso comum do problema. Para eles o problema da indução é um pseudoproblema resultante de um uso equívoco de conceitos como o de *racionalidade* e *justificação*. Se perguntarmos a uma pessoa por que ela se sente jus-

---

8. P. Edwards: "Russell's Doubts about Induction", *Mind* 68, 1949, pp. 141-63.
9. P. F. Strawson: *Introduction to Logical Theory*, New York, 1952, pp. 248-63.

tificada em acreditar que o Sol nascerá amanhã, ela poderá responder simplesmente que é porque o Sol sempre nasceu a cada 24 horas; e nenhum de nós deixará de considerar tal justificação perfeitamente racional. Assim, é parte do que entendemos por *racionalidade* a aceitação dos procedimentos da lógica indutiva. Por conseguinte, não faz sentido querer justificar a própria lógica indutiva, pois não podemos justificar a própria fonte de nossas decisões racionais, não podemos encontrar razões para aquilo que exerce um papel fundamentador de nossa racionalidade. Rejeitar a lógica indutiva seria intuitivamente sentido como irracional. Qualquer método de inferência, nota Strawson, apóia-se no método indutivo. Mesmo uma lógica contra-indutiva, se aplicável, só se confirmaria indutivamente em um nível superior, na medida em que seus resultados fossem opostos aos que a indução prevê.

O problema se assemelha à questão: como justificar racionalmente a lógica dedutiva? Não há resposta geral para essa pergunta, posto que a lógica dedutiva exerce um papel fundamentador em nossa racionalidade. Rejeitá-la seria irracional. Mas por que os filósofos geralmente não exigem uma justificação para a lógica dedutiva, mas exigem-na para a lógica indutiva? A resposta é que eles estão na verdade procurando uma *justificação dedutiva* para a indução. Quando o filósofo se pergunta pela justificação da indução, ele está pensando em uma justificação dedutivamente conclusiva; e, quando ele busca uma razão para a indução, está pensando em uma razão logicamente conclusiva. Mas a indução não pode satisfazer tais parâmetros, simplesmente porque não é dedução: não se pode censurar um gato por não se comportar direito em uma festa de cães.

Segundo Strawson, uma outra confusão ocorre quando assimilamos racionalidade ao *sucesso*. O procedimento indutivo é racional, mas isso não significa que temos uma garantia de que ele será bem sucedido; é perfeitamente possível que o mundo se torne de repente caótico e que nossos procedimentos indutivos deixem de ser bem sucedidos. Mas, como racionalidade não implica sucesso, o procedimento indutivo não deixa por isso de ser racional, inclusive porque concluir que em um universo caótico nossos procedimentos indutivos não devem funcionar é lançar mão de um raciocínio indutivo de nível superior. Um problema apontado acerca dessa espécie de solução do problema da indução é que ela, supostamente recorrendo ao senso comum e ao conceito de racionalidade por ele instituído, estabelece de maneira *a priori* que é razoável se crer em uma conclusão para a qual há evidência indutiva; mas, se assim o fizermos, parece que recairemos na justificação apriorística da indução, tendo de admitir algum princípio da indução como um juízo sintético *a priori* a garantir a indução. Strawson tenta evadir-se dessa espécie de dificuldade ao propor a dissociação entre racionalidade e sucesso. Mas isso expõe a sua solução a uma objeção ainda mais destrutiva, a de que se o conceito de racionalidade do senso comum não exige que a indução, para ser racional, seja bem sucedida (o que é discutível), tanto pior para o conceito de racionalidade do senso comum. Desde Hume o que tem interessado aos filósofos é uma justificação para o sucesso de nossas inferências indutivas, e é precisamente isso o que Strawson não nos consegue oferecer.

6. Uma solução analítica *para o problema da indução: cursos do mundo*

Quero agora esboçar minha própria maneira de solucionar o problema da indução, a qual pode ser considerada uma versão da solução de senso comum. Quero mostrar que as induções particulares podem ser justificadas por PI ou PUN, e que tais princípios não precisam ser considerados nem como sintéticos *a priori*, forçando a realidade a adequar-se a eles, nem como princípios sintéticos *a posteriori*, demandando subseqüente justificativa indutiva; quero sugerir que, ao contrário do que tem sido assumido praticamente sem discussão desde Hume, os mencionados princípios são *analíticos*, pois se bem compreendidos eles não podem ser negados sem contradição, posto que

O PROBLEMA DA INDUÇÃO 197

nenhuma circunstância do mundo é na verdade capaz de refutá-los! Quero mostrar a plausibilidade dessa tese através de uma experiência em pensamento.

O mundo, tal como o podemos conceber, pode sofrer variações quanto às regularidades que ele contém, tanto no tempo quanto no espaço. Restringindo-nos inicialmente às variações no tempo, consideremos os seguintes possíveis *cursos do mundo*, ou seja, os possíveis vir-a-ser do mundo com relação às regularidades temporais dos fenômenos que o constituem:

1 MR (*mundo regular*):
Um mundo regular, onde o futuro é geralmente *semelhante* ao passado.
2 MI (*mundo irregular*):
Um mundo altamente caótico, onde o futuro é geralmente *diferente* do passado.
3 MF (*mundo em formação*):
Um mundo no qual se estão instituindo regularidades. Nele ocorre uma transformação de MI para MR.
4 MD (*mundo em desagregação*):
Um mundo que está perdendo, mais do que instituindo regularidades. Nele ocorre uma transformação de MR para MI.

Temos aqui todos os cursos de mundo basicamente concebíveis; outros se obterão pela combinações desses[10]. A nossa questão é: para quais cursos do mundo valeria o princípio da indução temporal PI-t (ou o princípio da uniformidade temporal da natureza ou PUN-t, que, como vimos, é apenas uma outra formulação da mesma idéia)? Certamente, ele valeria para

---

10. Pode-se questionar se não é possível que partes do mundo estejam em formação enquanto outras partes estão em desagregação etc. Certamente. Mas isso não influencia o argumento que se segue, dado que um único curso do mundo pode ser estabelecido pelo balanço de seus cursos parciais. Outrossim poderemos, se o desejarmos, restringir nosso conceito de mundo às partes do mundo que se deixam claramente classificar, aplicando aí o argumento.

um curso de mundo regular (MR), justificando a indução para esse mundo. Ele valeria também, sem dúvida, para a situação do mundo em formação (MF), no qual regularidades não estão sendo geralmente subtraídas, mas acrescentadas. A questão é saber se PI-t ou PUN-t se manterão nos casos dos cursos do mundo MI e MD. Quanto a MI, é curioso notar que, na medida em que tal mundo não for absolutamente caótico, eles também se manteriam. Em um mundo bastante mas não absolutamente caótico, ou seja, em um mundo altamente destituído de regularidades, PI-t e PUN-t continuariam aplicáveis, pois contendo esse mundo algumas regularidades que permanecem, haverá sempre uma *tendência* de que casos não observados se assemelhem a casos já observados, sendo essa tendência tudo o que os princípios indutivistas em questão realmente precisam e podem exigir. Embora com poucas chances de encontrar associações recorrentes, a nossa esperança de compreensão do MI estaria depositada no fato de que, aplicando o princípio de que o futuro tenderá a assemelhar-se ao passado, ou, em outras palavras, de que as associações de fenômenos ainda não observadas tenderão a assemelhar-se às associações de fenômenos já observadas, algumas regularidades venham a ser estabelecidas. Mesmo em um mundo profundamente caótico, os princípios indutivistas poderiam ser aplicados com alguma chance positiva de sucesso, enquanto outros métodos indutivistas, como o da bola de cristal, embora aventurados como recurso extremo, não trazem nada em sua lógica interna que nos possibilite dizer algo a favor deles. (Geralmente pensamos que o nosso mundo é do tipo MR. Mas os cientistas experimentais sabem que ele na verdade é do tipo MI. O melhor que podemos dizer é talvez que a nossa região do mundo seja do tipo MR se comparada a outras ainda mais caóticas.)

Acabamos de considerar o caso de um mundo bastante caótico, mas não consideramos o caso de um mundo *absolutamente* caótico, no qual não existe regularidade alguma. E não o faremos, posto que isso é impossível: um mundo sem regularidades não pode ser um mundo. Pois pertence ao conceito de *mundo* algo que contenha minimamente alguma *permanência*

O PROBLEMA DA INDUÇÃO

determinada por regras ordenadoras de seqüências temporais de seus elementos, ou alguma *estrutura* constituída pela continuidade de relações de coexistência entre os elementos. Um mundo absolutamente caótico seria além do mais incognoscível para nós, posto que não possuiríamos categorias conceituais que nos habilitassem a conhecê-lo. Não precisamos, portanto, nos preocupar com o fato de que os princípios indutivistas não se aplicam a ele[11].

Aparentemente PI-t e PUN-t só poderiam deixar de valer para o mundo em desagregação (MD), que é um mundo no qual as regularidades ocorrentes no passado estão se desfazendo e novas regularidades não estão sendo instituídas... Aqui parece que o princípio da indução ou uniformidade temporal poderia deixar de valer.

Um exame mais atento, porém, mostra que não é assim. Mesmo em um MD parece que PI-t ou PUN-t – se entendidos da maneira razoavelmente tolerante que foi proposta – continuariam valendo! Suponhamos que a perda de regularidades fosse suficientemente lenta para não tornar o PI-t totalmente inaplicável... Ora, qual é a medida para isso? Tal medida não existe. Por isso mesmo, em um mundo em desagregação seria lícito esperar encontrar regularidades ainda não desfeitas, quando não as leis da desagregação. Tudo o que poderíamos dizer é que em um tal mundo o princípio de indução teria pouca chance, que a tendência de repetição das associações possuiria um grau muito baixo, mas que mesmo assim ele seria legitimamente aplicável, posto que *nada diz nem deve dizer sobre o valor dessa tendência*. Aplicar PI-t seria apesar de tudo intrinsecamente mais racional do que aplicar métodos como o da bola de cristal, que não possuem justificação conceitual e que afinal dependem adicionalmente da validade de PI-t para poderem encontrar sua própria justificação. E vale repetir que nem o MI nem o MD podem chegar a uma irregularidade abso-

---

[11]. Um raciocínio que vem em apoio a essa idéia encontra-se em K. Campbell, "One Form of Scepticism about Induction", em R. Swinburne (ed.): *The Justification of Induction*, Oxford, 1974.

luta, pois nesse caso deixarão de ser mundos e não fará mais sentido falarmos de regiões espácio-temporais a eles pertencentes, nem mesmo de passado e de futuro, pois o futuro só pode sê-lo com relação a um *certo* passado em um *certo* mundo. Para reforçar essa conclusão, imagine que a idéia de *tendência* presente nos princípios indutivistas de ordem temporal seja entendida de uma forma minimalista, como gerando PI-t', "Algum caso inobservado repetirá regularidades já observadas", e PUN-t', "Alguma região espácio-temporal inobservada se assemelhará a regiões espácio-temporais já observadas". Considere agora o seguinte raciocínio:

1 Algum caso inobservado repetirá regularidades já observadas.
2 A e B são elementos observados como estando regularmente associados no passado.
Logo: O elemento A tem uma probabilidade positiva ($p > 0,5$) de aparecer regularmente associado a B no futuro.

Sem dúvida, tal raciocínio parece justificado em qualquer mundo possível. Mas no pior dos mundos possíveis, em MD, ele já seria razão de grandes esperanças.

À possível objeção de que o apelo aos cursos temporais do mundo só se aplica a PI-t e PUN-t, e não propriamente às suas extensões espaciais, é fácil responder fazendo raciocínios paralelos que consideram, em vez de cursos temporais do mundo, variações nas *regiões espaciais* do mundo: as regiões espaciais desconhecidas podem conter mais e mais regularidades, que se acrescentam às já conhecidas, podem em geral manter as mesmas regularidades, ou podem conter cada vez menos regularidades, embora não possam deixar de manter *alguma* regularidade e permanecer ainda regiões espaciais. Com efeito, podemos nos perguntar se um espaço absolutamente sem regularidades permaneceria sendo espaço. E a resposta, ao menos tendo em vista a concepção relacional de sua natureza, é que a sua existência depende da existência de relações ditas espaciais entre objetos materiais, e portanto de alguma estrutura e portanto de alguma regularidade. A idéia de uma região do espaço cuja "paisagem" pudesse ser absolutamente diferente das regiões já conhecidas e ainda assim merecer o nome de "região do espaço" parece-nos estranha e inconcebível.

A solução analítica recém-sugerida permite responder às objeções à solução de senso comum consideradas no final da última seção. Primeiro: se bem entendido, PI (ou PUN) não possui uma natureza sintética *a priori*, mas *analítica*: ele não exige que os mundos possíveis o sigam, mas são os próprios mundos possíveis que conceitualmente o incluem. Por isso, negar princípios indutivistas corretamente interpretados, dizendo que o futuro em nada se assemelhará ao passado, ou que o mundo perderá todas as suas regularidades, é dizer coisas profundamente incoerentes. Mais além, a solução que estou sugerindo, diversamente da de Strawson, não exige que a racionalidade do procedimento indutivo seja dissociada de seu sucesso. Pelo contrário, o princípio da indução é racional precisamente porque a sua aplicação é bem sucedida em todos os mundos possíveis, tendo sido o raciocínio que nos levou a isso a cada passo baseado no senso comum.

Admitindo a validade desses argumentos, a conclusão é que, embora as garantias geralmente dadas para as nossas inferências indutivas sejam uma moeda sujeita a flutuações, há limites conceituais, e esses limites estabelecem o que há de racional em nossa escolha do método indutivo. Que o chão possa afundar-se ao próximo passo que dermos é um fato assustador. Mas não é suficiente para destruir a racionalidade da indução, posto que mesmo que ele afundasse, a indução continuaria racionalmente justificada.

9. Consciência e intencionalidade

Os dois elementos mais importantes daquilo que é mental são provavelmente a consciência e a intencionalidade. No que se segue quero introduzir o tópico de filosofia da mente expondo sucintamente algumas idéias mais importantes acerca desses dois fenômenos. Comecemos com a consciência.

1. Consciência

"Consciência" é uma palavra que pode ser usada em vários sentidos. Em português utilizamos a palavra consciência também no sentido de consciência moral, uma ambigüidade que é evitada no inglês, que distingue *consciousness* (consciência) de *conscience* (consciência moral). De qualquer modo, há um sentido fundamental da palavra "consciência", que exprime a experiência que todos nós temos de *estarmos*, de *sermos conscientes*, e é sobretudo esse sentido que quero considerar. Nesse sentido fundamental, o conceito de consciência é resistente a definições. Apesar disso, podemos delimitar a extensão de sua aplicação e identificar os seus traços mais característicos.

Quanto à extensão do conceito, a questão pode ser: quando dizemos que um ser vivo é consciente? Uma pessoa em estado de coma, por exemplo, não está consciente, pois não reage a estímulos. Mas um inseto não é um ser vivo consciente, embora ele seja capaz de reagir previsivelmente a estímulos. Um camundongo não é em geral considerado um ser vivo consciente. Mas, se ele for sedado a ponto de não reagir mais a estímulos, diremos que ele perdeu a consciência. Dizemos isso porque uma propriedade mínima para que a consciência se realize é a de estarmos tratando de um ser vivo superior, capaz de reagir de maneira suficientemente complexa e imprevisível a estímulos. As fronteiras do conceito de consciência são *vagas*, mas existem: podemos discutir se um camundongo é ou não é um ser vivo consciente, mas não resta dúvida de que um ser humano e mesmo um cão e um chimpanzé são seres conscientes. A consciência pode ser considerada, como o fez J. R. Searle, como uma *propriedade emergente* do cérebro de certos seres vivos superiores, assim como a vida é uma propriedade emergente da matéria quimicamente constituída[1]. Não podemos explicar a vida reduzindo-a a alguma outra coisa, mas podemos compreendê-la mais e mais, na medida em que conhecemos melhor a fisiologia e a bioquímica dos fenômenos vitais. O mesmo se dá com a consciência.

Há algumas características fenomenológicas da consciência e dos fenômenos conscientes que foram catalogadas por filósofos como Searle e que vale a pena considerar[2]. A primeira de-

---

[1]. J. R. Searle: *O mistério da consciência* (*The Mistery of Consciousness*, trad. bras. Ed. Paz e Terra), São Paulo, 1998. Ver especialmente a conclusão, na qual Searle resume a sua posição. Searle sugere que a atividade cerebral *causa* a consciência, embora não seja idêntica a ela. Essa posição levou críticos a acusá-lo, creio que justamente, de ser um dualista de propriedades (ver E. Nagel: *Other Minds*, Oxford, 1995, cap. 10). Mas parece possível considerar a consciência como uma propriedade emergente da atividade cerebral não só no sentido de ser causada por ela, mas também no sentido de ser *constituída* por ela, assim como a vida é causada e também constituída pela atividade de macroestruturas constituídas por compostos orgânicos. Sob essa última perspectiva, dizer que a consciência é uma propriedade emergente da atividade cerebral é dizer que se trata de algo *idêntico* a essa atividade, embora seu acesso seja duplo (subjetivo e natural, ou objetivo, através de uma futura ciência do cérebro), o que é algo compatível com teorias da identidade entre o mental e o cerebral que serão discutidas no próximo capítulo.

[2]. Um delicioso *resumé* das idéias de Searle encontra-se em seu livro *Mind, Language and Society*, New York, 1998. A formulação mais completa de sua filosofia da mente está em J. R. Searle: *The Rediscovery of Mind*, Cambridge, 1992 (trad. bras. *A redescoberta da mente*, Ed. Martins Fontes, São Paulo, 1997).

las é o que poderíamos chamar de *acesso subjetivo*. Cada um tem acesso à sua própria consciência e não às consciências dos demais; eu posso ter acesso à minha consciência, mas não à sua, e vice-versa. Isso não quer dizer que não podemos inferir que outras pessoas são conscientes. Você pode inferir que eu sou um ser consciente observando o meu comportamento e considerando aquilo que falo, ainda que não possa *ter* a minha consciência. Inferimos que as outras pessoas são seres conscientes como nós como sendo a explicação natural para o fato de que elas apresentam comportamentos de ordem muito complexa semelhantes aos nossos. Nesse caso sabemos *como é ser como elas* (*what it is like to be*), na famosa expressão de Thomas Nagel[3]. Assim, somos capazes de imaginar como é ser como um cão correndo livre em uma ravina ou um orangotango subindo na árvore, pois esses são seres em alguma medida conscientes. Mas não podemos imaginar como é ser como uma aranha construindo a sua teia, pois não admitimos que uma aranha possui consciência.

Uma outra característica importante da consciência é a sua *unidade*. A consciência é constituída de uma multiplicidade de elementos que estão sempre associados entre si compondo uma unidade. Por exemplo: eu estou escrevendo esta linha e estou claramente consciente de seu conteúdo; apesar disso não deixo de estar consciente de que estou dedilhando este teclado e sentado em uma cadeira, de que a sala está iluminada e de que estou ouvindo o som do ar-condicionado... Estou vagamente consciente de todas essas coisas enquanto escrevo estas linhas. Embora só uma coisa esteja no *foco* de minha consciência (a frase que estou escrevendo), muitas outras coisas estão nas *orlas* de minha consciência[4]. Todas essas coisas estão, todavia, relacionadas umas com as outras em um todo. Essa exten-

---

3. Thomas Nagel: "What is it Like to Be a Bat?", em *Mortal Questions*, Cambridge, 1979.
4. A distinção clássica entre *focus* e *fringes* encontra-se em W. James: *The Principles of Psychology*, New York, 1890, vol. 1, cap. 2. Essa distinção foi por mim aplicada ao *cogito* cartesiano em "I'm thinking", *ratio*, 14, 2001, pp. 222-33.

são de nossa consciência a outras coisas que não se encontram em seu foco, mas que estão também presentes, é o que podemos chamar de unidade *sincrônica* da consciência. A consciência possui, todavia, também uma unidade *diacrônica*, posto que ela também possui uma certa extensão temporal. A consciência se estende no passado, abrangendo aquilo que acabou de ser enfocado ou atentado por ela e que será preservado na memória ou simplesmente esquecido. Quando lemos uma frase e a compreendemos, o que focalizamos é geralmente uma palavra ou expressão, de cada vez, mas ao final temos consciência da frase como um todo somente porque retivemos o que havíamos lido na unidade diacrônica da consciência. E as orlas da consciência se estendem também para o futuro que ela antecipa, para aquilo que pressentimos que logo será conteúdo de nossa atenção consciente. A consciência se estende, pois, ao futuro como antecipação, e ao passado como retenção. Mais além, a unidade da consciência abrange também a memória: quando me lembro de alguma coisa, essa coisa é imediatamente reconhecida como conteúdo pertencente à *minha* consciência, como parte da unidade dessa última.

Tanto a unidade sincrônica quanto a unidade diacrônica da consciência podem romper-se em casos patológicos. No caso dos pacientes que sofreram comissurotomia, por exemplo, os dois hemisférios cerebrais funcionam separadamente. Se for colocada uma venda no olho direito de um paciente destro, e lhe for apresentada uma colher, ele dirá que nada vê, pois o hemisfério esquerdo é responsável pela verbalização e esse hemisfério não está recebendo informações visuais (que deveriam ser provenientes do olho direito). Mas como o hemisfério direito "vê" a colher pelo olho esquerdo, a mão esquerda do paciente a segura! Exemplos de ruptura da unidade diacrônica ocorrem quando a pessoa perde a memória de curto prazo, como na síndrome de Korsakov.

Há outras características da consciência, como os fatos de que ela possui sempre elementos fenomenais (ou *qualia*) irredutíveis, de que ela é geralmente prazerosa ou desprazerosa, de que ela é geralmente intencional no sentido de ser consciência "de" alguma coisa. Falaremos sobre essa última e particularmente importante característica da consciência logo mais.

Antes de abandonar esta breve elucidação do conceito de consciência, quero considerar o sentido da expressão "estar consciente" ou "ser consciente", quando diz respeito a uma relação entre eventos mentais, pois essa noção tem sido confundida com a de consciência em seu sentido mais fundamental. Quando digo que estou consciente de que tenho certa emoção, que estou consciente de que tenho certo pensamento, meu dizer que estou consciente significa que o evento mental em questão (a emoção, o pensamento) está sendo ou pode ser objeto de um *pensamento* acerca dele. Consideremos o caso de uma crença, por exemplo, a de que alguém virá jantar comigo esta noite. Posso dizer que essa minha crença *é consciente* se sou capaz de pensar que a tenho. Ou então, considere meu pensamento de que eu pensei hoje várias vezes no que devo dizer a uma certa pessoa. Também aqui isso me permite dizer que *estou consciente* de meu pensamento do que devo falar a uma certa pessoa. "Estar consciente de x" requer, pois, que x (um evento mental que pode ele mesmo ser um pensamento) seja objeto de um pensamento que é um evento mental de *segunda ordem*[5]. A consciência se define, neste segundo sentido, como se segue:

Estar consciente do estado ou evento mental x = ter um pensamento y sobre o estado ou evento mental x.

Há outros sentidos secundários da noção de consciência, como o sentido de ter percepção de algo (estou consciente de que há uma mosca passeando sobre minha pele etc.). Mas o sentido fundamental é certamente o que foi considerado no início,

---

5. Embora uma concepção similar a essa seja apresentada como análise de uma noção alternativa de consciência por filósofos como David M. Rosenthal, trata-se a meu ver de uma simples (embora relevante) análise do que seja "estar consciente de eventos mentais do próprio sujeito" (Ver D. M. Rosenthal, "Two Concepts of Consciousness", em D. M. Rosenthal (ed.), *The Nature of Mind*, Oxford 1991, pp. 462-77).

que, embora resistente a definições, mostra-se apto a ser elucidado através de uma fenomenologia da consciência.

2. Intencionalidade

Uma característica comum a grande parte dos estados mentais é o que os filósofos chamaram de sua *intencionalidade* ou *direcionalidade* (*aboutness*). A intencionalidade é a propriedade de muitos eventos mentais, de remeterem a alguma coisa fora de si mesmos. Assim, se creio, creio em alguma coisa; se desejo, desejo alguma coisa; se tenho medo, tenho medo de alguma coisa; se espero ou quero ou tenho a intenção, é porque há um objeto de meu esperar, querer e intencionar (o "ter a intenção de" no sentido vulgar da palavra é apenas uma forma da intencionalidade no sentido filosófico da palavra).

Nem todos os estados mentais são intencionais. Não parece que sensações sejam intencionais. Pode ser que alguma coisa externa tenha causado a minha sensação de dor, mas a minha dor não parece ser direcionada para essa coisa externa. O mesmo poderia ser dito de emoções como a tristeza, que, mesmo tendo sido causada por um evento externo, não é direcionada a esse evento. Outras emoções, como o amor ou o ódio, contudo, parecem ser intencionais. Talvez as emoções, mesmo as que possuem uma causa tão específica como o amor ou o ódio, não sejam em si mesmas intencionais, sendo intencionais somente as idéias a elas associadas.

Um fato notável sobre a intencionalidade é que o objeto ao qual o evento mental intencional é direcionado pode não existir. Uma criança pode acreditar que Papai Noel virá no Natal, mesmo que ele não exista. A crença encontra-se aqui direcionada a um objeto só existente na imaginação, como se ele existisse realmente.

Uma análise importante da noção de intencionalidade foi realizada pelo filósofo norte-americano J. R. Searle[6]. A sua idéia

---

6. Ver J. R. Searle, *Intentionality*, Cambridge, 1983 (trad. bras. *Intencionalidade*, Ed. Martins Fontes, São Paulo, 1995), caps. 1, 2 e 4.

original foi a de que os estados intencionais têm a mesma estrutura dos atos de fala, isto é, que a natureza de nossas mentes, particularmente em seu elemento intencional, é refletida na estrutura das ações de comunicação que realizamos através de nossa linguagem. O trabalho de Searle consistiu, pois, em usar a teoria dos atos de fala – por ele desenvolvida como prolongamento do trabalho seminal de J. L. Austin – como guia para uma análise da estrutura fundamental de certos estados mentais.

Para entendermos a análise de Searle, precisamos primeiramente fazer algumas considerações sobre a estrutura geral de nossos proferimentos nas circunstâncias pragmáticas da ação comunicativa. Segundo a teoria dos atos de fala, todo proferimento possui a estrutura *F(p)*, onde *p* representa um *conteúdo proposicional* (o que é dito através de uma sentença assertiva), enquanto *F* representa a *força ilocucionária*, que nada mais é do que o papel específico que o proferimento deve desempenhar na comunicação. Considerem-se os seguintes proferimentos:

Peço-lhe para não comer o acarajé.
Quero adverti-lo: não coma o acarajé.
Sei que você não irá comer o acarajé.
Não coma o acarajé!

Em todos esses proferimentos, há um mesmo conteúdo proposicional, que relata o evento de a pessoa não comer o acarajé. Cada proferimento desempenha, contudo, um diferente papel comunicativo, possui uma força (um forma de interação) diferente. Trata-se, na seqüência, de um pedido, de uma advertência, de uma afirmação e por fim de uma ordem. Mesmo nos casos em que o papel comunicativo não é explicitado, como em "Sei que você não irá comer o acarajé" e "Não coma esse acarajé!", o contexto geralmente evidencia qual ele é, o mesmo eventualmente acontecendo com o próprio conteúdo proposicional. Considerem-se agora os seguintes estados intencionais que podem ocorrer na mente de alguém:

Creio que ele não irá comer o acarajé.
Gostaria que ele não comesse o acarajé.
Quero que ele não coma o acarajé.

Aqui também podemos distinguir um mesmo conteúdo proposicional que vem associado a algo, esse algo sendo o *modo psicológico*, que é respectivamente o da crença, desejo e vontade. A forma dos estados intencionais é, pois, $E(p)$, onde E designa um modo psicológico ou estado intencional específico, ligado ao conteúdo proposicional expresso por p.

Como os atos de fala, os estados intencionais podem ter duas *direções de ajuste* (*directions of fit*). Se creio que a pessoa não comerá o acarajé, a direção de ajuste é mente-para-o-mundo, ou seja, o conteúdo proposicional pensado deve ajustar-se ao que irá acontecer no mundo. Caso haja esse ajuste, a crença será verdadeira; caso contrário, falsa. Nos outros casos, a direção de ajuste é mundo-para-a-mente. A ocorrência no mundo deve ajustar-se ao conteúdo proposicional pensado (desejar, querer). Se a pessoa não comer o acarajé, o estado intencional será satisfeito; se ela vier a comer o acarajé, o estado não será satisfeito.

Searle também levou em consideração que os estados intencionais supõem uma *rede* (*network*) de outros estados intencionais para poderem existir. Por exemplo: para não querer que alguém coma acarajé preciso ter razões (por exemplo, crer que ele lhe fará mal), preciso crer que a pessoa tem desejos, que o acarajé existe, que é um objeto comestível etc., e tudo isso envolve estados intencionais. Em adição a essa rede de estados intencionais, Searle sugere ainda a existência de uma multiplicidade de hábitos sedimentados que compõem o que ele chama de *pano de fundo* (*background*) da intenção. O pano de fundo é, na verdade, uma base de *know how* (saber fazer) imprescindível à formação dos atos intencionais; uma base também necessária, diga-se de passagem, à formação do *know that* (o conhecimento proposicional).

Por fim, Searle estende a sua análise da intencionalidade aos atos perceptuais. Assim como os estados intencionais podem ser bem ou mal sucedidos, a percepção pode ser verídica ou não. Assim como um ato de fala – por exemplo, uma ordem só será realmente cumprida se a ação que ela exige for realizada *por causa* dela –, a percepção também só será verídica quando for *adequadamente causada*. Assim, se alguém vê realmente um oásis, é porque as suas impressões visuais são causadas pelo próprio oásis. Se elas forem causadas por uma miragem, a pessoa não vê realmente um oásis, pois a causação é inadequada. A espécie de relação causal envolvida é, pois, critério para distinguir entre percepção verídica e fracassada.

10. Relação mente-corpo: o progresso do fisicalismo

Como é que mente e corpo se relacionam? Há duas formas mais gerais de solução para esse problema: o dualismo e o fisicalismo. Segundo o dualismo, o mental e o físico, embora possam vir juntos, são completamente independentes, de modo que a mente pode continuar existindo, mesmo que o corpo seja destruído. Essa é uma posição cara aos que acreditam na existência de uma alma capaz de sobreviver à morte do corpo, uma vez que a alma parece identificar-se com a mente. A segunda solução é fisicalista ou materialista. De maneira geral, o fisicalismo defende que a mente, se existe, existe na dependência do corpo, podendo ser de algum modo reduzida a uma parte do corpo que é o cérebro. Começarei discutindo o mais famoso e mesmo notório exemplo de dualismo.

1. O dualismo cartesiano

O primeiro filósofo a colocar com toda a clareza o problema da relação mente-corpo e a tentar resolvê-lo foi Descartes, no século XVII. A concepção cartesiana da relação mente-corpo é uma forma de *dualismo interacionista*. Segundo a sua teoria existem duas espécies de substâncias no mundo: a substância física ou extensa (*res extensa*), que constitui os corpos físicos e cujo atributo essencial é a extensão, e a substância mental ou pensante (*res cogitans*), que constitui a mente e cujo atributo essencial é o pensamento[1]. Ambas as substâncias – pensante e extensa – são para Descartes completamente independentes uma da outra, a prova disso encontrando-se no fato de que podemos perfeitamente nos imaginar existindo, mesmo no caso de o mundo físico e de nossos próprios corpos serem ilusões perceptuais. Apesar dessa independência, a mente interage causalmente com o corpo a todo momento: se eu piso em um caco de vidro, esse acontecimento no mundo físico causa um acontecimento em minha mente – eu sinto dor; em conseqüência disso eu produzo certas alterações no mundo físico ao envolver o corte em uma atadura.

A favor do dualismo tem sido mantido que ele é confirmado pelo nosso senso comum. Mas não estou certo de que seja realmente assim. O senso comum altera-se facilmente em seus níveis mais superficiais. A crença de que nossas mentes são almas e que por isso são independentes dos corpos em que habitam foi natural em um estágio do desenvolvimento de nossa civilização, tendo sido longamente sedimentada por ideologias religiosas predominantes. Sem esse contingente detalhe histórico-cultural, a idéia de que possuímos mentes substancialmente distintas e independentes de nossos corpos deixa de parecer natural. De fato, ela não encontra apoio algum em nossa experiência ordinária; e, como o senso comum mais permanente nasce dessa experiência, é defensável a idéia de que em um sentido profundo o dualismo se opõe ao senso comum.

Há várias dificuldades com a forma interacionista de dualismo. A primeira foi colocada pelo próprio Descartes: como é possível que os corpos físicos interajam causalmente com a mente, considerando que esta é entendida como uma substância inextensa, que a rigor não pode ser situada no espaço? Podemos entender como uma bola de bilhar, ao chocar-se contra outra bola de bilhar, cause o movimento dessa última devido à

---

1. Ver particularmente R. Descartes: *Meditações metafísicas*, Ed. Martins Fontes, São Paulo, 2000.

transferência de energia cinética. Mas não é nada claro como um evento físico possa produzir qualquer efeito na mente inextensa e vice-versa.

Outras dificuldades têm origem mais recente e repousam no fato de que o dualismo interacionista não se integra à nossa imagem científica do mundo. A idéia de que o mundo físico interage com o mundo mental parece pôr em questão a lei física fundamental da conservação de energia. Embora a energia no universo tenda a fluir de regiões de maior concentração de energia para outras de concentração mais baixa, a quantidade total de energia (ou de massa-energia) no universo deve permanecer a mesma. Contudo, se corpos físicos tivessem efeitos causais na mente, sua energia deveria dissolver-se no mental, enquanto o efeito do mental nos corpos físicos faria emergir no universo físico energia antes não existente. Tanto uma quanto outra coisa exigiriam a revisão ou o abandono da lei da conservação da energia.

Considere também o caso da teoria da evolução das espécies. Fica sem explicação quando e por que, no decorrer do processo evolutivo, teriam aparecido as mentes independentes do mundo físico. E fica inexplicado por que nós precisamos de um cérebro que em proporção ao tamanho de nosso corpo é muito maior do que o das outras espécies animais.

Por fim, a hipótese da existência de mentes independentes do mundo físico pode ser também acusada de não ter sido jamais intersubjetivamente verificada de modo minimamente confiável, ou de ser postulada de maneira inverificável e portanto carente de sentido.

2. Fisicalismos que abandonam o mental

Por razões como as acima mencionadas o dualismo veio a ser seriamente repudiado pela maior parte dos filósofos contemporâneos. A primeira alternativa fisicalista influente, proposta na década de 40 do século XX, foi o assim chamado *be-*

haviorismo *lógico* ou *analítico*, uma forma de fisicalismo que teve como defensores filósofos como Gilbert Ryle[2] e Carl Hempel[3].

Colocada de maneira crua, a idéia básica do behaviorismo analítico é a de que conceitos mentalistas como pensamento, crença, desejo, alegria, dor etc. podem ser completamente definidos em termos de comportamentos e circunstâncias interpessoalmente observáveis; o mental, que acreditamos ser acessível através da introspecção, ou não existe ou não desempenha papel algum. O que chamamos de mental reduz-se ao comportamento atual dos organismos, e especialmente às *disposições* que eles possuem de se comportarem de maneiras determinadas em situações determinadas. Assim, se dizemos que alguém é inteligente, estamos nos referindo a disposições que essa pessoa tem de em certas circunstâncias apresentar comportamentos ditos inteligentes.

Para o caso da inteligência a explicação é plausível. Mas nem sempre o behaviorista analítico é tão bem sucedido. Em sua análise do conceito de dor, por exemplo, ele dirá que, ao dizermos que alguém sente dores, referimo-nos, na verdade, aos seus gemidos, às suas caretas, à sua agitação motora, ou então – menos implausivelmente – nos referimos à sua disposição de apresentar tais comportamentos em circunstâncias apropriadas. E na análise do conceito de sede o behaviorista analítico poderá dizer que, quando dizemos que alguém tem sede, estamos querendo dizer que a pessoa em circunstâncias apropriadas realizará certas ações, por exemplo, a de tomar um copo d'água, caso este lhe seja oferecido... Mas essa explicação, como a anterior, parece descabida.

O behaviorismo analítico é sedutor, na medida em que resolve os problemas deixados pelo interacionismo: o mental, reduzido ao comportamento, passa a ser interpessoalmente ob-

---

2. G. Ryle: *The Concept of Mind*, London, 1949.
3. C. Hempel: "The Logical Analysis of Psychology", em H. Feigl e W. Sellars (eds.), *Readings in Philosophical Analysis*, New York, 1949.

servável e pode ser objeto de investigação pela ciência empírica. Mas o preço a ser pago é demasiado alto. Sentimos a rejeição da existência do mental, tal como usualmente o entendemos, como uma idéia profundamente antiintuitiva. Parece óbvio que gemer, fazer caretas, lacrimejar, contorcer-se não são a dor que alguém sente, mas apenas *sintomas* de sua dor. Mesmo a sugestão de que a dor seja apenas uma disposição para evidenciar tais comportamentos sob circunstâncias adequadas parece inaceitável, pois a dor é intuitivamente entendida como o que *causa* essa disposição, ou seja, uma sensação profundamente desagradável, cuja qualidade fenomenal só pode ser conhecida pela pessoa que a sente. O caráter contra-intuitivo do behaviorismo analítico mostra-se também quando consideramos algumas situações que para ele tornam-se praticamente inexplicáveis. Todos conhecem a estátua de Rodin, *Le Penseur*. O problema que pode ser colocado ao behaviorista analítico é: o que o pensador está fazendo? Não há aqui nenhum comportamento. Mas uma pessoa que esteja sentada pensando será capaz de reportar mais tarde pensamentos os mais diversos, que ela diz que estava entretendo. O behaviorista analítico será então compelido a sugerir, talvez, que o pensamento reside em algo como disposições de reportar pensamentos, que ele deverá supor que nunca ocorreram, não passando de uma ficção do pensador... Parece, pois, que pelo recurso a disposições o behaviorista sempre encontrará uma maneira de resolver as dificuldades que lhe são apresentadas, mas que a sua solução será em muitos casos insanamente implausível, ensejando piadas maldosas como a do behaviorista que, após ter tido relação sexual com a behaviorista, diz: "Vejo que você gostou! E eu; eu gostei?"

Uma segunda alternativa fisicalista, que aprofunda a tendência do behaviorista analítico de negar a existência do mental, é o assim chamado *reducionismo eliminacionista*. Filósofos como Paul Feyerabend e Richard Rorty defenderam que a nossa linguagem mentalista, que usa palavras como "sensações", "emoções", "pensamentos", "desejos", "crenças", é sem fundamento e pertencente a uma primitiva psicologia popular (*folk-psychology*). Segundo Rorty, assim como a ciência veio a nos mostrar que as alucinações tidas pelos índios que tomam peyote não têm um fundamento na realidade, e que eles na verdade não entram em contato com os espíritos de seus antepassados ao tê-las, uma futura ciência do cérebro irá mostrar que nós não estamos em contato com alguma coisa real quando falamos de dores, desejos, crenças etc.[4]. No futuro nós erradicaremos essa linguagem mentalista primitiva e a substituiremos por uma linguagem mais adequada, resultante de uma ciência do cérebro. Em vez de a pessoa dizer "Estou com dor de cabeça", ela dirá, talvez: "Estou tendo descargas de fibras-C na região L de meu córtex occipital esquerdo."

Embora haja algo de verdadeiro aqui – por que não poderemos vir a precisar a nossa psicologia popular com o auxílio de uma ciência do cérebro? –, o eliminacionista errava pelo exagero de propor que a nossa linguagem mentalista seja primitiva e fundamentalmente equivocada. Como já se notou, a psicologia popular constituiu, afinal, o essencial da linguagem de escritores tão sofisticados quanto Shakespeare e Proust. Além disso, mesmo se descontarmos o fato de que uma tradução fisicalista já depende da prévia aplicação de conceitos mentalistas, continua implausível pensar que a ciência virá a substituir a linguagem mentalista em qualquer contexto: posso perfeitamente dizer que vi uma menina pulando corda no pátio e, apesar de existir uma ciência física desenvolvida, não me sinto nem um pouco tentado a substituir essa afirmação por uma outra como a de que eu vi um corpo material de cerca de 35 kg, dotado de uma curiosa força automotriz que o impelia repetidamente para cima do solo até que a força gravitacional o fizesse descer outra vez... Falar assim seria pedante e nada esclarecedor. Finalmente, o eliminacionista contradiz-se a si mesmo ao tentar fazer-nos crer em suas idéias, posto que o próprio conceito de *crença* também pertence à psicologia popular.

---

4. R. Rorty: "Mind-Body Identity, Privacity and Categories", *Review of Metaphysics*, 19, 1965, pp. 24-54.

3. Teorias da identidade

Como reação às limitações do behaviorismo analítico, na década de 50 filósofos como U. T. Place[5] e J. J. Smart[6] defenderam uma concepção materialista da relação mente-cérebro que pode ser chamada de uma teoria da identidade de *tipo* (*type-identity*). Segundo essa teoria, certos eventos mentais como sensações e sentimentos, ao menos, nada mais são que eventos neurofisiológicos. Mais precisamente: nesses casos, cada ocorrência de um *certo tipo* de evento ou estado mental deve ser numericamente idêntica a um *certo tipo* de evento ou estado neurofisiológico. O que chamamos de dor, por exemplo, seria, em termos neurofisiológicos, o mesmo que (suponhamos) a descarga de "fibras-C" no sistema nervoso central. A dor que eu sinto e a dor que você sente identificam-se a um mesmo tipo de evento que ocorre em nossos cérebros.

Segundo a teoria da identidade, podemos ter duas maneiras de nos referir à mesma coisa: através de linguagem mentalista do senso comum (da psicologia popular), quando nos referimos a dores, desejos, imagens mentais... ou através da linguagem neurofisiológica, mesmo que ela até agora ainda esteja muito longe de ter sido suficientemente desenvolvida. O mental dá-se a nós de forma natural e subjetiva em termos de fenômenos mentais, mas pode ser dado também em termos neurofisiológicos e objetivos, ou seja, intersubjetivamente acessíveis. Mesmo que não tenha sido possível até agora efetuar uma exata determinação empírica dessa identidade, isso se deve apenas à ausência de uma neurociência suficientemente desenvolvida.

Há boas comparações para evidenciar essa possibilidade. Falamos de nuvens referindo-nos a massas de estrutura calei-

---

5. U. T. Place: "Is Consciousness a Brain Process?", em B. Beakley e P. Ludlow (eds.), *The Philosophy of Mind*, Cambridge, 1992.
6. J. J. C. Smart: "Sensations and Brain Processes", em D. M. Rosenthal (ed.), *The Nature of Mind*, Oxford, 1991. A teoria da identidade remonta, porém, ao trabalho importante de Herbert Feigl e a Moritz Schlick.

doscópica suspensas na atmosfera; mas, se subimos ao topo de uma montanha e uma nuvem nos envolve, vemos que uma nuvem nada mais é do que uma imensidade de gotículas de água suspensas no ar. Nós falamos durante muitos séculos, usando nossa linguagem ordinária, da água. Com o desenvolvimento da química, foi feita a descoberta empírica de que a água é o mesmo que H_2O. Do mesmo modo, falamos por muitos séculos de calor, mas desde o século XIX também podemos nos referir à mesma coisa, em gases, como energia cinética média das moléculas. E assim também dizemos que o raio é uma descarga de elétrons, que os genes mendelianos são segmentos de DNA etc. Ora, por que não podemos um dia vir a identificar de modo igualmente preciso eventos mentais com eventos cerebrais?

A teoria da identidade evita os problemas do dualismo, assim como os constrangimentos do behaviorismo e do eliminacionismo. Torna-se aqui imediatamente compreensível que as pessoas A e B se comportem da mesma forma possuindo estados mentais diferentes, pois em tal caso os estados cerebrais são também diferentes, sendo esses últimos – e não o comportamento – que univocamente determinam a diferença. Apesar disso, há objeções contra a teoria da identidade de tipo que têm sido freqüentemente consideradas decisivas. Como considero esse um julgamento precipitado, quero expor algumas objeções, mostrando em que medida elas são justificadas, em busca de um julgamento mais matizado.

Uma primeira objeção, meramente ilustrativa, é a de que a teoria da identidade identifica duas coisas que são percebidas como sendo empiricamente diversas, cujo modo de acesso é também muito diverso, como a dor e um estado cerebral[7]. Essa objeção é infeliz, posto que também identificamos a nuvem que vemos no céu de forma sensorialmente diversa de quando somos envolvidos por uma nuvem e vemos, talvez com o auxílio de uma lupa, que ela é constituída de pequenas gotas de água.

---

7. T. Zoglauer: *Geist und Gehirn*, Göttingen, 1998, p. 105.

RELAÇÃO MENTE-CORPO   221

Mas isso obviamente não nos impede de identificar a nuvem com um número imenso de gotículas de água.

Uma segunda objeção, apenas curiosa, é a de que a identidade é uma relação simétrica, o que significa que a teoria da identidade pode ser lida tanto de forma materialista, identificando o mental com o físico, quanto de forma idealista, identificando o físico com o mental, como o fez o filósofo idealista Schelling com a sua doutrina da identidade[8]. Contudo, essa objeção só faz sentido se entendermos o mental no sentido "espiritualista" que ele ganha dentro do contexto religioso ou de certas filosofias dualistas ou idealistas; se entendemos o mental em termos de uma psicologia do senso comum, como propriedade restrita a uma irrisória parcela do mundo físico etc., a objeção esvazia-se como um balão furado.

Nem essas nem outras objeções que não posso considerar aqui são suficientemente fortes para derrubar a teoria da identidade de tipo[9]. Mas há duas objeções mais importantes, que a grande maioria dos especialistas considera capazes disso, razão pela qual quero discuti-las em detalhe.

A primeira e talvez mais influente objeção é a de que a teoria da identidade de tipo deixa inexplicado o caráter *fenomenal* (qualitativo) e intrinsecamente *subjetivo* e perspectivis-

---

8. T. Zoglauer: *Geist und Gehirn*, ibid., p. 101.

9. Uma dessas é a objeção do espectro reverso, segundo a qual pode ser que eu veja azul o que você vê vermelho e vice-versa; se essa possibilidade é concebível, como garantir uma identidade entre o dado sensível do vermelho e um certo tipo de estimulação neuronal? Podemos responder dizendo que exatamente porque tal identidade pode ser em princípio encontrada é que a hipótese do espectro reverso faz sentido; é possível que o desenvolvimento de uma ciência do cérebro nos permita descobrir empiricamente que espectros reversos existem através da descoberta da identidade, assim como se verificou que daltônicos vêem verde o que vemos vermelho pela ausência de certas células retinianas. Ainda há outras objeções que têm o defeito de pressupor posições filosóficas questionáveis, como a objeção baseada na negação de identidades contingentes (Kripke), ou a objeção segundo a qual o argumento wittgensteiniano contra a linguagem privada demonstrou que não podemos nos fiar em descrições subjetivas necessárias ao estabelecimento da identidade. O argumento da linguagem privada foi criticado no capítulo 6 (seção 10) do presente livro.

ta da consciência e de tudo o que é mental, o qual implica a admissão de propriedades radicalmente diversas das de tudo o que conhecemos como cerebral e físico[10]. Confesso não me sensibilizar com essas sutilezas, preferindo ver aqui um pseudoproblema. O fato de aquilo que experienciamos como mental ser fenomenal e irredutivelmente subjetivo em nada impossibilita a sua identificação com eventos cerebrais. Um paralelo esclarecedor pode ser feito pela consideração da solidez de uma esfera de chumbo. Aceitamos que a solidez de uma esfera de chumbo, ou seja, o fato de ela ser resistente à pressão, também possa receber uma descrição microfísica em termos de forças de atração entre os átomos, e que ambas as descrições se refiram à mesma coisa. Embora redutível, a *propriedade* macrofísica de ser sólido, de resistir à pressão, continua sendo experiencialmente diversa de sua descrição em termos microfísicos. Ora, assim como a solidez da esfera de chumbo se apresenta a nós de forma totalmente diversa das formas como podem ser apresentadas as propriedades microfísicas que a constituem, mas sem por isso deixar de ser redutível a elas, também a sensação da dor, embora se apresente a nós como algo totalmente diverso dos eventos neurofisiológicos que a constituem, nem por isso deixa de ser redutível a eles, não precisando apenas por isso ser considerada um fenômeno intrinsecamente não-físico. É verdade que o caráter fenomenal e intrinsecamente subjetivo dos fenômenos mentais é algo *sui generis*, e que comparações, como com a solidez da esfera de chumbo, têm seus limites. Mas esse caráter fenomenal *sui generis* pode ser considerado um fato bruto que nada possui de problemático e que em nada contradiz uma adequada compreensão da teoria da identidade.

Se é assim, o que motiva o desconforto que muitos sentem diante de uma redução identificadora do mental ao cerebral? Ora, tal desconforto deve originar-se do fato de que – diversa-

---

10. Ver, por exemplo, T. Nagel: "How it is Like to be a Bat", em D. M. Rosenthal (ed.), *The Nature of Mind*, Oxford, 1991.

mente de casos como o da solidez da esfera de chumbo – essa redução nunca foi feita; ainda não possuímos uma neurociência desenvolvida, que nos permita dizer *como* o mental se identifica com o físico. Quero repetir aqui um paralelo com a biologia que foi sugerido por John Searle: a vida foi até pouco tempo um mistério, que filósofos tentavam desvendar postulando hipóteses como a do *élan vital* (Bergson). Hoje ninguém mais acha estranho que a vida possua natureza física. Do mesmo modo podemos pensar que quando tivermos uma neurociência desenvolvida, ninguém mais achará estranho admitir que a mente e a consciência possuem natureza física, desvanecendo-se a atual impressão de mistério[11].

A segunda e sem dúvida a mais poderosa objeção à teoria da identidade de tipo foi a da *múltipla realizabilidade*, inicialmente apresentada por Hilary Putnam[12]. Segundo a teoria da identidade, um estado mental como a dor teria sempre e em todo lugar a mesma realização neurofisiológica. Mas se é assim, se a dor é, suponhamos, a estimulação de "fibras-C", também os membros de outras espécies animais, quando sentem dor, devem tê-la realizada fisicamente como estimulação de "fibras-C". Se um ser vivo não possuir tais fibras, digamos, um peixe ou um extraterrestre, então deveremos concluir que ele não pode sentir dor, mesmo que ele se comporte como se sentisse dor. Mas essa parece ser uma exigência gratuita! Mais além, para uma versão generalizadora da teoria da identidade de tipo, um pensamento como "Faz calor hoje em Natal" deve ter a *mesma* realização cerebral não só na mesma pessoa, cada vez que ela o pensa, mas em diferentes pessoas, com arquitetura e funcionamento neurofisiológico presumivelmente muito diverso.

---

11. Ver a conclusão de *O mistério da consciência* (*The Mistery of Consciousness*), de J. R. Searle (Ed. Paz e Terra), São Paulo, 1988.
12. Ver, por exemplo, o artigo de Hilary Putnam: "The Nature of Mental States", em D. M. Rosenthal (ed.), *The Nature of Mind*, Oxford, 1991, pp. 200-1. Para uma exposição geral do problema da relação mente-corpo, incluindo a tese da múltipla realizabilidade, ver J. Fodor: "Mind and Body", em R. Warner e T. Szubka (eds.): *The Mind Body Problem*, Oxford, 1994.

Foi principalmente essa objeção que levou filósofos à adoção das chamadas teorias da identidade de *ocorrência* (*token identity*), que, rejeitando a possibilidade de uma identificação definida entre o mental e o físico, sugerem uma identificação completamente indeterminada: cada estado mental identifica-se a *algum estado físico qualquer*. Essa alternativa, contudo, tem o sério defeito de esvaziar a teoria da identidade de poder explicativo, transformando-a virtualmente em dualismo (a mente poderia abandonar o cérebro e passear pelo mundo, conquanto ela mantivesse uma identidade qualquer com ele).

Penso, porém, que o apelo a teorias da identidade de ocorrência, ao menos para elementos fenomenais do mental, é desnecessário, dado que não considero a objeção da múltipla realizabilidade decisiva. Embora a objeção da múltipla realizabilidade me pareça perfeitamente em ordem quando aplicada a eventos mentais de ordem superior, como pensamentos, parece-me que ela constitui – ao menos enquanto restrita ao caso de sensações e estados afetivos – um caso do que poderíamos chamar de falácia da *falsa especificação*. À vaguidade própria de nossos conceitos deve corresponder uma indeterminação daquilo que lhes queremos fazer corresponder, o mesmo acontecendo, por exemplo, com o conceito de dor; como outros conceitos, ele tem uma indeterminação extensional que lhe é própria, e a noção de "fibra-C" (imaginando, é claro, que tal identificação fosse correta) deve ser um correlato igualmente vago, digamos, uma classe que se subdivide em subclasses de fibras, as fibras C1, C2... Cn, as quais são mais exatamente correspondentes ao que encontramos na natureza, correspondendo a dores em diferentes espécies de cérebros. Temos, pois, de um lado a dor como algo que corresponde ao sentimento de dor em geral e às "fibras-C", e de outro as variações específicas. Muitas dessas variações, como a dor do peixe e do polvo (que correspondem a C5 e C6, digamos), me são quase desconhecidas. Mas se o que tivermos for excitação das fibras D (como a "dor" dos insetos), então hesitaremos em aplicar o conceito de dor. Pode ser que encontremos seres extraterrestres dotados de sistemas nervosos suficientemente complexos e capazes de sentir dor. Nesse caso, o conceito de fibra C deverá ser estendido de maneira que inclua como subclasse as fibras C dos extraterrestres. A falácia consiste, pois, em estabelecer para o conceito de dor um correlato mais específico do que aquele que lhe é devido. As coisas que constituem o mundo físico podem ser caracterizadas por nossos conceitos em um grau maior ou menor de determinação, e se quisermos que um conceito vago corresponda a algo indevidamente mais determinado incorreremos em uma falácia da falsa especificação. O filósofo que afirma que dor não pode designar nada que inclua o que ocorre nos cérebros de nós mesmos, dos polvos e dos extraterrestres, encontra-se na posição semelhante à de alguém que afirma que o conceito de olho não pode corresponder aos olhos reticulados dos insetos, ou aos olhos fenestrados dos répteis, uma vez que tais olhos não possuem células retinianas iguais às dos seres humanos. Tal pessoa estaria se esquecendo de que o conceito de olho é o mesmo que o de órgão da visão, devendo ser suficientemente vago para abranger em sua designação exemplos pertencentes a subclasses muito diversas.

A resposta que acabo de dar à objeção da múltipla realizabilidade tem suas limitações. Ela parece plausível no que diz respeito a eventos de ordem fenomenal, como sensações e emoções. Mas ela certamente não vale para casos de atos cognitivos, como o meu juízo de que faz calor. Pode bem ser que o seu juízo de que faz calor possua uma realização cerebral muito diferente da realização cerebral do meu juízo. À diferença do caso de sensações, não parece que a realização neurofisiológica de um ato cognitivo como o de ajuizar precise ser a mesma em pessoas diferentes. Considere, por exemplo, o caso de pessoas que devido a um acidente vascular cerebral perderam a capacidade de articular lingüisticamente o que pensam, tendo mais tarde recobrado essa capacidade lentamente, na medida em que outras áreas do cérebro passaram a realizar o papel funcional da área lesada. É por preservar a possibilidade de múltipla realização inerente às funções superiores da mente que a resposta funcionalista, que examinaremos na próxima seção, se torna interessante.

Uma outra crítica que pode ser feita a minha proposta é a de não ser possível estender razoavelmente a idéia de que a tese da múltipla realizabilidade incorre em uma falácia de falsa especificação a casos hipotéticos, como o da dor sentida por cérebros eletrônicos ou por mentes constituídas de "ectoplasma"; afinal, as "fibras-C" são caracteristicamente biológicas e em tais casos realmente não cabe mais falar delas. Minha reação a essa sugestão consiste em negar terminantemente a sua possibilidade: é uma ficção ingênua do início da era dos computadores a idéia de que seres não-biológicos possam sentir dor, a não ser em um sentido meramente analógico. Voltarei a esse ponto mais adiante.

4. O funcionalismo

Admitindo a impossibilidade ou, como penso, as limitações da teoria da identidade, chegamos ao funcionalismo.

Eis como o funcionalista explicaria estados mentais. Ele diria que muita coisa costuma se explicar pela função exercida e não pelo tipo de coisa que é. Esse é o caso de armadilhas para pegar passarinhos, de alarmes contra roubos, de processos de filtração, do ofício de guarda florestal. De que material é feita a armadilha, o alarme, o filtro, quem é o guarda florestal são coisas de somenos importância. O que define algo como uma armadilha, um alarme, um filtro, um guarda florestal é o exercício de sua função. O mesmo se dá com os estados mentais: eles se definem funcionalmente, através de suas relações de *input* do mundo externo, de *output* comportamental e de suas próprias relações internas com outros estados mentais.

Consideremos, por exemplo, o caso de alguém que acredita que vai chover. A pessoa olha de sua janela para as nuvens escuras (*input* perceptual); ela fecha as janelas (*output* comportamental) porque não deseja que a chuva entre na casa (estado interno relacionado); ela pega o guarda-chuva ao sair (outro *output* comportamental). Para o funcionalismo, o que faz de um estado mental como a crença o tipo de estado que ele é não é a sua variável realização neurofisiológica, mas o conjunto total de suas relações funcionais, o seu papel interno e externo na economia comportamental do organismo. O funcionalista tenta explicar o mental holisticamente, recorrendo às relações totais dos itens mentais entre si e de suas relações com causas típicas e efeitos comportamentais. Considerando o caso da dor, o que importa para o funcionalista não é que se trate de "fibras-C" descarregando, mas *o que elas estão fazendo*: o *papel* que elas desempenham no conjunto das operações do organismo. Ter dor não é ter "fibras-C" descarregando, mas estar em um estado ou outro que tenha o *mesmo papel causal* das "fibras-C", não importando qual seja a descrição bioquímica desse estado. Assim, para o funcionalista, mesmo um computador poderá sentir dores: basta que ele possua certos componentes que reajam da mesma forma que as "fibras-C", por possuírem a mesma função no sistema!

Uma versão particularmente impressionante do funcionalismo é o assim chamado *funcionalismo-da-máquina*, que compara as funções mentais com as funções de um computador. O computador possui dois componentes: o *hardware*, o componente físico, constituído por chips, circuitos diversos etc., e o *software*, que é o programa, que é usualmente um complicado sistema de instruções para o *hardware* executar. Um mesmo programa pode ser executado em diferentes *hardwares* com os mesmos resultados. Putnam comparou os estados funcionais com estados lógicos de um computador. Podemos com isso pensar que um mesmo "programa" mental possa ser realizado em diferentes organismos, com diferentes composições físico-químicas; a mente humana, do mesmo modo que um programa de computador, deve poder ser realizada nos mais diferentes *hardwares*. Isso significa que teoricamente, ao menos, os programas que constituem nossas mentes poderiam ser implementados em supercomputadores. Com isso o funcionalista encontra a sua fórmula para a vida eterna: poderíamos viver para sempre ao sermos convertidos em programas de computadores... Ou então o programa mental de alguém poderia ser escaneado e guardado em um disquete como uma espécie de seguro de vida: caso a pessoa viesse a falecer, a seguradora implantaria o precioso programa no primeiro cérebro disponível...

O funcionalismo tem boas chances de explicar estados mentais superiores, como o pensamento e a crença, mas, ao tentar explicar estados fenomenais como a dor, ele evidencia os limites de sua própria posição. A dor não é uma função, tanto quanto uma mancha de tinta na parede não é uma função (embora, como qualquer outra coisa, possa ser concebida como *tendo* uma função). Também por isso parece-me que, em casos como o da dor, falarmos da excitação das "fibras-C" ainda é usar a imagem mais aproximada.

Há ainda uma consideração a ser feita sobre os limites da múltipla realizabilidade. A mente possui três níveis interdependentes e filogeneticamente determinados: um nível de sensações e reações reflexas, um nível emocional e um nível cognitivo, que inclui a capacidade de realizar manipulações simbólicas. Curiosamente, a metáfora do computador só se aplica bem ao último nível. Podemos programar um computador para jogar xadrez, mas não podemos fazer com que ele tenha sensações e emoções primárias, para não falar das sensações que temos ao provar um bom camarão à baiana ou dos sentimentos que temos ao ouvir uma sinfonia de Beethoven. Podemos, é verdade, construir um autômato que tenha reações comportamentais semelhantes às nossas quando temos emoções ou sensações: ele geme de dor quando lhe quebram alguma peça, ele é capaz de desligar-se de raiva quando contrariado além dos limites de sua paciência. Mas sabemos que essa raiva e essa dor não passam de analogias grosseiras. Só organismos *biológicos* parecem ser capazes disso; só organismos biológicos, não demasiado diversos de nós mesmos, são capazes de excitação das "fibras-C" e do correspondente estado *fenomenal* da dor! É por percebermos isso que achamos a idéia de um robô com sentimentos humanos e capaz de sentir dor naturalmente extravagante e um tanto ridícula[13].

---

13. Ver minha resenha do livro de J. R. Searle: *Mind, Language and Society*, em *Philosophical Investigations*, vol. 23, janeiro de 2000, pp. 85-6.

À questão sobre qual a teoria mais correta – a teoria da identidade de tipo ou a do funcionalismo –, eu seria tentado a responder: ambas, cada qual em sua medida. Há muita coisa que se define em termos funcionais e ao mesmo tempo substantivos. Uma faca, por exemplo, é um instrumento geralmente feito de metal, que serve para cortar. Ela não pode ser feita de borracha, de papel ou de marzipã, sob pena de perder a sua função de cortar, deixando de ser uma faca de verdade. Assim, talvez seja de bom senso admitir uma duplicidade "propriedade-função" na explicação da relação mente-cérebro. Para aquilo que possui natureza mais propriamente fenomenal (como as sensações e emoções) continua valendo a teoria da identidade de tipo. Já para aquilo que possui natureza propriamente cognitiva (como o pensar, o julgar, o entender, o recordar, o perceber) vale mais a explicação funcionalista, que por sua vez é compatível com uma teoria da identidade de ocorrência. E, como os dois níveis – fenomenal e cognitivo – devem estar intrinsecamente relacionados na constituição da mente consciente, não há perigo (nem esperança) de que nossas mentes sejam programas a ser instalados em supercomputadores[14].

---

14. J. R. Searle (em "Minds, Brains and Programs", *Behavioural and Brain Sciences* 3, 1980) apresentou uma conhecida objeção ao funcionalismo da máquina e à idéia de que computadores podem pensar, que é sua comparação do trabalho do computador com o trabalho de uma pessoa fechada em um quarto, que recebe de pessoas de fora (os programadores) certos papéis com símbolos que não conhece e, com o auxílio de um dicionário (o programa), copia os símbolos correlacionados aos símbolos recebidos, entregando-os de volta. A pessoa não tem nenhuma idéia do que está fazendo, mas na verdade está recebendo perguntas em chinês e respondendo-as coerentemente na mesma língua. Da mesma forma que a pessoa do quarto chinês, o computador apenas manipula símbolos sem saber do que está tratando. O computador, como diz Searle, tem uma sintaxe, mas não uma semântica. Contudo, não penso que essa seja uma objeção decisiva. Imagine que o homem fechado no quarto chinês venha a receber um programa semântico, que pode ir de um dicionário com fotos do que está sendo referido a explicações pragmáticas interativas sobre os usos dos signos em situações reais. Nesse caso ele começará a aprender chinês e a compreender as relações entre as perguntas e respostas... Pode o computador receber tais elementos? Em caso afirmativo, o experimento do quarto chinês tem sua aplicação limitada às gerações atuais de computadores. Mas, se a hipótese que apresentei no texto for correta, então parece haver limites para a adição de uma semântica e de uma pragmática a um computador – limites que só organismos biológicos seriam capazes de transpor.

11. Critérios de identidade pessoal[1]

"Certa manhã, quando Gregor Samsa abriu os olhos de um sono inquieto, viu-se transformado num monstruoso inseto. De costas ficou, e ele as sentia duras como couraça. Ergueu levemente a cabeça e viu que o seu ventre estava grande, curvo, castanho e dividido por profundos sulcos; a colcha não se sustinha sobre o convexo abdome e escorregava para o chão. As pernas não eram duas, mas inúmeras, lamentavelmente finas, e agitavam-se sem que ele pudesse contê-las. Que diabo terá acontecido? – perguntou-se."[2]

Assim começa o admirável conto de Kafka intitulado *A metamorfose*. Ele vem a propósito, quando se trata de introduzirmos o problema da identidade pessoal. Na identificação de um objeto físico como sendo o mesmo, geralmente não toleramos grandes transformações. Se a minha jaqueta de couro, por exemplo, for cortada em pedaços, e se esses pedaços forem utilizados para forrar uma poltrona, se a jaqueta for queimada ou dissolvida em ácido sulfúrico, não direi, do que restou, que se trata da *mesma* jaqueta de couro que eu antes possuíra. O mesmo não se aplica às pessoas. As propriedades do corpo de Gre-

---

1. Uma primeira versão deste capítulo foi publicada sob forma de artigo na revista *Problemata*, ano 1, n. 2, 1998, pp. 101-18.
2. F. Kafka: *A metamorfose* (*Die Verwandlung*, trad. de Marques Rebêlo, Ed. de Ouro), Rio de Janeiro, p. 13.

gor Samsa se tornaram completamente diversas; o conto sequer nos garante de que se trata do mesmo corpo, que durante a noite foi transformado no de um inseto. Não sentimos, porém, nenhuma dificuldade para compreender que a pessoa que habita esse novo corpo permanece sendo a mesma, e que infelizmente sabe disso. Gregor Samsa sabe que ele é a mesma pessoa que tinha antes a profissão de caixeiro viajante, que precisa saldar suas dívidas, que tem uma irmã chamada Grete... E os familiares, quando o descobrem, tomados mais por repugnância do que por compaixão, admitem que foi com ele mesmo, Gregor Samsa, que algo terrível aconteceu. Quais são, pois, os critérios com base nos quais dizemos que uma pessoa permanece sendo a mesma?

1. Identidade pessoal como identidade da memória ou consciência

A primeira formulação suficientemente explícita do problema da identidade pessoal deve-se a John Locke[3]. E a espécie de resposta que ele deu ao problema, mesmo que controversa, parece ainda hoje deter uma certa dose de verdade. Podemos sintetizar essa resposta dizendo que para ele a identidade de uma pessoa é estabelecida *pela extensão de sua consciência às memórias de suas experiências e ações passadas.* Sei que sou uma pessoa devido à consciência que tenho de mim mesmo; essa consciência é capaz de abranger de forma imediata todo o passado de que eu sou capaz de me recordar, fazendo com que eu o reconheça como pertencente à minha pessoa. Assim, se eu sei que sou a mesma pessoa que era quando criança, é porque sou capaz de lembrar-me de mim mesmo naquela época, de recordar-me de minhas experiências e ações, havendo uma seqüência contínua de elos mnêmicos a ligar aquela

---

3. J. Locke: *Essay Concerning the Human Understanding*, Oxford, 1975 (1690), cap. 27.

fase de minha vida às outras posteriores, até chegar à minha experiência consciente atual. É por isso que posso dizer que permaneço sendo essencialmente a mesma pessoa. É por isso que Gregor Samsa pode considerar que ele é a mesma pessoa que era antes de sofrer a metamorfose – pois ele é capaz de lembrar-se de como era antes de isso ter ocorrido; e é também com base nessa suposição que os seus familiares suspeitam que realmente se trata da mesma pessoa.

Também característico do critério de identidade pessoal proposto por Locke é que os atributos físicos e a continuidade espácio-temporal, que nos permitem identificar objetos físicos, em nada contam para a identidade pessoal; segundo Locke, eles são distintivos do conceito de *homem* (*man*) e não do conceito de *pessoa*. Para evidenciar esse ponto, Locke imaginou o caso de um papagaio que falasse, reagisse e se recordasse exatamente como um ser humano. Não diríamos que ele é um homem, pois ele continua sendo um papagaio; mas mesmo assim teríamos de admitir que ele é uma pessoa. Um outro exemplo por ele imaginado é o de um príncipe, cuja alma teria sido transferida para o corpo de um mendigo: na medida em que ele retivesse a sua mesma consciência e as suas mesmas recordações, seria possível reconhecê-lo pelas suas palavras e ações como o mesmo príncipe, ainda que no corpo de um outro homem. Uma versão atual desse exemplo, sugerida por Derek Parfit[4], é a da teletransportação. Imagine que uma máquina ligada a um computador escaneie cada célula de seu cérebro e de seu corpo, destruindo-as na medida em que isso é feito. Uma vez tendo sido todo o seu corpo destruído por esse processo, as informações resultantes do escaneamento são enviadas para Marte, de maneira que lá seja reproduzido um corpo perfeitamente idêntico ao seu, dotado de um cérebro perfeitamente idêntico ao seu, com todos os seus atributos psicológicos e todas as suas memórias. Realizada essa teletransportação, você acorda em Marte guardando como última recordação o fato de ter entrado na máquina de teletransportação. Parece claro que você se reco-

---

4. D. Parfit: *Reasons and Persons*, Oxford, 1984, cap. 10.

nhece então como sendo exatamente *a mesma pessoa* que era alguns minutos antes na Terra, mesmo que o seu corpo e o seu cérebro na Terra tenham sido completamente destruídos! A concepção lockiana de identidade pessoal é alvo de um bom número de objeções, a cujo escrutínio ela será submetida a seguir.

2. Primeira objeção: esquecendo o passado

Uma objeção, apresentada por Thomas Reid[5], é a seguinte. Um jovem oficial recorda-se de ter, quando criança, roubado maçãs em um pomar. Ao se tornar um velho general, ele se lembra ainda de que, quando jovem oficial, havia rendido um inimigo, mas não guarda mais nenhuma recordação de ter roubado um pomar quando era criança. Como o velho general não se recorda de seus feitos quando criança, não podemos, segundo a concepção de Locke, supor que ele seja a mesma pessoa que era quando criança. Mas isso parece contraditório, pois se o jovem oficial é a mesma pessoa que era quando criança, e o velho general é a mesma pessoa que era quando jovem oficial, então – considerando que a relação de identidade é transitiva, dizendo-nos que se A = B e B = C, então A = C – parece necessário concluirmos que o velho general é a mesma pessoa que a criança.

A resposta a essa questão veio sob a forma de uma versão mais sofisticada da teoria da memória, sugerida pela primeira vez por Leibniz[6]. A idéia é a de que não é necessário que uma pessoa possa se recordar de um certo período de sua vida para que ela seja a mesma pessoa que aquela que viveu esse período; é necessário apenas que ela se lembre de suas experiências em um período posterior, em um tempo no qual ela *ainda* se recordava das experiências que tinha tido naquele período do

---

5. T. Reid: *Essays on the Intelectual Powers of Man*, essay 3, cap. 6; reimpresso em Perry (ed.): *Personal Identity*, Berkeley, 1975.
6. G. W. Leibniz: *New Essays on Human Understanding*, Cambridge, 1981, livro 2, cap. 27, par. 9.

qual ela agora nada mais se recorda. Assim, pode-se dizer que o velho general é a mesma pessoa que a criança que havia roubado o pomar, pois ele se recorda dos tempos em que era um jovem oficial, enquanto o jovem oficial, por sua vez, se recordava de haver roubado o pomar.

Mesmo essa versão da teoria é insuficiente. Isso é mostrado por uma variante do exemplo acima: o caso do general senil. O general senil é capaz de se recordar de seus feitos dos tempos de criança, mas não se recorda de mais nada do que tenha acontecido após isso. A solução sugerida mostra-se assim insuficiente, posto que ao general senil falta a recordação de estágios imediatamente anteriores ao presente.

Uma solução mais sofisticada para essa dificuldade consiste em abandonar a exigência de que os elos mnêmicos entre os períodos sejam ligados na ordem de sua sucessão temporal, exigindo apenas que, com base no início e fim de cada período, seja possível ligá-los uns aos outros, reconstruindo essa ordem[7]. Sob esse critério, o general senil é a mesma pessoa que o jovem oficial porque ele se recorda de sua infância e porque essas recordações são as mesmas que aquelas que o jovem oficial tinha de sua infância, sendo as memórias do jovem oficial recordadas pelo velho general. Semelhante reformulação do critério é logicamente irretorquível, ainda que a sua artificialidade salte à vista.

3. Segunda objeção: a identidade de consciência pressupõe a identidade corporal

Imagine que uma pessoa creia ser Rasputin, recordando-se de modo especialmente claro dos tempos em que gozava dos favores da família Romanov. Claro que não diríamos, só com base nisso, que ela é Rasputin. Imagine também o caso de uma pessoa que, sem sabê-lo, tivesse as memórias de um período de sua vida "implantadas" em seu cérebro, incluindo-se entre elas

---

7. Ver P. Grice: "Personal Identity", em *Mind* 50, 1941, pp. 330-50.

a clara recordação de um crime que na verdade nunca praticou. Certamente, não diríamos com base nisso que se trata da mesma pessoa, nem lhe responsabilizaríamos pelo cometimento do crime.

Para responder a tais objeções, o teórico da identidade da memória lança mão de uma distinção entre memórias *verídicas* e memórias *fictícias*. Só memórias verídicas ou autênticas servem à identificação pessoal. É por duvidarmos da autenticidade das memórias que se alguém nos disser que é Rasputin duvidaremos disso.

Contudo, pode ser que certas recordações que guardo de minha infância remota sejam imaginárias, que os acontecimentos recordados não tenham realmente acontecido. Cabe, pois, a pergunta: como distinguimos memórias verdadeiras de fictícias? Geralmente só há uma maneira de distinguir aquilo que é memória verídica daquilo que é memória fictícia, que é apelando ao *testemunho* de outras pessoas. Posso perguntar a algum familiar se minhas recordações da infância são reais, e ele poderá confirmar a veracidade dessas recordações, garantindo-a. Mas essa admissão poderia conduzir a dificuldades: as pessoas que confirmam interpessoalmente as minhas memórias não o fazem por terem acesso direto a elas da mesma maneira que eu. Elas o fazem por terem acompanhado a minha vida, observado o mesmo homem que sou, por me terem visto e ouvido realizando as ações por mim relatadas. Ora, nesse caso, o critério pelo qual reconhecemos a memória verídica depende, ao menos em parte, da identificação do mesmo corpo humano, que é físico. Disso parece que podemos concluir que a proposta de que a identificação pessoal depende da memória *pressupõe* a aplicação de critérios físicos de identificação pessoal. A identificação de uma pessoa como sendo a mesma depende de suas memórias verídicas, as quais são identificadas por outras pessoas em certa medida com base na identificação da permanência do mesmo corpo; assim, a identidade do corpo acabaria sendo, no final das contas, um pressuposto essencial à identificação pessoal.

Essa objeção perde seu apelo quando nos lembramos do exemplo da teletransportação. Esse exemplo sugere que a identidade pessoal não depende da permanência do mesmo corpo físico, pois é compatível com a checagem interpessoal das memórias que você tem de quando havia vivido na Terra, embora o seu corpo tenha sido há muito destruído e você esteja agora vivendo uma vida feliz em Marte. Nada lhe impede, inclusive, de imaginar que apenas o seu cérebro seja teletransportado para um receptor cujo corpo é diverso do seu: como você permanece sendo considerado por você mesmo e por outros como sendo a mesma pessoa, evidencia-se que sequer a manutenção de um aspecto físico semelhante é requerida. A conclusão parece ser que embora a identidade pessoal dependa sempre da presença de um *substrato físico* – que permita a checagem interpessoal das recordações por outros sujeitos – ela não depende da permanência desse mesmo substrato ou de alguma parte dele.

4. Terceira objeção: modificando o cérebro

Bernard Williams[8] imaginou a seguinte experiência em pensamento, que parece mostrar que não é a memória, mas a continuidade corporal, que é decisiva para a identidade pessoal. Suponhamos que você seja vítima de um cirurgião psicopata, e que você se encontre em uma sala de operações, com a sua calota craniana aberta e sentindo dores excruciantes. O cirurgião lhe diz para não se preocupar, pois ele logo lhe fará esquecer de suas dores atuais e de todo o seu passado. Isso em nada lhe conforta, pois, mesmo que após mais alguns minutos de sofrimento você passe a um estado de amnésia completa, será você que continuará sentindo dores excruciantes. Em seguida o cirurgião lhe diz que, após ter esquecido de tudo o que está passando, ele lhe implantará as memórias de Rasputin e modificará o seu cérebro de maneira que ao final você terá os mesmos atributos mentais de Rasputin, não se recordando de nada mais do que se passou. Segundo o critério da memória

---

8. B. Williams: "The Self and the Future", em *Philosophical Review*, 79, 1970, pp. 161-80.

você não deve se preocupar com o que lhe acontecerá ao final da experiência, pois a pessoa resultante não será mais você, mas uma outra pessoa. Apesar disso, não parece que esse seja o caso, pois você reconhece que é a você mesmo, permanecendo o tempo todo consciente, que tudo isso irá acontecer. De que outra forma, afinal, pode ser explicado o terrível medo que tem do que ocorrerá com você, mesmo após o cirurgião ter lhe explicado que perderá todas as memórias? Como a memória é perdida e substituída por outra completamente diversa e como os seus próprios atributos psicológicos são alterados, parece que a única coisa que justifica que se diga que se trata da mesma pessoa é a permanência do mesmo substrato corporal.

Esse exemplo não me parece, contudo, convincente. Pois é razoável pensar que ele é deceptivo, e que a pessoa que emerge no final da experiência é na verdade *uma outra*, completamente diversa, e que a sua ansiedade sobre o que *lhe* acontecerá não é suficientemente racional, assim como não é racional a preocupação de um doente de Alzheimer com os últimos dias de sua vida. É perfeitamente lícito afirmar que as modificações serão tão profundas que a pessoa resultante não será mais a sua, mas alguém semelhante a Rasputin.

5. Quarta objeção: divisão e multiplicação

Uma outra objeção é a seguinte. Suponha-se que no processo de teletransportação o seu cérebro e o seu corpo *não* sejam destruídos, e que após o escaneamento as suas funções mentais e a memória permaneçam intactas. Após a teletransportação você acorda na Terra e é informado de que o conteúdo de sua consciência foi replicado em Marte. Você pode inclusive falar ao vivo consigo mesmo em Marte, vendo-se em uma tela de televisão. Quem permanece sendo a sua pessoa? A consciência que possui o seu corpo na Terra, a sua réplica em Marte, ou ambos? A tendência natural será dizer que a pessoa que ocupa o mesmo *corpo original* é a mesma pessoa, enquanto a pessoa que ocupa o corpo replicado é uma réplica, ainda que perfeita, da primeira pessoa. Parece, pois, que quando os critérios mentais de identidade pessoal se tornam insuficientes podemos recorrer a critérios de identidade física, que permitam fazer a distinção; nós *intuitivamente os utilizamos*.

Há, contudo, casos imagináveis, nos quais esse conflito não pode ser resolvido pelo recurso a critérios de identidade física. Imagine o seguinte exemplo de divisão: uma parte do cérebro da pessoa A é transplantada para dentro da calota craniana vazia do corpo humano B, e a outra parte é transplantada para a calota do corpo C, de modo que B e C sobrevivem, com consciência e memória idênticas às de A. Quem permanecerá sendo A: B ou C? Não parece que haja meio de decidir. E dizer que tanto B quanto C são A é contraditório, pois uma pessoa não pode ser a mesma pessoa que um número de pessoas maior que um.

Esclarecendo melhor: quando falamos de identidade, há dois sentidos que não podem ser confundidos. O primeiro é o de *identidade qualitativa*: é aquele no qual se fala da identidade *de duas coisas que ocupam diferentes lugares no espaço*. Nesse sentido digo que o seu carro é igual ao meu. O segundo sentido da palavra identidade é o de *identidade numérica*: trata-se da identidade *de algo consigo mesmo*. Quando digo, por exemplo, que o meu carro é o mesmo que eu havia comprado cinco anos atrás, trata-se da identidade do carro consigo mesmo em tempos diferentes. A identidade qualitativa pode ser entre mais de um objeto físico; ela pode ser entre as coisas x, y e z, de modo que dizemos que $x = y = z$ etc. Mas, quando falamos de identidade numérica, não toleramos mais do que um único objeto. Ela tem a forma: $x = x$. A identidade de uma pessoa no tempo é obviamente um caso de identidade numérica. Por isso, no caso acima considerado não podemos mais falar de identidade pessoal: a identidade que existe entre B e C não é numérica, mas qualitativa – de coisas que ocupam diferentes lugares.

A conclusão que se impõe é que em casos como o recém-considerado assistimos a uma *falência de nosso aparato criterial*. O exemplo de divisão acima considerado não admite mais a satisfação de critérios de identidade numérica. E essa falência na satisfação de critérios de identidade parece irreversível: mesmo que C venha a falecer, isso não nos leva a concluir que B tornou-se A. Essa conclusão segue-se de forma mais dramática dos exemplos de multiplicação. Imagine que o seu cérebro seja escaneado, e que as informações venham a permanecer por muitos milhões de anos guardadas em uma cápsula à deriva no espaço, e que ao final uma outra civilização de algum planeta longínquo, encontrando a cápsula, consiga fazer com que você volte à existência. Nesse caso você mesmo não terá dúvidas em concluir que é a mesma pessoa que aquela que viveu milhões de anos antes, em um planeta que já não existe, ainda que não haja nenhuma continuidade temporal entre o seu eu atual e o que viveu na Terra. Mas, se você souber que muitas outras cápsulas foram enviadas ao espaço também com as mesmas informações escaneadas do seu cérebro, você terá de renunciar à identidade numérica e se conformar com uma mais modesta identidade qualitativa, reconhecendo que você é apenas uma das muitas réplicas perfeitas daquela pessoa que viveu na Terra há milhões de anos, não sendo, por conseguinte, a mesma pessoa que ela havia sido, mas uma pessoa qualitativamente idêntica à que ela havia sido. Isso poderia ter importância se você tivesse algo a receber da casa lotérica cósmica ou coisa do gênero; caso contrário a relevância disso seria nenhuma[9].

---

9. Uma conhecida tese defendida por Derek Parfit é a de que não é a identidade pessoal o que importa, mas a *continuidade psicológica*. Se cada hemisfério do cérebro de uma pessoa fosse transplantado para os crânios vazios de dois corpos humanos, disso resultando duas pessoas idênticas, a questão da identidade pessoal deixaria de ter sentido. Mesmo assim haverá continuidade psicológica e isso é o que realmente conta quando temos em consideração a nossa sobrevivência. A tese de Parfit é complementada com a idéia libertadora de que nós mudamos a nossa identidade pessoal de modo relevante com o tempo, sendo que a pessoa que hoje somos pode ser tão remotamente diversa da que fomos ou seremos um dia, que pouco sentido faz nos preocuparmos com o nosso destino pessoal em um futuro remoto, ou que nos seja imputada responsabilidade pelo que fizemos muitos anos atrás (ver D. Parfit e G. Vesei: "Brain Transplants and Personal Identity: a Dialogue", em L. P. Pojman [ed.], *Philosophy: The Quest for Truth*, Belmont, 1999, pp. 290 ss.).

À luz dessas considerações parece fora de dúvida que a permanência da memória de seqüências de experiências passadas possui um papel relevante na identificação pessoal. A falência dos critérios de identidade pessoal para certos casos é perfeitamente admissível; tal falência é constitutiva da natureza dessa espécie de identidade e indicadora de seus limites intrínsecos. Também no caso de uma bactéria que se divide em duas, não faz sentido perguntarmos qual delas é a mesma bactéria original. No caso da identidade pessoal, a falência criterial é facilitada pelo fato de se tratar de uma identidade numérica que não traz consigo a exigência da continuidade de um substrato físico, espácio-temporalmente localizável, que também funcione como critério necessário de identificação. No caso da identificação de objetos físicos, onde essa exigência é constitutiva da identidade, a possibilidade de conflito criterial fica excluída na medida em que um mesmo lugar não pode ser ocupado por mais de um objeto. Como no caso da identidade pessoal o substrato físico não conta necessariamente para o estabelecimento da identidade, se houver consciências idênticas em diferentes localizações espaciais, a falência dos critérios de identidade numérica pode tornar-se incontornável.

6. *Quinta objeção: há outros elementos psicológicos relevantes*

As objeções feitas até agora falham em mostrar que o critério de continuidade mnêmica é falso, ainda que enriqueçam a nossa compreensão do problema. As duas objeções que restam são apenas à pretensão de que esse critério deva ser o *único*. Elas mostram que muito certamente há outros critérios importantes a serem adicionados.

Imagine o caso de um homem que, após um acidente, sofre de amnésia de todo o seu passado. Trata-se ainda da mesma pessoa? Se ele ainda conserva parte de seus conhecimentos, seus traços psicológicos e comportamentais peculiares, tenderemos a dizer que sim. Parece, pois, que não é apenas a memória do passado pessoal o que decide sobre a identidade pessoal, mas a permanência de *elementos psicológicos* em um sentido amplo. Para evidenciar isso, imagine que o homem em questão não só tivesse perdido a memória do passado, mas que tivesse sofrido profundas alterações em suas capacidades cognitivas, seu comportamento afetivo, seu modo de agir... Só nesse caso deixaríamos de admitir que continua se tratando da mesma pessoa. Mas no caso de ele recuperar aos poucos seus traços mais característicos, diremos que ele "está voltando a ser quem era".

Com efeito, a identidade pessoal não depende apenas da identidade da memória e Locke focalizou unilateralmente uma parte da verdade; os critérios para a identidade pessoal parecem envolver minimamente a permanência da:

(i) memória pessoal (ou memória de particulares, que envolve experiências tidas no passado),
(ii) o sistema de crenças que a pessoa possui (o *saber que*), que envolve todo o seu conhecimento proposicional aprendido,
(iii) capacidades ou habilidades (o *saber como*),
(iv) traços de personalidade e caráter,
(v) volições, desejos e intenções típicas.

O critério (i) diz respeito à identidade da memória, que estivemos discutindo. Há alguma razão para privilegiá-lo? Se considerarmos que uma pessoa que perdeu a memória de seu passado ver-se-á incapacitada de identificar-se a si mesma nas descrições que outros fazem desse passado, notaremos que ela perdeu algo importante, que é o *acesso interno imediato* à sua identidade como sendo a mesma pessoa que ela era antes. Mas, se outros lhe fornecessem um histórico pessoal (dando-lhe provas, mostrando-lhe um filme feito no passado no qual ela aparece etc.), a pessoa teria condições de se identificar como sendo a mesma sem recorrer a tal acesso interno. Suponha ainda, para reforçar esse ponto, que houvesse uma comunidade de seres humanos nos quais as memórias de eventos pessoais fossem a cada cinco anos sistematicamente destruídas, digamos, pelas vantagens do oblívio. Parece que essas pessoas não deixariam de ser as mesmas pessoas, ao menos não enquanto mantivessem suas capacidades, crenças, traços de personalidade e disposições volicionais. Parece, pois, que a identidade da memória não chega a ser sequer uma condição *necessária* para a identidade pessoal. Não obstante, a identidade da memória, em se tratando de memórias verídicas, parece poder ser uma condição *suficiente* para a identidade pessoal, pois, mesmo que uma pessoa se lembre de si mesma no passado como tendo sido uma pessoa com crenças, capacidades, traços de caráter etc., completamente diferentes, ela não chegará com isso à conclusão de que *não era* uma mesma pessoa. E a identidade da memória possui a vantagem sobre os outros elementos de possibilitar a forma introspectiva e imediata de auto-identificação da pessoa como sendo a mesma em tempos diferentes.

O fato de a identidade da memória não ser condição necessária da identidade pessoal não significa que ela seja irrelevante. Também os outros elementos identificadores podem ser individualmente dispensáveis. Uma pessoa pode modificar suas crenças ou certas capacidades ou traços de sua personalidade etc., permanecendo apesar disso a mesma pessoa. Ela pode perder quase completamente as crenças e habilidades, como no caso de alguém que sofre da doença de Alszheimer, sem no entanto perder seus traços de personalidade e o seu perfil emocional e volitivo, mantendo-se assim em certa medida a mesma pessoa. Parece, pois, que a própria *pessoa* é constituída pelo *conjunto* dos elementos psicológicos mencionados, sendo a identidade da memória um elemento particularmente adequado à sua auto-identificação. Finalmente, essas considerações indiretamente apóiam a tese de que a identidade pessoal não depende da identidade do corpo, posto que ela permanece sendo uma identidade essencialmente *psicológica*.

7. Sexta objeção: uma continuidade causal de ordem física é necessária

Exemplos como o da teletransportação demonstram que a identidade pessoal não depende da continuidade de algo físico, como o mesmo corpo – o que obviamente não significa que a identidade pessoal não dependa da existência de algum substrato físico ao qual possamos ter acesso interpessoal. Mas o ponto mais importante a ser notado é que a identidade pessoal, embora não dependa de uma identidade ou continuidade física, depende de

(vi) Uma adequada associação causal entre os substratos físicos de uma pessoa nos subseqüentes estágios de sua existência.

Esse é o único elemento criterial de ordem física que parece ser requerido à identidade pessoal. Ele é satisfeito no exemplo da teletransportação: a estrutura física do cérebro que é escaneado possui um papel *causal* em sua reconstituição em um outro corpo.

Para evidenciar esse ponto, tentemos imaginar um exemplo no qual há continuidade psicológica, mas não há nenhuma relação causal entre os diferentes estágios corporais. Para tal, suponhamos que A seja uma pessoa cujo substrato físico seja um cérebro que tenha vivido toda a sua vida em uma cuba, sendo toda a sua experiência de vida estabelecida pelo programa de um supercomputador ao qual seus feixes neuronais estão ligados. Supondo que a experiência de A seja tão complexa e variada quanto a de qualquer um de nós, devemos admitir que A é uma pessoa. Suponhamos agora que haja um incêndio no laboratório e que o cérebro de A e o supercomputador sejam destruídos. Por sorte, existe uma cópia do programa do supercomputador que havia sido aplicado ao cérebro de A, além de existir um estoque de cérebros-embriões geneticamente idênticos ao de A. Com isso, um desses cérebros-embriões é colocado em uma cuba, sendo a ele aplicado o mesmo programa que havia sido aplicado a A, resultando afinal na constituição de uma pessoa B que é idêntica a A no momento de sua morte. A questão que agora se coloca é: é a pessoa B numericamente ou apenas qualitativamente idêntica a A? Parece claro que devemos responder que a identidade preservada é *apenas qualitativa*; a pessoa B não é A, mas apenas uma outra igual a A, e a razão disso é a inexistência de qualquer continuidade causal entre ambas.

A conclusão muito provisória a que chegamos é a de que os critérios de identidade pessoal formam uma *constelação*, constituída minimamente pelos seguintes itens: primeiro, pela continuidade psicológica, constituída pelos elementos que vão de (i) a (v); segundo, pela condição (vi), de uma adequada associação causal física entre os diversos estágios de uma mesma pessoa; terceiro, ainda, pela condição (vii), da inexistência de outros candidatos que satisfaçam igualmente as outras condições.

12. Ação moral: a ética dos meios e a ética dos fins

As principais teorias éticas são classificáveis como pertencentes a um dos dois seguintes tipos: *deontológico* (*deon* = dever) ou *teleológico* (*telos* = finalidade). Teorias deontológicas focalizam a própria ação que está sendo eticamente avaliada, a qual é vista como possuindo um valor moral intrínseco. Se alguém acha que matar é imoral em qualquer circunstância, essa pessoa deve estar raciocinando em termos deontológicos, pois concebe o mal como intrínseco ao ato de matar. Teorias teleológicas – também chamadas de *conseqüencialistas* – identificam o valor da ação com as suas conseqüências *não-morais*, como a quantidade de prazer ou felicidade que a ação produz ou a diminuição do desprazer ou infelicidade dela resultante[1]. Suponha que um psicopata esteja atirando contra uma multidão e que a única maneira que o policial tem de detê-lo, salvando assim outras vidas, seja atirar contra ele, matando-o. Nesse caso muitos de nós dirão que o policial agiu de forma correta, pois a sua ação teve conseqüências benéficas: ele salvou várias vidas em troca de uma única, diminuindo a dor ou

---

1. Podemos considerar o *resultado* da ação, a *ação como tal* e as *motivações* que a produziram. Historicamente há, *grosso modo*, um tipo de ética para cada um desses momentos: uma ética teleológica, que encontra o *locus* primário do valor moral nos resultados da ação (Bentham, Mill), uma ética deontológica, que encontra o *locus* primário do valor moral na própria ação moral (Kant), e uma ética da virtude, que encontra o *locus* primário do valor moral nas motivações que produzem a ação (Platão, Aristóteles).

infelicidade geral. Quem pensa assim está provavelmente admitindo o conseqüencialismo, pois localiza o valor moral da ação em suas conseqüências. A mais influente forma de conseqüencialismo chama-se utilitarismo e será discutida a seguir.

1. Utilitarismo

Segundo o utilitarismo, a ação humana deve ter como finalidade produzir felicidade, que é identificada com *prazer*, ou minorar a infelicidade, que é identificada à *dor* ou *desprazer*; assim, o valor moral de uma ação é diretamente proporcional ao prazer que ela produz e/ou à dor ou desprazer que ela evita. Mas o utilitarista (à diferença, por exemplo, do *egoísta ético*[2]) não concebe o prazer sob um ponto de vista individual, mas *coletivo*. Daí o princípio utilitarista de que uma ação é moralmente boa quando é razoável esperar que ela produza o bem maior para o *maior número de pessoas*. Entendendo prazer e desprazer em sentido amplo e entendendo o bem como produção do prazer ou evitação do desprazer, chegamos ao seguinte *princípio geral da utilidade*:

> PGU: Uma ação é moralmente boa quando é razoável esperar que ela produza maior prazer para o maior número e/ou (especialmente) que seja bem sucedida em produzir menor desprazer para o maior número.

Aplicando o PGU ao nosso exemplo inicial concluímos que o policial agiu moralmente, posto que era razoavelmente espera-

---

2. O egoísmo ético é uma concepção moral teleológica segundo a qual o bem moral não consiste no bem da maioria (como no utilitarismo), mas no bem de *cada agente* em particular. A dificuldade com o egoísmo ético é que ele rejeita qualquer elemento altruísta na natureza humana. Coisas como o amor ou a amizade, que pressupõem altruísmo, não podem ser admitidas. O resultado é um mundo infeliz, no qual as pessoas chocam-se umas contra as outras como bolas de bilhar. Buscando a felicidade individual, o egoísmo ético torna-a paradoxalmente impossível.

do que a sua ação evitasse a dor ou infelicidade maior para o maior número.
O utilitarismo distingue o valor da ação do valor do agente. O fato de uma ação ser boa ou não independe do fato de seu agente ser bom ou não. Uma pessoa pode realizar inopinadamente e com boas intenções uma ação que na verdade é desarrazoada e cujo resultado é desastroso. Nesse caso a ação será má, mas nem por isso a pessoa e a sua intenção deixarão de ser boas.
Para julgar se uma ação é boa ou má podemos ter de recorrer ao que utilitaristas a partir de Jeremy Bentham chamaram de *cálculo hedônico*. Para Bentham, esse cálculo consiste em um *balanço* entre a quantidade de prazer e a quantidade de desprazer ou dor que a ação cujo valor moral queremos julgar supostamente deverá causar no maior número de pessoas. Esse balanço inclui variáveis como intensidade, duração, certeza, proximidade no tempo etc., sendo por vezes bastante complicado e incerto[3]. Em adição a isso convém lembrar que a ausência de dor ou desprazer tem prioridade sobre a obtenção de prazer: geralmente preferimos não sentir dor a sentir prazer com dor. (Uma implicação mais ampla disso poderia ser, supondo que a miséria implique em desprazer coletivo, que uma sociedade que se esforça em prevenir a miséria é mais moral do que uma sociedade que apenas produz riqueza.)
A idéia de um cálculo hedônico é facilmente sujeita a objeções. Uma delas é que a realização desse cálculo parece por vezes muito difícil. Uma mesma ação pode causar maior prazer em uma pessoa do que em outra. A curto prazo uma ação pode produzir maior prazer, mas a longo prazo ela pode produzir maior desprazer... E como podemos comparar prazeres e desprazeres cuja natureza é muito diversa como, digamos, o prazer da boa mesa e o prazer de um bom livro? A dificuldade teórica pode, contudo, ser justificada por estar apenas refletindo uma dificuldade *muito real*, que todos nós ocasio-

---

[3]. Ver J. Bentham: *The Principles of Morals and Legislation* (1789), Buffalo 1988, cap. IV (trad. bras. *Uma introdução aos princípios da moral e da legislação*, col. *Os pensadores* (Ed. Abril), São Paulo, 1974).

nalmente sentimos quando tentamos avaliar o valor moral de nossas ações.

Uma objeção tradicionalmente feita ao cálculo hedônico é a de que o utilitarismo é uma "ética suína": que todos vivêssemos como porcos satisfeitos seria o ideal utilitarista. Para responder a essa objeção um outro utilitarista, John Stuart Mill, distinguiu entre *prazeres superiores*, de ordem intelectual, estética e social, e *prazeres inferiores*, de ordem sensorial, como a alimentação, o repouso e o sexo. Segundo Mill, os prazeres superiores são mais duradouros e seguros, enquanto os prazeres inferiores, embora possivelmente mais intensos, são episódicos, sendo mais comumente associados a desprazeres e costumando causar dor quando excedidos. Disso resulta que os prazeres superiores possuem *mais valor* no cálculo hedônico. Assim, entender Bach é preferível a entender Chitãozinho, aprender filosofia é preferível a aprender astrologia... Por outro lado, Mill admite que é muito mais difícil satisfazer a todas as necessidades, das mais simples às mais superiores, o que significa que a felicidade – entendida como a satisfação suficiente de necessidades razoavelmente concebidas – pode ser mais improvável em tais casos. Ainda assim, o fato de que parecemos dar preferência à preservação de nossa capacidade para os prazeres superiores sobre a preservação de nossa capacidade para os prazeres inferiores seria prova suficiente de que os primeiros produzem um bem maior. Quem discorda disso, diz Mill, é porque nunca experimentou os prazeres superiores e fala, portanto, sem conhecimento de causa. "É melhor ser um ser humano insatisfeito", escreve ele, "do que ser um porco satisfeito; melhor ser um Sócrates insatisfeito do que ser um tolo satisfeito. E se o tolo ou o porco são de diferente opinião é porque eles somente conhecem o seu próprio lado da questão. O outro partido, por sua vez, conhece ambos os lados"[4]. Em um mundo hedonista como o nosso cabe a pergunta: será que Mill estava realmente certo?

---

4. J. S. Mill: *Utilitarianism*, New York, 1987 (1861), cap. 2, p. 20.

A seguinte experiência em pensamento sugere que sim. Suponhamos que você tenha que escolher entre duas alternativas. A: você viverá o restante de sua vida preso em uma cela na qual poderá usufruir plenamente de todos os prazeres sensoriais, da culinária francesa ao sexo com Marilyn Monroe, sendo-lhe preservada a capacidade de usufruir plenamente de todos esses apetites e desejos; em compensação, em seu cérebro será feito um tratamento que o tornará uma criatura incapaz de usufruir de quaisquer prazeres de ordem superior. A alternativa a isso é B: você viverá o restante de sua vida preso em uma cela semelhante, mas com a possibilidade de usufruir plenamente de todos os prazeres superiores que for capaz de imaginar, desde os prazeres do conhecimento até a fruição estética mais elevada, desde o prazer da conversação inteligente ao de uma intensa atividade criativa da mais alta qualidade; em compensação – para que seja conservada a simetria com o caso A –, será feito um tratamento em seu cérebro que o tornará incapaz de sentir as necessidades e desejos inferiores de uma forma significativa, o que lhe permitirá contentar-se com a refeição mais frugal e não se importar nem um pouco com uma vida de completa abstinência sexual. Pois bem: que alternativa você escolheria? Se você escolheu B, então concorda com Mill.

Outra objeção ao utilitarismo provém de Robert Nozick[5]. Ele imagina uma máquina capaz de estimular o seu cérebro de maneira que você vivencie toda espécie de eventos prazerosos, quando na verdade você está apenas deitado em uma banheira, tendo alucinações desses eventos. Nozick pensa que nós instintivamente nos rebelamos contra a idéia de escolhermos passar o resto de nossas vidas em uma tal máquina, em vez de procurarmos pela felicidade por conta própria, ainda que à custa de desprazeres...

Desconfio, contudo, que essa conclusão tenha algo de enganoso. Na verdade, nós nos rebelamos contra tal idéia pelo fato de que não temos certeza sobre como a máquina funciona-

---

5. R. Nozick: "The Experience Machine", em N. Warburton (ed.), *Philosophy: Basic Readings*, London, 1999, pp. 96-8.

ria a longo prazo, ou porque desconfiamos – com muito boas razões – da qualidade dos prazeres produzidos pela máquina, incapaz de originar a inesperada variedade de prazeres que a realidade tem para nos oferecer. Mas suponhamos que a máquina produza uma simulação perfeita de uma realidade na qual nos seja permitida uma existência mais prazerosa em todos os sentidos. E suponhamos que viajantes do tempo pudessem nos garantir sem possibilidade de erro que o nosso futuro na máquina será inquestionavelmente bem mais prazeroso do que o nosso futuro no mundo real, sendo maiores tanto os prazeres inferiores quanto os mais superiores. Nesse caso creio que nenhum de nós em sã consciência deixaria de escolher a vida na máquina. Na verdade não precisamos recorrer a nenhuma experiência em pensamento para testemunharmos isso. Pessoas que sucumbem a comportamentos neuróticos, adeptos de seitas, são pessoas que já fizeram essa escolha em suas vidas *atuais*, preferindo a ilusão à realidade, não devendo ser recriminadas por isso, na medida em que, sem fazer mal a outras, conseguem dessa maneira levar uma vida menos infeliz do que aquela que teriam se fossem forçadas a se defrontar com a realidade em toda a sua crueza. (Para maiores informações sobre o tema da mentira vital, sugiro a leitura da peça de Ibsen, *O pato selvagem*).

Ainda outra objeção a ser considerada é a de que o utilitarismo, em qualquer de suas formas, idealiza uma situação que de fato não existe: as sociedades humanas não possuem realmente padrões tão elevados de ação moral como os exigidos pelo utilitarismo[6]. A resposta é que uma teoria ética não precisa ser descritiva. Uma teoria ética correta é aquela que, caso adotada por uma sociedade, conduz à maximização da felicidade coletiva, sendo essa uma idéia inerente ao nosso próprio conceito de moralidade. Se o utilitarismo é a teoria ética que conduz à maximização da felicidade coletiva, adotá-lo é uma questão de fazer uso de nosso entendimento moral.

---

6. J. L. Mackie: *Ethics: Inventing Right and Wrong*, London, 1977, p. 133.

AÇÃO MORAL

Há, contudo, objeções que não parecem solucionáveis por um cálculo hedônico como o que foi considerado. Considere o seguinte contra-exemplo, que retiro do romance de Dostoiévski *Crime e castigo*: o herói do romance, Raskolnikov, conhece uma senhora idosa, inútil e insuportável, que vive de usura e que possui uma grande quantia de dinheiro escondida em seu quarto. Fazendo um cálculo utilitário ele decide matar essa senhora, que afinal tem apenas uns poucos anos a mais de vida, para apossar-se do dinheiro, de modo que seja capaz de propiciar um futuro feliz para si mesmo e para a jovem a qual deseja desposar. Parece então que cometer um homicídio e um roubo seria o curso de ação moralmente mais correto segundo o princípio da utilidade, o que fere nossos mais elementares sentimentos morais.

Outro contra-exemplo. Em uma cidadela no Sul dos Estados Unidos no final do século XIX há um sério conflito entre brancos e negros, com algumas mortes. Um negro que vive fora da sociedade é acusado de ser o responsável. Os juízes sabem que ele é na verdade inocente, mas resolvem mesmo assim condená-lo, pois estão convencidos de que se isso for feito a paz voltará a reinar, ao passo que se isso não for feito os conflitos irão recrudescer. Parece que do ponto de vista utilitarista essa decisão é justificada, pois o sacrifício de uma vida impedirá que outras pessoas sejam eventualmente mortas, resultando em um bem maior para a maioria. Mas parece claro que essa é uma decisão profundamente imoral, que desconsidera o respeito que devemos à integridade pessoal de um ser humano.

Um último contra-exemplo. Você combina com uma pessoa que ela irá cortar a grama de seu jardim em troca de um pagamento. Quando a pessoa está prestes a terminar o serviço, alguém toca a campainha de sua casa pedindo auxílio para uma campanha beneficente. Aplicando o cálculo utilitário você conclui que produzirá maior prazer para a maioria se, em vez de pagar quem cortou a sua grama, você doar esse dinheiro à campanha beneficente. Segundo o utilitarismo, essa é uma ação moralmente correta, o que não deve ser verdade.

Uma tentativa de responder a objeções como essas foi trazida pelas versões mais contemporâneas do utilitarismo, chamadas de *utilitarismo de regra*, que diferem do *utilitarismo de ação* que estivemos considerando até aqui. Segundo o utilitarismo de regra, uma ação é boa quando está em conformidade com uma regra pertencente a um sistema de regras que, se seguido, resultará no melhor (ou menos ruim) estado de coisas possível. Se uma ação for baseada em uma regra pertencente a esse sistema, ela será ao menos *prima facie* moralmente correta. Eis como podemos formular o que pode ser chamado de o *princípio do utilitarismo de regra* (PUR):

> PUR: Uma ação é correta quando envolve uma regra que é membro de um sistema de regras aceito como devendo conduzir a uma maior felicidade (isto é, produção de prazer e/ou evitação da dor) para a sociedade do que qualquer outra alternativa.

Vejamos agora como o utilitarista de regra responde aos contra-exemplos como o de Raskolnikov, do conflito racial e do não-cumprimento de um acordo. Ele dirá que há normas de um sistema maximizador da felicidade social que foram infringidas. No caso do assassino Raskolnikov há uma regra social de respeito à vida que estava sendo contrariada (Raskolnikov já entendia um pouco do utilitarismo de ação, mas confundia-se quanto ao utilitarismo de regras, terminando vítima das confusões deontológicas mais sutis de seu criador). No caso do conflito racial na cidadela norte-americana há normas de respeito à integridade pessoal que precisam ser observadas em qualquer situação, pois sem isso as pessoas perderiam a confiança que depositam no sistema legal. No caso do adolescente que limpou o seu jardim, ao não pagá-lo você estará contrariando uma regra segundo a qual devemos cumprir os nossos acordos de pagamento de serviços, sendo o não-seguimento de regras como essa destrutivo para a sociedade.

Nem sempre as coisas são tão fáceis. Por exemplo: um médico marca um jantar em um restaurante com um colega. Quando está indo para o local, alguém é seriamente atropelado, e ele é quem mais pode fazer para ajudar a vítima. O médico decide ajudar a pessoa, mesmo faltando ao encontro. Há, contudo, uma regra segundo a qual devemos cumprir nossos compromissos, e o encontro no restaurante é um compromisso. Agiu o médico imoralmente? A resposta do utilitarista de regras parte da constatação de que há aqui um conflito entre duas regras, a de que devemos cumprir nossos compromissos e a de que devemos ajudar outras pessoas em caso de grande necessidade. A solução do utilitarista de regras é sugerir que há ao menos dois níveis de regras. No nível mais baixo estão as muitas máximas utilitárias, como "não mentir", "cumprir promessas", "pagar o que devemos", "ajudar os outros em caso de necessidade", "respeitar a vida humana", "respeitar a propriedade alheia" etc. Essas normas devem ser sempre seguidas, a menos que haja conflito entre elas. Em caso de conflito apelamos para um segundo nível, constituído de regras de segunda ordem (regras sobre regras) destinadas à solução de conflitos entre regras do primeiro nível. No exemplo acima nós diríamos que o médico agiu moralmente porque no segundo nível há uma regra que diz que ajudar os outros em casos de grande necessidade vale mais do que cumprir acordos.

As objeções até agora consideradas são respondíveis sem maiores dificuldades pelo utilitarista de regras. Mas nem sempre é assim. Considere o contra-exemplo do inocente homem gordo exposto por Kai Nielsen[7]. Um homem gordo está conduzindo um grupo de pessoas para fora de uma caverna junto ao mar. Ao chegar à estreita boca da caverna o homem gordo fica entalado, apenas com a cabeça para fora. Como o nível da água do mar está subindo, todos, com exceção do homem gordo, se afogarão. Por sorte, alguém tem uma banana de dinamite, de modo que a única solução possível é usá-la para ejetar o inocente homem gordo para fora da caverna, de modo que embora ele pereça os outros não se afoguem. Para Nielsen, esse procedimento é moralmente correto, mesmo que haja uma regra

---

7. Ver Kai Nielsen: "Against Moral Conservatism", em L. P. Pojman (ed.): *Ethical Theory: Classical and Contemporary Readings*, Belmont, 1989.

dizendo que não devemos atentar contra a vida de nossos semelhantes. Em casos extremos como esse, parece que o princípio geral da utilidade é quem decide.

Com efeito, há sempre situações imagináveis em que regras utilitárias precisam ser desobedecidas, mesmo que sejam regras que pertençam a um sistema de regras que conduza ao bem geral, satisfazendo o PUR. Suponha, para dar mais um exemplo, que alguém seja portador de um vírus terrivelmente perigoso, que poderá disseminar-se pelo ar destruindo toda a humanidade e que em uma situação sem alternativas se chegue à conclusão de que para salvar a humanidade seja preciso eliminar essa pessoa... Também nesse caso, os responsáveis pela ação contrariam a regra fundamental de respeito à vida para seguir o princípio utilitarista ainda mais fundamental, o que, ainda que lamentável, parece correto.

A conclusão a que esses dois últimos exemplos parecem nos conduzir é a de que não podemos adotar um utilitarismo de regras em sentido pleno, abrindo mão do princípio geral da utilidade. Mais razoável parece ser adotarmos como base o utilitarismo de ação e complementá-lo com o princípio do utilitarismo de regras. Ou seja: a adoção de PUR é feita por motivos *práticos*; não seria praticamente viável, nem útil à coordenação social de nossas ações, que tentássemos (ousássemos) fazer um cálculo utilitário a cada vez que agíssemos, daí seguirmos normalmente as regras derivadas do PUR. Mas PGU continua valendo como um princípio subliminar a qualquer ação, tendo precedência sobre PUR no sentido de que é capaz de derrogar a validade das aplicações particulares das regras que a aplicação do último produz.

Tendo isso em vista, considere novamente os exemplos de Raskolnikov, dos conflitos sociais na cidadela norte-americana e do corte da grama de seu jardim. Pode ser defendido que na verdade nenhuma das ações consideradas satisfaz o PGU se esse princípio for devidamente aplicado, posto que elas põem em risco o sistema de regras sociomorais e legais que enquanto vigentes possibilitam o bem maior para a maioria. Pode-se defender que tais ações apenas *parecem* promover o bem maior, posto que as suas conseqüências sociais negativas são geralmente potenciais, furtando-se a um reconhecimento claro e imediato. Por outro lado, os últimos dois exemplos são de situações nas quais o benefício de infringir a regra é maior do que o malefício derivado de enfraquecer o sistema de regras socialmente sancionado; em tais casos devemos ter a coragem de desobedecer à regra, satisfazendo o PGU[8].

2. Teorias deontológicas: Kant

Passemos agora às concepções deontológicas que, como já dissemos, vêem a moralidade como algo intrínseco à ação e não como algo dependente de seus resultados. Essas concepções costumam fazer a ação moral depender de deveres, direitos e princípios. A teoria deontológica que exporei a seguir é a de Immanuel Kant, que é de grande *insight* e influência.

Filósofos racionalistas como Kant acreditavam que Deus implantou em nós o conhecimento de leis e princípios morais constitutivos de nossa identidade como seres racionais. Há motivos para isso: Kant era um filósofo protestante que acreditava ser o homem feito à semelhança de Deus e que se sentia ultrajado com o ponto de vista agnóstico de empiristas e utilitaristas, que fazem a moralidade depender de sentimentos *não-morais*. Sendo tais sentimentos constitutivos da natureza biológico-evolutiva do homem e compartilhados mesmo por outras espécies animais, isso traz como conseqüência que a moralidade haveria de ser diferente se a natureza dos seres humanos fosse diferente (a moralidade do lobo, se o lobo fosse um agente moral, seria por certo muito diferente da moralidade do cordeiro). Contra isso, Kant acreditava ser possível derivar um conjunto consistente de princípios morais da própria razão, o qual justificaria *a*

---

8. É provável que a crítica à cultura levada a efeito por Nietzsche, à parte exageros, se baseasse na percepção disso; ele percebeu que sua época estava sendo dirigida por um sistema de valores desgastado, cuja superação era exigida para que se evitasse a estagnação e destruição da cultura.

priori a moralidade de nossas ações, a saber, em completa independência de suas conseqüências.

Pensando dessa maneira, Kant sugeriu que uma ação moral não é aquela que resulta de uma inclinação afetiva, mas de um puro *sentimento de dever*. Para elucidar o seu ponto de vista, suponha que você deva devolver uma soma em dinheiro que lhe foi emprestada. Pode ser que você o faça porque teme vir a sofrer reprimendas se não o fizer, ou porque teme ser coagido a devolver o dinheiro, ou porque não deseje perder o crédito quando voltar a pedir dinheiro emprestado, ou ainda porque você quer bem à pessoa que lhe emprestou e não gostaria de fazer algo que a desagradasse. Para Kant, em nenhum desses casos a sua ação será moral. Somente no caso em que você devolve o dinheiro porque se sente na obrigação moral de fazê-lo é que você estará agindo moralmente. Para Kant, a essência da ação moral está no *motivo* que a produz. Se uma pessoa age racionalmente e segundo o seu sentimento de dever, a sua ação será moralmente correta, mesmo que os resultados sejam previsivelmente maus. E, se a pessoa age por outra razão que não seja esse sentimento de dever, ela não terá agido moralmente, por melhor que possa ser o resultado.

Mas como distinguir uma ação que mereça vir acompanhada do sentimento de dever? Kant definia o dever como a necessidade de agir por respeito à lei, e para distinguir quando se age por respeito à lei ele concebeu um *teste* que todo curso de ação moral deve satisfazer. Trata-se do seu famoso *imperativo categórico*. Para entendermos o que é o imperativo categórico devemos começar expondo a distinção kantiana entre as duas formas de comando que podem estar envolvidas nas ações: o imperativo categórico e o hipotético. O *imperativo hipotético* é uma diretiva para a obtenção de um fim. A forma de suas injunções é:

Se queres *x*, então faças *y*.

Exemplo: "Se queres entrar para a universidade, então precisas estudar." Esse é um imperativo hipotético, posto que de-

AÇÃO MORAL

pendente da hipótese de que a pessoa deseje entrar para a universidade. Se essa hipótese não corresponder ao que a pessoa quer, então o imperativo deixa de ser aplicável. Devido a esse caráter contingente de sua aplicação, o imperativo hipotético não pode pertencer à razão moral. O mesmo não se dá com o imperativo categórico, que se distingue por ser incondicionalmente válido. Suas injunções têm a forma:

Faças x!

Essa deve ser a forma das normas morais capazes de satisfazer o *status* absoluto da obrigação moral. Kant expõe o imperativo categórico como um princípio moral de segunda ordem, cuja primeira formulação é o que chamaremos de *princípio da universalização*:

PU: Aja somente sempre segundo uma máxima que você possa querer que se torne uma lei universal da natureza[9].

Por *máxima* Kant entende um princípio subjetivo sob o qual o agente pretende agir, como "Não devo mentir", "Não devo roubar", "Devo cumprir minhas promessas", "Devo ajudar os outros em caso de necessidade". Por *lei* Kant entende um princípio objetivo, a saber, uma máxima que passou pelo teste de universalização. Esse é o caso, como veremos, de injunções como "Nunca devemos mentir", "Nunca devemos roubar" etc. A forma de aplicação do imperativo categórico expresso pelo princípio da universalização, como teste do valor moral das ações humanas, pode ser resumida pelo esquema A[10]:

---

9. E. Kant: *Die Grundlage der Metaphysik des Sittens*, Darmstadt, 1983, vol. IV, B 52.
10. Esquema baseado na excelente introdução de L. P. Pojman, *Ethics: Discovering the Right and Wrong*, Belmont, 1999, p. 141. Minha exposição neste capítulo muito deve aos textos de Pojman.

```
                    Ações a serem avaliadas
                              │
Aplicação de PU               ▼
(princípio moral de ──▶ Máximas envolvidas
segunda ordem)              nas ações
                           ╱       ╲
                          ╱         ╲
                         ╱           ▶ Máximas rejeitadas
        Leis morais   ◀╱
        (princípios morais de
        primeira ordem)
```

Se você quiser avaliar a moralidade de uma ação, deverá se perguntar se pode consistentemente querer que *todas* as pessoas realizem o mesmo tipo de ação prescrito pela máxima envolvida na ação. Em caso afirmativo, o princípio da universalização se aplica à ação que envolve a máxima, e essa ação é moralmente sancionada, posto que exemplifica uma lei universal; caso contrário, a ação será imoral.

Dois exemplos mostrarão como isso supostamente funciona.

Vejamos primeiro um caso de ação que satisfaz o imperativo categórico pelo fato de a máxima nela envolvida exemplificar uma lei moral. Suponha que você devolva a alguém um livro que havia pedido emprestado. Essa ação envolve uma máxima pessoal sua: "Se eu peço algo emprestado, devo ter a sincera intenção de devolver." Aplicando o imperativo categórico, a máxima fica universalizada como: "Sempre que uma pessoa pede algo emprestado, ela deve devolver." Você pode querer que essa universalização se torne uma lei da natureza? Que todas as pessoas ajam dessa maneira? É certo que sim. Logo, essa máxima universalizada é uma lei moral, e a sua ação foi moralmente correta.

Vejamos agora um exemplo no qual a máxima envolvida na ação contradiz uma lei moral: estou em uma biblioteca em um lugar distante e tenho nas mãos um raro exemplar do *Periphyseon* de John Scott, que há muito procuro. Sei que ninguém descobrirá se eu o levar para casa e sei que não porei mais os

AÇÃO MORAL 261

pés nessa biblioteca. Decido então levar o livro comigo. É essa uma ação moral? A aplicação do imperativo categórico mostra que não. Eis como ela se dá. A ação de levar um livro de uma biblioteca sem permissão é um furto. A máxima envolvida nessa ação é "É permitido roubar". Suponhamos agora que essa máxima seja transformada pela aplicação do PU em uma lei universal "Todos podem roubar". Posso *querer* que o roubar se torne uma lei universal? Posso querer que todos roubem? Certamente que não, pois isso seria inconsistente, já que eu mesmo logo estaria sendo roubado. Por conseguinte, é imoral que eu roube o livro da biblioteca.

Quais as dificuldades que podem ser encontradas nisso? Uma delas são contra-exemplos como o seguinte. Suponha que durante a Segunda Guerra Mundial uma pessoa na Alemanha tenha escondido um amigo judeu, empregado de sua firma, em sua casa. Suponha ainda que membros da SS venham à casa dessa pessoa e lhe perguntem se ela sabe onde se encontra o judeu. A pessoa deve dizer a verdade ou deve mentir? Kant defende explicitamente o ponto de vista segundo o qual a pessoa deve dizer a verdade custe o que custar, pois o imperativo categórico mostra que a universalização da mentira não é desejável. É claro que as conseqüências de a pessoa não mentir seriam em tal caso desastrosas. Mas para Kant as conseqüências não importam... Além disso, segundo um tortuoso raciocínio seu, se o judeu saltasse pela janela e o oficial nazista o encontrasse fugindo e o matasse, a pessoa seria duplamente culpada: pela morte do amigo e por ter profanado o imperativo categórico.

Há outros contra-exemplos mais assustadores, como a máxima do desbravador do oeste "Para mim, índio bom é índio morto", ou a máxima do político corrupto interpretado por Chico Anísio "Quero que os pobres se explodam". Suponhamos que PU fosse aplicado a essas máximas. Os resultados seriam: "Todos os índios devem ser mortos" e "Todos os pobres devem ser abandonados à própria sorte". Podem tais generalizações ser desejadas? Sem dúvida, sob o suposto de que a pessoa que generaliza não seja nem índio nem pobre, não parece surgir inconsistência alguma.

Há maneiras não-kantianas de tentar salvar o imperativo categórico. Uma delas consiste em distinguir entre *obrigações reais* e *obrigações prima facie*[11]. Podemos ter um conflito entre mais de uma obrigação *prima-facie* e veremos que uma delas é *mais forte*, tornando-se a obrigação real. Assim, no exemplo da pessoa que recebe a visita da SS, a ação envolve dois princípios competitivos. O primeiro é "Não devemos mentir" e o segundo é "Deve-se proteger a vida de pessoas inocentes". Temos, pois, dois princípios *prima-facie* e devemos considerar qual deles possui maior força moral. Como provavelmente o segundo princípio será julgado como possuidor de maior força moral, a conclusão será a de que mentir é no caso a ação mais correta. Nos outros dois casos, o princípio de que devemos respeitar a vida de seres semelhantes a nós, ou o de que pessoas em grande desvantagem social devem ser auxiliadas, também parecem ter prioridade sobre os princípios gerados.

Uma dificuldade com essa solução é que as pessoas em questão podem não estar dispostas a aceitar a obrigação mais forte como máxima generalizável; o que força uma pessoa que pensa que índio bom é índio morto, ou que pensa que pobres são pobres por serem pessoas naturalmente destituídas de valor, a desejar a generalização das máximas de respeito à vida e de auxílio a pessoas em desvantagem social?

Dificuldades como essa nos levam a considerar a segunda formulação do imperativo categórico, o chamado *princípio dos fins:*

> PF: Aja de maneira a tratar a humanidade, em sua própria pessoa ou em qualquer outra, nunca somente como meio, mas sempre também como fim[12].

Esse belo princípio justifica-se da seguinte maneira. Ao avaliarmos qualquer coisa, atribuímos valor a ela. Esse valor será condicional, isto é, dependente de *nossa* avaliação. Como

---

11. Ver W. D. Ross: "What Makes Right Acts Right?", em L. Pojman, *Moral Philosophy*, Indianapolis, 1998.
12. E. Kant: *Die Grundlage der Metaphysik des Sittens*, ibid., B 66 ss.

conseqüência nós, que avaliamos, possuímos um valor incondicionado. Devemos, portanto, avaliar-nos uns aos outros não como meros objetos, mas como possuidores de também um valor absoluto, guardando-nos assim de explorar, manipular, usar as outras pessoas.

Uma objeção comumente feita é que o princípio dos fins não é na verdade uma segunda formulação do mesmo imperativo, como Kant queria, mas a formulação de um novo princípio de segunda ordem. Isso não representa maiores problemas, pois o PF pode ser tratado como um princípio complementar ao PU, reforçando-o; nesse caso, o esquema A será substituído pelo esquema B[13]:

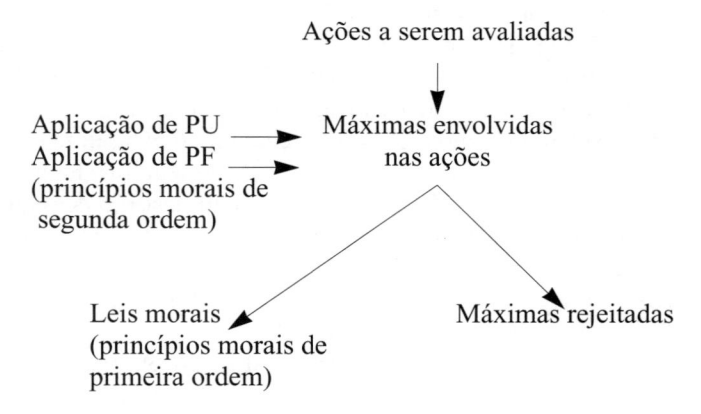

Ações a serem avaliadas
↓
Aplicação de PU ⟶ Máximas envolvidas
Aplicação de PF ⟶ nas ações
(princípios morais de
segunda ordem)

Leis morais ↙   Máximas rejeitadas
(princípios morais de
primeira ordem)

Nesse caso máximas como "Devo matar todos os índios" e "Quero que os pobres sejam abandonados à própria sorte" não podem ser facilmente transformadas nas leis morais "Todos os índios devem ser mortos" e "Pessoas em grande desvantagem social não devem ser auxiliadas", posto que elas envolvem a coisificação de outros seres humanos, não passando pelo princípio dos fins.

Contudo, o princípio dos fins também não fica imune a dificuldades. Ele parece excessivamente vago e restritivo. Há si-

---

13. Com adições, esse esquema é baseado em L. P. Pojman, *ibid.*, p. 147.

tuações de conflito nas quais não sabemos se devemos aplicá-lo. Considere o caso do inocente homem gordo; o princípio dos fins não nos informa se ele deve ser ejetado por consideração à humanidade essencial dos outros, ou se não deve, por consideração à sua própria humanidade. O princípio geral da utilidade, ao contrário, oferece em casos como esse uma resposta mais segura e razoável.

3. Incorporando os insights *kantianos ao utilitarismo*

Minha reação diante das dificuldades da deontologia kantiana é pensar que a sua verdade poderia ser resgatada se a reconstruíssemos de modo que fosse incorporada ao utilitarismo.

Considere o sentimento de dever. Não faria mais sentido se, em vez de querer fundá-lo em uma obscura "razão", ele fosse considerado como o senso do dever moral naturalmente decorrente de nossa associação da vontade ao seguimento de normas derivadas de PUR, do princípio do utilitarismo de regras? E por que não admitir princípios similares a PU e PF entre as regras do sistema de regras utilitárias como *princípios diretivos*, somente derrogados quando em conflito com o próprio PGU, o princípio geral da utilidade?

Considere o princípio da universalização: ele parece ser incorporável ao utilitarismo como um princípio auxiliar, que geralmente deve ser satisfeito se quisermos ver satisfeito o PGU, pois quando nós podemos generalizar uma ação sem contradição isso evidencia que ela pode servir ao bem geral. Que PU deve ser subordinado ao PGU fica claro quando percebemos que em todos os casos nos quais encontramos dificuldades com PU (por exemplo, no caso em que mentimos para proteger alguém), a razão profunda de nossa insatisfação é que o seu seguimento não conduz à satisfação do princípio geral da utilidade. Além disso, também parece que PU poderia ser interpretado de modo que adquirisse uma função negativa de respaldar a transgressão utilitarista de uma regra de um sistema de regras morais pelo qual costumamos agir: nós consideraríamos

as conseqüências da universalização da regra sob as *circunstâncias particulares* de sua aplicação (por exemplo: devemos respeitar a vida de uma pessoa em uma circunstância em que isso produzirá a morte de muitas outras?) e, no caso de não desejarmos universalizá-la (posto que não produz um bem maior para a maioria), concluímos que devemos abandoná-la.
  Considere, por fim, PF, o princípio dos fins. Devemos tratar as outras pessoas como fins no sentido de respeitar a sua individualidade, mas a razão profunda disso é que se agirmos assim estaremos promovendo um bem maior para a maioria; ademais, nós próprios sentimo-nos naturalmente mais satisfeitos em poder agir assim[14]. Não obstante, podemos imaginar circunstâncias, como as que requerem o sacrifício da vida de uma pessoa para a salvação da maioria, em que a derrogação do PF parece inevitável. E isso se dá porque a aplicação desse princípio entrou em conflito com o PGU, ao qual ele é subordinado.
  Em suma: é admissível pensar que PU e PF, em alguma versão possível, encontrem seus lugares como princípios diretivos auxiliares, subordinados ao PGU.

---

14. Uma antiga objeção ao utilitarismo, a de que ele não justifica a rejeição da escravidão, poderia obter uma resposta na consideração de que essa rejeição baseia-se no PF, o qual também possui uma função utilitária.

13. Livre-arbítrio: como ser um bom compatibilista

O problema do livre-arbítrio, um dos mais antigos e intratáveis da filosofia, começa com uma certa inadequação terminológica. A expressão portuguesa "livre-arbítrio", assim como a expressão "liberdade da vontade", que é tradução do inglês "freedom of the will", são enganosas, pois nem o juízo nem a vontade são os fatores preponderantes. Menos comprometida seria a expressão "liberdade de decisão" ou "liberdade de escolha" ou, melhor ainda (posto que mais abrangente), "liberdade de ação".
Feita essa advertência terminológica, passemos à exposição do problema. Ele diz respeito ao conflito existente entre a liberdade que temos ao agir e o determinismo causal. Podemos introduzi-lo considerando as três proposições seguintes:

1 Todo evento é causado.
2 Nossas ações são livres.
3 Ações livres não são causadas.

A proposição 1 parece geralmente verdadeira: cremos que no mundo em que vivemos para todo evento deve haver uma causa. A proposição 2 também parece verdadeira: quando observamos a nós mesmos, parece óbvio que nossas decisões e ações são freqüentemente livres. Também a proposição 3 parece verdadeira: se as nossas ações fossem causalmente determinadas, elas não poderiam ser livres.

O problema do livre-arbítrio surge quando percebemos que as três proposições acima formam um conjunto *inconsistente*, ou seja: não é possível que todas elas sejam verdadeiras! Se admitimos que todo evento é causado e que a ação livre não é causalmente determinada (que as proposições 1 e 3 são verdadeiras), então não somos livres, posto que nossas ações são eventos (a proposição 2 é falsa). Se admitimos que nossas ações são livres e que como tais elas não são causalmente determinadas (que 2 e 3 são proposições verdadeiras), então não é verdade que todo evento seja causado (a proposição 1 é falsa). E se admitimos que todo evento é causado e que somos livres (que as proposições 1 e 2 são verdadeiras), então deve haver algo de errado com a idéia de liberdade expressa na proposição 3.

Cada uma dessas alternativas possui um nome e foi classicamente defendida. A primeira delas é chamada de *determinismo*; ela consiste em negar a verdade da proposição 2, ou seja, que somos realmente livres. Ela foi mantida por filósofos como Spinoza, Schopenhauer e Henri d'Holbach. A segunda alternativa chama-se *libertarismo*: ela não tem problemas em admitir que o mundo ao nosso redor é causalmente determinado, mas abre uma exceção para muitas de nossas decisões e ações, que sendo livres escapam à determinação causal. Com isso o libertarismo rejeita a validade universal do determinismo expressa pela proposição 1. Essa é a posição de Agostinho, Kant e Fichte. Finalmente há o *compatibilismo*, que tenta mostrar que a liberdade de ação é perfeitamente compatível com o determinismo, rejeitando a idéia de liberdade expressa na proposição 3. Historicamente, Hobbes, Hume e Mill foram famosos defensores do compatibilismo. No que se segue, quero considerar isoladamente cada uma dessas soluções, argumentando finalmente em favor do compatibilismo.

1. Determinismo

O determinismo parte da consideração de que, da mesma forma que podemos sempre encontrar causas para os eventos físicos que nos cercam, podemos sempre encontrar causas para as nossas ações, sejam elas quais forem. Com efeito, sendo como somos produtos de um processo de evolução natural, seria surpreendente se nossas ações não fossem causadas do mesmo modo que o são outros eventos biológicos, tais como a migração dos pássaros e o fototropismo das plantas. Mesmo que o princípio da causalidade não seja garantido e que no mundo da microfísica ele tenha sido inclusive colocado em dúvida[1], no mundo humano, constituído por nossas ações, pensamentos, decisões, vontades, esse princípio parece se manter plenamente aceitável. De fato, admitimos que as decisões ou ações humanas são causadas. Alguns poderão dizer que Napoleão invadiu a Rússia por uma livre decisão de sua vontade. Mas os historiadores consideram parte de seu ofício encontrar as causas, buscando esclarecer as motivações e circunstâncias que o induziram a tomar essa funesta decisão. Na determinação de nossas ações, as causas imediatas podem ser externas (alguém decide parar o carro diante de um sinal vermelho) ou internas (alguém resolve tomar um refrigerante), sendo geralmente múltiplas e por vezes muito difíceis de serem rastreadas. No entanto, teorias biológicas e psicológicas (especialmente a psicaná-

---

1. Contrariamente a uma opinião muito difundida, a afirmação de que o mundo microfísico é "causalmente indeterminado" é questionável. O que o princípio da incerteza certamente evidenciou é que existem limites epistêmicos em nosso acesso às relações causais no mundo microfísico: não podemos dizer de um elétron que ele tem um certo momento ($m . v$) e direção no ponto B como resultado de ele ter um certo momento e direção no ponto A, pois, ao determinarmos o seu momento, inevitavelmente interferimos na sua direção e vice-versa.

Contudo, embora essa seja uma importante conclusão sobre as limitações *epistêmicas* de qualquer sujeito do conhecimento, ela não nos permite inferir uma conclusão *ontológica* sobre como o mundo é de fato, não nos autorizando a dizer que a posição e momento do elétron em A na realidade tiveram ou *não* tiveram papel na determinação de sua posição e momento em B. Afora isso, o princípio da causalidade tem tido um imenso valor para o progresso da ciência, sendo a sua admissão um pressuposto para a descoberta e aceitação do próprio princípio da incerteza; por conseguinte, parece razoável manter um princípio da causalidade em nossas investigações, se não como um princípio factualmente comprovável, ao menos no sentido de um *princípio diretivo* (para uma opinião semelhante, ver Brand Blanchard, "The Case of Determinism", em S. Hook (ed.): *Determinism and Freedom*, New York, 1965, pp. 7-9).

lise) sugerem que as nossas ações são *sempre* causadas; "Fiz isso sem nenhuma razão" raramente é aceito como desculpa. Com base em considerações como essas, a conclusão do filósofo determinista é a de que o livre-arbítrio na verdade *não existe*, posto que se a ação fosse realmente livre ela não seria determinada por outros fatores independentes dela mesma. A liberdade que parecemos ter ao tomarmos nossas decisões é pura ilusão, produzida por uma insuficiente consciência de suas causas. Mesmo quando pensamos que poderíamos ter agido de outro modo, o que queremos dizer não é que éramos realmente livres para agir de outro modo, mas simplesmente que teríamos agido de outro modo *se* o sentimento mais forte tivesse sido outro, *se* soubéssemos aquilo que agora sabemos etc. O argumento a favor do determinismo pode ser assim esquematizado[2]:

1 Todo evento é causado.
2 Ações humanas são eventos.
3 (1, 2) Portanto, todas as ações humanas são causadas.
4 Ações humanas só são livres quando não são causadas.
5 (3, 4) Portanto, as ações humanas não são livres.

A posição determinista encontra, porém, dificuldades. Não é só o sentimento de que somos livres que perde a validade. Também o sentimento de *arrependimento* ou *remorso* parece perder o sentido, pois como se justifica que nós possamos nos arrepender de nossas ações, se não fomos livres para escolhê-las? Também a *responsabilidade moral* perde a validade. Se em nossas ações somos tão determinados como uma pedra que cai ao ser solta no ar, faz tão pouco sentido responsabilizar uma pessoa pelos seus atos quanto faz sentido responsabilizar a pedra por ter caído. Tais dificuldades nos levam a considerar a posição oposta.

---

2. Sigo nesse e nos próximos esquemas a excelente introdução de L. P. Pojman, *Philosophical Traditions*, Belmont, 1998.

2. Libertarismo

O libertarista rejeita o determinismo por considerar as conclusões acima inaceitáveis. Ele também rejeita a primeira premissa do argumento determinista. O princípio da causalidade, enunciável como "Todo evento tem uma causa", não parece ter a sua validade universal garantida. Certamente, esse princípio é extremamente útil, valendo em geral para o mundo que nos circunda e mesmo para muitas de nossas ações. Mas nada nele garante que a sua validade seja universal. Não podemos pensar que A = ~A ou que 1 + 1 = 3, mas podemos perfeitamente conceber um evento no universo surgindo *sem nenhuma causa*. A isso o libertarista poderá adicionar que nós simplesmente *sabemos* que somos livres. Há uma grande diferença entre um comportamento reflexo e um comportamento resultante da decisão da vontade. Nós *sentimos* que no último caso somos livres, que podemos decidir sempre de outro modo.

Para justificar essa posição, o libertarista costuma lançar mão de uma teoria da *agência*, tal como foi defendida por Richard Taylor[3] ou por Roderick Chisholm[4]. Segundo essa teoria às vezes, ao menos, o agente causa seus atos sem mudança essencial em si mesmo, não necessitando de condições antecedentes que sejam *suficientes* para justificar a ação. Isso acontece porque o *eu* é uma entidade idiossincrática, capaz de iniciar uma ação sem ser causado por condições antecedentes suficientes! Você poderá se perguntar como isso é possível. A resposta geralmente oferecida é que não pode haver explicação. Para responder a uma pergunta como essa teríamos de interrogar o próprio eu, considerando-o objetivamente. Mas, como quem deve considerar objetivamente o eu só pode ser aqui o próprio eu, isso é impossível. Tentar interrogar o próprio eu é tentar, como o barão de Münchausen, alçar-se sobre si mesmo pondo os pés sobre a própria cabeça. O eu da teoria da agência é um eu elu-

---

3. R. Taylor: *Metaphysics*, Prentice Hall, 1974.
4. R. Chisholm: "Human Freedom and the Self", em G. Watson (ed.), *Free Will*, Oxford, 1982.

sivo, tal como o eu transcendental de Kant e a substância pensante cartesiana. Ele é um eu autodeterminador, capaz de iniciar ações sem ser causado. Somos, quando agimos, semelhantes ao deus aristotélico: somos causas não causadas, motores imóveis. O argumento que conduz à teoria da agência tem a forma:

1 Não é certo que todo evento é causado.
2 Sabemos que nossas ações são freqüentemente livres.
3 Ações humanas livres não podem ser causadas.
4 (1, 2, 3) Portanto, a ação humana não precisa ser causada.

Embora essa solução preserve a noção de livre agência, ela tem o inconveniente de explicar o obscuro pelo que é mais obscuro ainda. O eu é um mistério a ser aceito sem questionamento. A pergunta que permanece é se não há uma solução mais satisfatória. A solução que veremos a seguir, o compatibilismo, é hoje a mais aceita, sendo uma maneira de tentar preservar as vantagens das outras duas sem as correspondentes desvantagens.

3. Compatibilismo: definições

Segundo o compatibilismo, também chamado de determinismo suave ou reconciliatório, nós permanecemos livres e responsáveis, mesmo sendo causalmente determinados em nossas ações. O raciocínio que conduz ao compatibilismo tem a forma:

1 Todo evento é causado.
2 Ações humanas são eventos.
3 (1, 2) Portanto, todas as ações humanas são causadas.
4 Sabemos que nossas ações são às vezes livres.
5 (3, 4) Portanto, ações livres são causadas.

Um bom exemplo de argumento em defesa do compatibilismo é o de Walter Stace, para quem nós confundimos o significado da noção de liberdade em sua conexão com o determinismo. Segundo Stace, o determinista acredita que a liberdade da vontade é o mesmo que a capacidade de produzir ações *sem* que essas sejam determinadas por causas. Mas isso é falso. Se assim fosse, uma pessoa que se comportasse arbitrariamente, mesmo que contra a sua própria vontade, seria um exemplo de pessoa livre. Mas o comportamento arbitrário não é visto como um comportamento livre. A diferença entre a vontade livre e a vontade não-livre não deve residir, pois, no fato de a segunda ser causalmente determinada e a primeira não. Além disso, tanto no caso de ações livres quanto não-livres, nós costumamos encontrar determinações causais, como mostram os seguintes exemplos, os três primeiros tomados do texto de Stace[5]:

A. *Atos livres*:

1 Gandhi passa fome porque ele quer libertar a Índia...

2 Uma pessoa rouba um pão porque está com fome...

3 Uma pessoa assina uma confissão porque quer dizer a verdade.

4 Uma pessoa decide abrir uma garrafa de champanhe porque quer brindar o Ano-Novo.

B. *Atos não-livres*:

Um homem passa fome em um deserto porque não há comida.

Uma pessoa rouba porque seu patrão a obrigou...

Uma pessoa assina uma confissão porque foi submetida a tortura.

Uma pessoa toma uma dose de aguardente, mesmo contra a sua vontade, porque é alcoólatra.

Note-se que a palavra "porque", que denota causação, é comum a ambas as colunas. Assim, a coluna A não difere da

---

5 .W. T. Stace: *Religion and the Modern Mind*, New York, 1952. O essencial do texto de Stace é acessível em L. Pojman (ed.): *Introduction to Philosophy*, Belmont, 2000, pp. 506-13.

coluna B pelo fato de não podermos encontrar causas das ações, decisões e volições dos agentes. E às causas apresentadas podemos adicionar ainda outras, como razões psicológicas e biográficas de Gandhi, o costume de brindar o Ano-Novo abrindo uma garrafa de champanhe etc. Mesmo nos casos de decisões arbitrárias (como quando alguém decide lançar uma moeda no ar para que a sorte decida o que deve fazer), a decisão de escolher arbitrariamente também possui alguma causa.

A diferença notada por Stace entre as ações livres da coluna A e as não-livres da coluna B é que as primeiras são voluntárias, enquanto as segundas não. Daí que ele define a diferença entre a vontade livre e não-livre como residindo no fato de que as ações derivadas da vontade livre são *voluntárias*, enquanto as ações derivadas da vontade não-livre são *involuntárias*, no sentido de se oporem a nossa vontade ou de serem independentes dela. Se Gandhi passa fome para libertar a Índia, se alguém rouba um pão por estar com fome, essas são ações livres, posto que voluntárias; mas se uma pessoa assina uma confissão sob tortura ou toma uma dose de aguardente contra a sua vontade, essas são ações que se opõem à vontade dos agentes, por isso mesmo não são livres.

Embora a explicação de Stace seja geralmente bem sucedida, ela não se aplica satisfatoriamente a alguns casos. Considere os seguintes:

A. *Atos livres:*

5 Uma pessoa abre a janela porque faz calor.

6 Um membro da equipe de cinema explode uma bomba para efeito de filmagem.

B. *Atos não-livres:*

Uma pessoa abre a janela por efeito de sugestão pós-hipnótica.

Um psicótico explode uma bomba porque ouve vozes que o convenceram a realizar essa ação.

No exemplo B-5 a pessoa abre a janela porque o hipnotizador lhe disse que meia hora após ser acordada da hipnose ela deveria abrir a janela, sem se lembrar de que faz isso por decisão do hipnotizador (curiosamente, se interrogada, a pessoa submetida a esse tipo de experimento costuma fornecer uma razão qualquer, como a de que está sentindo calor). Nesse caso a pessoa realiza a ação voluntariamente, pensando que o faz por livre e espontânea vontade, embora na verdade o faça seguindo a instrução de quem a hipnotizou. No exemplo B-6, o psicótico também age voluntariamente, e o mesmo poderíamos dizer de casos de fanáticos, de neuróticos e, em geral, de pessoas presas a valores e padrões de conduta excessivamente rígidos, que sofrem por isso limitações na capacidade de livre deliberação, apesar de agirem voluntariamente. A ação livre deve aproximar-se de um ideal de racionalidade plena, o que aqui está longe de ser o caso.

Em meu juízo a diferença mais importante entre os casos apresentados nas colunas A e B é que em B, em que a ação não é livre, o agente age sob *restrição, coerção ou limitação externa* (exemplos 1, 2, 3 e 5) ou *interna* (exemplos 4 e 6), enquanto nos casos da coluna A, em que a ação é livre, o agente age motivado por razões *não-limitadoras* ou "plenas". É difícil explicar o que sejam razões não-limitadoras, mas a idéia é intuitiva: considere a diferença entre as razões de Gandhi e as razões de quem age por sugestão pós-hipnótica, por força de um delírio psicótico ou de uma crença fanática; mesmo não-admiradores de Gandhi admitiriam que as suas razões são *comparativamente* menos limitadoras, menos restritivas, mais legítimas. Admitindo essa distinção de grau entre razões limitadoras e não-limitadoras, chegamos a uma definição inerentemente negativa da ação livre, que é mais abrangente que a de Stace:

A ação livre é aquela em que o agente não é restringido *fisicamente*, nem coagido em sua *vontade*, nem limitado em sua *racionalidade* ao realizá-la.

Segundo essa definição, a *limitação* da ação característica da falta de liberdade pode manifestar-se em três níveis interligados: no nível físico, no caso de uma pessoa que passa fome em um deserto ou, digamos, que se encontra amarrada em um poste; no nível da vontade (considerado por Stace), no caso de uma pessoa que rouba uma garrafa de aguardente por compulsão interna, ou que rouba porque seu patrão a obrigou; no nível da racionalidade, quando uma pessoa sob efeito de sugestão pós-hipnótica abre a janela apresentando como razão o fato de sentir calor, quando na verdade faz isso para cumprir uma ordem dada pelo hipnotizador meia hora antes. Nesse caso, como no das razões expostas por um psicótico para as suas ações delirantes, a limitação básica é na capacidade de escolha ou deliberação racional.

Uma versão sofisticada do compatibilismo é devida a Harry Frankfurt[6]. Segundo Frankfurt, todos os animais possuem desejos de primeira ordem. Mas pessoas possuem atitudes sobre os seus desejos de primeira ordem. Por exemplo: uma pessoa viciada em nicotina pode ter, além do desejo de fumar, um desejo de segunda ordem de não fumar, baseado no desejo de primeira ordem de permanecer saudável. Identificando a vontade com o desejo produtor da ação, Frankfurt sugere que aquilo que distingue *pessoas* de outros seres conscientes é que elas são capazes de se identificar com esses desejos de segunda ordem, de modo a firmar *volições de segunda ordem*, que são vontades de que certos desejos de primeira ordem se tornem a sua própria vontade. Só pessoas são capazes de volições de segunda ordem, e é isso que as torna moralmente responsáveis por suas ações. A pessoa livre é aquela na qual volições de segunda ordem prevalecem, em oposição a desejos de primeira ordem contrários a elas. Assim nós diremos, da pessoa que consegue deixar de fumar, mesmo sendo viciada, que a ação derivada desse desejo é livre. Se o desejo de primeira ordem prevalece em

---

6. H. Frankfurt: "Freedom of the Will and the Concept of a Person", em G. Watson (ed.): *Free Will*, Oxford, 1982.

oposição à volição de segunda ordem – como no caso de alguém que quer, mas não consegue, se livrar de seu vício –, dizemos que a pessoa não é livre. Frankfurt chamou a atenção para um ponto interessante, mas a sua tese não parece conter a chave do enigma. Ela não explica por que o fanático, carregado de volições de segunda ordem regulando cada uma de suas ações, nos parece ter a sua liberdade de opção restringida. Mesmo assim, não há dúvida de que volições de segunda ordem existem, e que elas podem ser um elemento importante a ser considerado quando distinguimos uma decisão racional plena de uma decisão tomada sob essa ou aquela forma de coerção.

Será que o compatibilismo resolve o problema do livre-arbítrio? Estou convencido de que sim. No que se segue quero expor algumas objeções mais importantes ao compatibilismo, seguidas de minhas respostas.

4. Compatibilismo u.p. VIII: objeções e respostas

Uma primeira objeção ao compatibilismo diz respeito ao sentimento de que somos livres, de que somos capazes de optar, de que assim como agimos de uma forma poderíamos ter agido de outra. Como notou John R. Searle, percebemos que "poderíamos ter agido de outro modo, todas as outras condições permanecendo as mesmas"[7].

Quanto ao *sentimento* de que somos livres, há pouco a dizer a favor dele. A pessoa comandada por sugestão pós-hipnótica certamente se sente livre ao abrir a janela. Concentro-me, pois, em responder à objeção de que temos consciência de que poderíamos ter agido de outro modo. Minha resposta baseia-se na constatação de que não é realmente verdade que percebemos que poderíamos ter agido de outro modo, *todas* as outras condições permanecendo as mesmas, como pensa Searle; o que

---
7. J. R. Searle: *Minds, Brains and Science*, Harvard, 1984, p. 89.

percebemos é que poderíamos ter agido de outro modo, todas as condições *internas* do agente permanecendo *quase* as mesmas, uma pequena diferença que conduz a uma completa alteração no cenário.

Quero esclarecer isso com um exemplo. Um médico culpa-se a si mesmo por não ter pedido um certo exame, o que lhe teria levado ao diagnóstico correto. Ele pensa: "Eu poderia ter agido de outro modo." Ele não está pensando, porém, que poderia ter agido de outro modo, todas as outras condições permanecendo as mesmas; o que ele considera é que, se as condições internas que o levaram a agir tivessem sido *um pouco* diversas, ou seja, se ele tivesse seguido os procedimentos recomendados pela presença de certos sintomas, só esse cuidado já o teria levado ao diagnóstico correto; aqui a condição de que ele fosse um pouco mais responsável ao agir é que teria sido diferente. Com efeito, se a diferença requerida nas condições determinadoras da decisão fosse externa ao agente, ou se ela fosse muito grande, não diríamos que poderíamos ter agido de outro modo.

Exemplos tornam esses dois últimos pontos claros. Primeiro: que a possibilidade de agir de outro modo depende de alterações nas condições *internas* do agente é evidenciado pelo caso de um médico que comete um erro de diagnóstico devido a um inesperado falso positivo no resultado de um exame laboratorial. Não faz sentido dizer que ele poderia ter agido de outro modo, posto que as condições que poderiam tê-lo levado a agir de outro modo independem de sua vontade e racionalidade, fugindo às alternativas de ação que ele tem disponíveis. Segundo: que a possibilidade de agir de outro modo depende de alterações *pouco pronunciadas* nas condições internas do agente é evidenciado pelo caso do médico que comete um erro de diagnóstico por simples falta de competência, ou seja, no caso em que o diagnóstico correto exigiria conhecimentos muito superiores aos que ele realmente possui. Nesse caso, as condições determinadoras da decisão precisariam ser muito diversas, ficando demasiado difícil supor que ele *poderia* ter agido de outro modo, fazendo o diagnóstico correto, e que isso dependesse de sua capacidade de autocorreção circunstancial. (Esse modo de falar não é, aliás, restrito às decisões humanas. Se alguém diz que a barragem *poderia* ter resistido às ondas, a pessoa pode estar se referindo a uma pequena deficiência técnica, que poderia ter sido sanada por ocasião de sua construção; mas ela não poderia dizer o mesmo se as ondas fossem as de um maremoto capaz de destruir qualquer barragem construída pela mão humana.)

Pode-se perguntar por que é assim. A razão não é difícil de ser encontrada. Pensamos ou dizemos que poderíamos agir de outro modo em razão da possibilidade de *autocorreção* de comportamentos semelhantes no futuro. Se consideramos que poderíamos ter agido de outro modo, isso serve ou como uma espécie de autoconselho, capaz de melhorar a nossa ação futura, ou como uma espécie de desculpa, mostrando que como erramos por pouco, a correção futura de erros semelhantes ainda se encontra ao nosso alcance. Alterações externas ou muito grandes escapam a essa possibilidade de autocorreção.

Em resposta ao libertarista, o que tais considerações sugerem é que como em muitos casos de fato teríamos agido de outro modo se uma diminuta alteração nas nossas condições internas nos levasse a uma ação com resultados consideravelmente diversos, podemos facilmente cair vítimas da ilusão de que poderíamos ter agido de outro modo, mesmo que *todas* as condições permanecessem as mesmas; é essa ilusão que confundiu filósofos libertaristas como Searle.

Resumindo o ponto em questão: devemos parafrasear a sentença (a) "Ele *poderia* ter agido de outro modo" não como (a-i) "Ele poderia ter agido de outro modo, todas as outras condições permanecendo as mesmas", mas como (a-ii) "Ele *teria* agido de outro modo se as condições (internas) envolvidas fossem apenas *um pouco* diversas". É porque (a-i) se parece com (a-ii) que temos a impressão de que as condições podem permanecer as mesmas e a ação ser diferente. Quando admitimos que (a-ii) é a paráfrase mais correta, vemos que não há mais contradição entre a liberdade de agir diversamente e o determinismo: os efeitos poderiam ter sido diferentes, não como resultado de uma mesma configuração causal, mas como resultado de uma configuração causal interna um pouco diversa[8]. Essa consideração nos permite responder a uma conhecida objeção de Peter Inwagen contra o compatibilismo[9]. Eis como ela pode ser apresentada. Suponha que L seja a totalidade das leis do universo e que a totalidade das condições ou estados de coisas do mundo em *t1* seja C. Suponha que em algum momento subseqüente, *t2*, o agente *a* decida realizar a ação A. Sob a perspectiva do determinista podemos formular a seguinte implicação (L & C) → A, ou seja, a conjunção da totalidade das leis do universo com as condições do mundo em *t1* implica a ação A pelo agente *a* em *t2*. Ora, se *a* é livre, *a* poderia não ter realizado a ação A em *t2*. Isso significa dizer que mesmo que a totalidade das condições do mundo fosse a mesma em *t2*, *a* poderia não ter realizado a ação A. Se pressupomos o determinismo, isso leva a um absurdo, pois se (L & C) → A, então, pelo *modus tollens*, ~A → ~(L & C). Mas isso significa que ~A resulta em ~L, em ~C, ou em ambos. Mas dizer que ~A resulta em ~L significa dizer que o agente *a* poderia ter alterado as próprias leis do universo em *t1*! E dizer que ~A resulta em ~C significa dizer que o agente *a* poderia ter alterado o passado, inclusive um passado remoto, talvez antes mesmo de seu nascimento, dependendo de quando decidimos situar *t1*! Como qualquer das duas conclusões é absurda, Inwagen conclui que, se *a* é um agente livre, então *a* precisa em *t2* se decidir por A de modo *causalmente indeterminado*.

Vejamos agora o que acontece com o argumento de Inwagen ante nossa análise do "Ele poderia ter agido de outro modo". Diversamente de Inwagen, nós não aceitamos que, sendo

---

8. Note-se que a minha paráfrase de "ele poderia ter agido de outro modo" é diferente da conhecida paráfrase do compatibilista G. E. Moore, que é "Se ele tivesse escolhido agir de outro modo, ele teria agido de outro modo", a qual é aberta a toda sorte de objeções libertaristas (ver G. E. Moore: *Ethics*, New York, 1965, cap. 6).

9. Ver P. V. Inwagen: *An Essay on Free Will*, Oxford, 1983, p. 70.

o agente *a* livre, ele poderia ter deixado de realizar a ação A caso as condições do mundo que o conduzem à decisão de realizar A fossem exatamente as mesmas. Não: nós só admitimos que *a* poderia não ter realizado a ação A em *t2* se a totalidade das condições do mundo em *t2* fosse *em alguma medida diferente*, pois ao menos as condições internas de *a* precisariam ser *algo diversas*; e, admitindo um (desnecessário) determinismo radical, devemos concluir que essa suposição conduz a alguma mudança nas condições do mundo também em *t1*. De fato, isso nos leva a admitir que ~A → ~C, mas não no sentido pensado por Inwagen, de que *a* seria capaz de modificar magicamente o próprio passado, e sim no sentido trivial de que se *a* não tivesse realizado a ação A em *t2*, por terem sido as condições do mundo que o conduziriam à não-realização da ação A em *t2* um pouco diversas, então a totalidade das condições do mundo em *t1* também teria sido algo diversa de C. Como para o determinista esse resultado é francamente admissível, ele desarma a redução ao absurdo do compatibilismo intentado por Inwagen.

O libertarista provavelmente não se dará por satisfeito. Ele poderá objetar que mesmo que seja sempre possível encontrar causas para as nossas escolhas racionais, e que essas causas sejam talvez necessárias, elas *não são suficientes* para a realização dessas escolhas. Nós temos o firme sentimento de que estamos "acima e além" de nossas decisões, de que as poderíamos ter sustado ou alterado, se quiséssemos.

Uma primeira coisa a ser observada é que o conceito de condição causal suficiente é enganoso. Ele nos dá a impressão de que temos uma condição causal que isoladamente seria capaz de garantir o efeito. Mas na verdade, quando falamos da condição causal suficiente, em geral apenas escolhemos uma certa causa *proeminente* e desconsideramos outras. Mesmo no caso de eventos causais no mundo físico, muitos elementos causalmente envolvidos são deixados fora de consideração: quando descrevemos uma reação química, por exemplo, consideramos geralmente as quantidades de cada composto, a temperatura, a pressão, mas não consideramos coisas como, por exemplo, a forma do recipiente. No entanto, se o recipiente fosse um tubo tão fino que as moléculas dos diferentes compostos não tivessem espaço para se combinar, a reação química poderia não ocorrer. A esse respeito podemos dizer que a forma do recipiente é um elemento causal "latente", ou seja, que só eventualmente pode importar. Minha sugestão é a de que algo não muito diverso pode ser dito sobre nossas ações: ao escolhermos um curso de ação, temos a impressão de que poderíamos ter agido de outro modo, sendo essa impressão causada pela impossibilidade de adquirirmos completa consciência, mesmo que retrospectiva, de elementos causais "latentes" envolvidos em nossa escolha.

Tentando ser mais preciso, minha tese é a de que a completa tomada de consciência das causas de nossas ações é uma *impossibilidade lógica*, considerada a natureza de nossa consciência. Quero introduzir esse ponto considerando uma observação de Ingmar Bergman em sua excelente autobiografia. Ele conta que quando jovem, presenciando uma discussão, viu seu amigo alcoolizado tomar à mão um revólver. De pronto ele saltou sobre o seu amigo e arrancou-lhe a arma, impedindo assim que algo trágico pudesse acontecer. O que Bergman observa é não ter feito isso de forma espontânea; ele viu a si mesmo saltando sobre seu amigo e retirando-lhe a arma. Esse distanciamento entre a consciência de seus atos e os seus próprios atos, observa Bergman, é algo que o acompanhou durante toda a sua vida, fazendo-o sentir-se mais como um ator em um palco do que como uma pessoa que fala e age espontaneamente. O exemplo mostra claramente o que quero fazer notar. Se um agente do tipo bergmaniano (e penso que como pessoas dotadas de volições de segunda ordem somos todos em certa medida assim) tem consciência de estar decidindo praticar uma ação x por uma causa y, ele percebe que y, embora seja a causa suficiente (proeminente), não é como tal suficiente no sentido de bastar para, na independência de outros elementos causais, determinar a sua escolha, pois ele sabe que mantém controle racional sobre a sua escolha. Afinal, a sua própria consciência, que possibilita esse controle racional, deve ter o seu próprio elemento (ou complexo) causal de nível superior – chamemo-lo de z – do qual como agente ele não está presentemente consciente, posto que não pode ter tal consciência metamental, ao mesmo tempo que tem consciência de que a sua decisão de realizar x está sendo diretamente causada por y. No entanto, z é um elemento causal "latente", indiretamente relacionado à sua escolha, pois é justamente devido à existência de z que ele percebe que poderia a qualquer momento interferir no processo, modificando, apressando ou interrompendo o curso da ação. Mesmo que o agente eventualmente pudesse adquirir também a consciência de z, ele não teria consciência das causas latentes dessa sua consciência metamental atual de z, e assim por diante. Se esse argumento é correto, então a própria natureza dos atos de consciência torna logicamente impossível adquirirmos consciência completa da variedade de elementos causais indiretamente envolvidos em nossas ações.

Uma última objeção importante do libertarista é a de que o compatibilista é alguém que reduz a liberdade da vontade a uma noção meramente honorífica, incapaz de dar conta da responsabilidade moral. Como o compatibilista pode explicar a responsabilidade moral de um agente se, admitindo que a sua escolha foi causalmente determinada, ele reconhece que o agente de fato *não poderia* ter agido de outra forma?

Para responder a isso, considere a diferença entre o caso de um homem A, que assassinou a sua esposa em plena consciência do que fez, sendo assim responsabilizado moralmente por seu delito, e o caso do homem B, que comete o mesmo crime ao sofrer uma crise de epilepsia temporal, uma desordem mental neurologicamente comprovável que faz com que a pessoa cometa ações violentas em um estado de "estreitamento do foco da consciência", sendo posteriormente incapaz de lembrar-se do que fez. Essa inconsciência da ação torna B legalmente não-responsável pelo que ele fez. O libertarista dirá que enquanto B não agiu livremente, sendo a sua ação causalmente determinada pelo estado de seu cérebro, A agiu por livre e espontânea vontade, e não de maneira causalmente determinada, sendo isso o que o torna moralmente responsável por sua ação.

Suponhamos agora que com o desenvolvimento da neurofisiologia e do nosso conhecimento dos efeitos psicológicos do meio social sobre o comportamento das pessoas se torne possível, em todos os casos em que elas cometem crimes, rastrear claramente um complexo de causas que explique as suas decisões. Digamos que no caso do homem A se descubra que devido a deficiências mínimas no lobo frontal de seu cérebro, ele não tivesse um controle mais completo sobre as suas emoções, e que isso, aliado às circunstâncias de sua educação e ao meio social em que vive, o conduziu a cometer o crime... Nesse caso a decisão de A também terá sido evidenciada como causalmente determinada. Diremos então que ela deixou de ser uma ação livre e responsável? Provavelmente não. E a razão disso é que aquilo que está em questão é o fato de que o caso A diz respeito a disposições comportamentais *socialmente maleáveis*, que são passíveis de serem alteradas, não só através de recompensa e punição, mas especialmente através de informação e argumento, aí encontrando-se a razão de ainda podermos falar de responsabilidade moral. Manter uma posição libertarista pode a princípio parecer garantir a nossa humanidade essencial, mas uma inspeção mais cuidadosa sugere que ela também possa servir para fechar os nossos olhos para a possibilidade de uma compreensão mais adequada das condições que nos levam a agir.

Glossário

Ad hoc: é uma proposição por si mesma injustificada, que é adicionada a uma teoria com o objetivo único de salvá-la de refutação.

Analítica (proposição): o que Kant chamou de juízo analítico e Hume de "associação de idéias" é a proposição que é verdadeira em razão dos significados de seus termos. O traço identificador da proposição analítica é que ela não pode ser negada sem contradição ou incoerência.

A posteriori (conhecimento): conhecimento obtido através da experiência empírica.

A priori (conhecimento): conhecimento que não é baseado na experiência. Seu traço identificador é a generalidade estrita ou necessidade.

Ceticismo: ponto de vista filosófico que nega a possibilidade de conhecimento.

Compatibilismo: a concepção acerca do livre-arbítrio, segundo a qual a liberdade da ação é compatível com a sua determinação causal.

Conhecimento proposicional: conhecimento de proposições, ou seja, daquilo que pode ser verdadeiro ou falso. Ele se distingue do conhecimento de particulares e do conhecimento como habilidade, a ele se aplicando a definição tripartite de conhecimento.

Deontológica (ética): teoria ética segundo a qual são traços intrínsecos à ação que lhe conferem valor moral.

Epistemologia (ou teoria do conhecimento): estudo filosófico das origens, natureza e limites do conhecimento.

Fenomenalismo: concepção filosófica em epistemologia e filosofia da percepção, segundo a qual o mundo externo constitui-se de sensações atuais ou possíveis. Essa concepção se opõe a duas outras concepções competitivas em filosofia da percepção: o realismo direto e o realismo indireto ou representativo.

Fisicalismo: em filosofia da mente, doutrina segundo a qual só existe um único mundo, que é o mundo físico (o mesmo que materialismo).

Funcionalismo: ponto de vista em filosofia da mente, segundo o qual o que caracteriza um evento mental é a sua função, a saber, o seu papel junto aos outros eventos mentais e junto aos *inputs* e *outputs* comportamentais.

Gettier (problema de): esse problema consiste na apresentação de contra-exemplos à definição tripartite de conhecimento, mostrando que ela não é suficiente.

Idealismo: doutrina epistêmico-metafísica que se opõe ao realismo. Segundo o idealismo, o mundo externo possui uma natureza intrinsecamente mental (ver **Realismo**).

Imperativo categórico: é um comando de ação que para se aplicar não depende das finalidades da ação, mas de sua natureza intrínseca.

Imperativo hipotético: é um comando de ação que depende de um fim ao qual se quer chegar através da ação.

Indeterminismo: doutrina segundo a qual ao menos alguns eventos são incausados.

Indução: raciocínios podem ser *dedutivos*, nos quais a conclusão está de algum modo contida nas premissas, ou *indutivos*, nos quais a conclusão nos diz algo que vai além daquilo que está de algum modo contido nas premissas. Por isso o raciocínio indutivo é tido como ampliador de nosso conhecimento.

Libertarismo: doutrina segundo a qual ao menos algumas de nossas ações são livres, no sentido de não serem suficientemente determinadas causalmente.

Metafísica: no sentido estrito, que herda a definição aristotélica de uma investigação do "ser enquanto ser", metafísica é o estudo dos objetos mais gerais do conhecimento, como as propriedades (as idéias dos realistas), a substância, os estados de coisa, a causalidade, espaço e tempo, a identidade e necessidade. Em um sentido amplo, que herda definições aristotélicas como a de ser uma "teologia", metafísica é a investigação de tudo o que é suficientemente pretensioso, especulativo e obstruso.

Modus ponens: a forma lógica da afirmação do antecedente de um condicional. Se da proposição "Há fogo" e da proposição "Se há fogo, há luz", concluímos que "Há luz" é uma proposição verdadeira, estamos aplicando o *modus ponens*. Sua forma lógica é "(A & (A → B)) → B".

Modus tollens: a forma lógica da negação do conseqüente de um condicional. Se da proposição "Não há luz" e da proposição "Se há fogo, há luz" concluímos que a proposição "Não há fogo" é verdadeira, seguimos a regra do *modus tollens*. A forma lógica do *modus tollens* é "(~B & (A→B)) → ~A".

Nominalismo: doutrina ontológica segundo a qual não existem universais abstratos. Classicamente, para o nominalismo o que existe são particulares concretos e os nomes desses particulares.

Ontologia: parte da metafísica no sentido estrito, que investiga aqueles objetos mais gerais do conhecimento que contam como os constituintes últimos da realidade. Assim, a investigação da natureza das propriedades deve pertencer à ontologia, mas não à investigação da natureza da causalidade.

Proposição: uma *sentença* ou *conteúdo* de uma sentença (aquilo que a sentença diz) de que se pode predicar verdade ou falsidade. A sentença proposicional distingue-se por isso de imperativos e perguntas. Como conteúdo da sentença declarativa, a proposição identifica-se com o *pensamento* e com o *enunciado*.

Realismo: palavra de duplo sentido em filosofia. Ela pode designar uma doutrina de origem epistemológica, segundo a qual existe um mundo real independente da mente, mas pode designar também uma teoria ontológica, segundo a qual existem universais abstratos (idéias) cuja forma de existência não é espácio-temporal.

Sintética (proposição): é a proposição cuja verdade não depende apenas do significado de seus termos. Verdades sintéticas são ampliadoras de nosso conhecimento e negá-las não leva à contradição.

Tropos (*tropes*): teoria ontológica segundo a qual os elementos últimos da realidade são propriedades espácio-temporalmente particularizadas.

Utilitarismo: doutrina ética conseqüencialista segundo a qual o direito moral de uma ação depende de sua utilidade. Classicamente, a utilidade é entendida em termos de prazer (Bentham) ou felicidade (Mill) para o maior número.

Verificacionismo (princípio da verificabilidade): ponto de vista segundo o qual uma crença sem nenhuma conexão com a experiência é espúria. Em sua forma mais influente trata-se também de uma doutrina acerca do significado das proposições, segundo a qual "O significado de uma proposição é o seu modo de verificação" (Wittgenstein).

Sugestões bibliográficas visando facilitar o aprendizado

Não pretendo me reportar aqui às fontes clássicas, facilmente acessíveis, e ainda menos à imensa bibliografia especializada contemporânea, em parte citada nas notas de rodapé. Meu propósito é apenas o de indicar um material introdutório de grande clareza didática, cuja adequada utilização tornará mais fácil ao estudante encontrar um caminho na desorientadora complexidade das áreas centrais da filosofia contemporânea.

Antes de tudo, um pouco de lógica é indispensável. Áreas como epistemologia e metafísica requerem um conhecimento geral de lógica (que não precisa ser nem aprofundado nem muito técnico). Um texto que ensina lógica sem lágrimas é J. Nolt e D. Rohatyn: *Lógica* (São Paulo: Makron Books, 1991). Um claro e importante livrinho de introdução à lógica para filósofos é a *Propedêutica lógico-semântica* de Ernst Tugendhat e Ursula Wolf (Petrópolis: Vozes, 1997). O livro de A. C. Grayling, *An Introduction to Philosophical Logic* (Sussex: Harvester Press, 1982) é uma introdução aprofundada a temas de filosofia da lógica e da linguagem.

Uma visão geral suficientemente aprofundada da história da filosofia é proporcionada por *A History of Philosophy*, de Frederick Copleston (New York: Image Books, 1993, 9 vols.), que é de longe a melhor história da filosofia até hoje escrita. O livro de R. L. Arrington, *Western Ethics* (London: Blackwell, 1999), é uma lúcida, concisa e suficientemente detalhada história da ética.

Uma excelente introdução geral à filosofia é proporcionada pelo livro de L. P. Pojman: *Philosophical Traditions: a Text with Readings* (Belmont: Wadsworth, 1998). Uma introdução geral à filosofia contemporânea muito informativa e brilhantemente escrita é o livro *Modern Philosophy: An Introductory Survey*, de Roger Scruton (New York: Penguin, 1994), que é complementado por quase uma centena de páginas de bibliografia comentada. Mais trabalhoso é o livro de J. W. Cornman, Keith Lehrer e G. S. Pappas: *Philosophical Problems and Arguments: an Introduction* (Indianapolis: Hackett Publishing Company, 1992). O volume editado por G. H. R. Parkinson, intitulado *The Handbook of Western Philosophy* (London: Routledge, 1988), contém alguns textos introdutórios absolutamente claros, outros não. Uma introdução menos fácil, também de vários autores, é *Philosophy: A Guide Through the Subject* (Oxford: Oxford University Press, 1995-1998), em dois volumes, ambos editados por A. C. Grayling.

A melhor introdução disponível a problemas metafísicos é M. J. Loux, *Metaphysics* (New York: Routledge, 1998). Sobre conhecimento *a priori* e outros temas epistemológicos como memória e o problema da definição do conhecimento, uma introdução muito clara e útil ainda é o livro de D. J. O'Connor e Brian Carr, *Introduction to the Theory of Knowledge* (Sussex: The Harvester Press, 1982). Uma boa introdução aos problemas epistemológicos do ceticismo e do mundo externo é o livro de Jonathan Dancy, *Introduction to Contemporary Epistemology* (Oxford: Blackwell, 1985). E uma boa introdução ao problema da indução continua sendo o capítulo 2 do livro de Brian Skyrms: *Escolha e acaso* (São Paulo: Cultrix, 1966). Sobre filosofia da mente os livros de J. R. Searle podem servir como excelentes introduções pela sua clareza expositiva; e, para quem nada conhece do assunto, seu livro *Mind, Language and Society* (New York: Basic Books, 1988) é um prodígio de clareza e bom estilo. Uma introdução atualizada e menos fácil à filosofia da mente é o livro de Jaegwon Kim: *Philosophy of Mind* (Boulder: Westview Press, 1996). Sobre identidade pessoal, o livro de Brian Garrett, *Personal Identity and Consciousness*

(London: Routledge, 1998) é um bom começo. Como introdução à ética, um prodígio de clareza e lucidez é a meu ver o livro de L. P. Pojman, *Ethics: Discovering the Right and Wrong* (Belmont: Wadsworth, 1995); e sua introdução à epistemologia é a mais facilmente acessível que conheço.

Como textos auxiliares absolutamente indispensáveis encontram-se as enciclopédias e os *companions*. As duas grandes enciclopédias são a editada por Edward Craig, intitulada *Routledge Encyclopedia of Philosophy* (London: Routledge, 1998), em 10 volumes, e a mais antiga, *The Encyclopedia of Philosophy* (London: Macmillan, 1966), editada por Paul Edwards em 8 volumes, ainda útil. Os *companions* sobre as mais diversas áreas da filosofia publicados pela editora Blackwell foram em geral muito bem editados e são igualmente indispensáveis como literatura de consulta; especial menção merecem os *companions* de epistemologia e de filosofia da mente.

Finalmente, há muitas coletâneas de artigos recomendáveis, como a excelente *Ethical Theory: Classical and Contemporary Readings*, editada por L. P. Pojman (Belmont: Wadsworth, 1995), a não menos excelente *Introduction to Philosophy*, editada por J. Perry e M. Bratman (Oxford: Oxford University Press, 1999). Para um estudo já aprofundado as coletâneas das séries *Oxford Readings in Philosophy* (da Oxford University Press) e *The International Research Library of Philosophy* (da Editora Dartmouth) podem ser muito úteis.

Cromosete
GRÁFICA E EDITORA LTDA.
Rua Uhland, 307 Vila Ema
03283-000 São Paulo SP
Tel./Fax (11) 6104.1176
E-mail cromosete@uol.com.br